GIBRALTAR

Marc FIÉVET

GIBRALTAR

Michel LAFON

Nouvelle édition complétée
de
L'AVISEUR

7-13, boulevard Paul-Émile Victor - Île de la Jatte
92521 Neuilly-sur-Seine Cedex

www.michel-lafon.com

Note de l'éditeur

Par souci de discrétion, tous les patronymes ont été changés, ce qui ne retire rien à l'authenticité des faits. Ceci est une histoire vraie.

PRÉFACE

Ce livre marque une étape décisive dans la défense de Marc Fiévet.

Écrit du fond de sa cellule, il révéla au grand jour, lors de sa première sortie en 2004, le parcours exceptionnel de celui que Jean-Henri Hoguet, ancien directeur de la Direction nationale du renseignement et des enquêtes douanières, désignera quelques années plus tard, devant la presse et la justice, comme le meilleur agent infiltré que les douanes françaises ont jamais connu.

Quatre ans plus tôt pourtant, fin 1999, lors de notre première rencontre à la prison de Fresnes, rien n'était acquis. Marc Fiévet était incarcéré depuis six ans. Son action d'agent infiltré lui avait valu de connaître déjà trois systèmes pénitentiaires différents : en Espagne où il fut placé sous écrou extraditionnel à la suite de son arrestation en septembre 1994, en Angleterre où sa situation fut relativement bien gérée et au Canada, enfin, théâtre d'une catastrophe judiciaire sans précédent qui nous engagea, lui et moi, dans un long et difficile combat.

Condamné pour trafic de drogue à la prison à vie par la justice canadienne, parce qu'il n'avait pas révélé sa qualité d'agent infiltré, se conformant ainsi aux ordres explicites et pressants de l'administration française, Marc Fiévet se retrouvait, en dépit de toutes les promesses qui lui avaient été faites l'assurant d'une libération rapide après son transfèrement en France, dans une situation carcérale irrémédiablement compromise. De très longues années d'enfermement s'abattaient sur lui et reportaient sa libération au plus tôt en 2017.

Dans la lourde atmosphère de notre premier parloir au cours de l'hiver 1999, c'est un homme de cinquante-cinq ans qui se tenait devant moi. Il entamait son soixante-huitième jour de grève de la faim. Derrière un masque chirurgical qui lui barrait le visage, comme ultime protection de son organisme affaibli et décharné, je voyais sa douleur et son profond désespoir, mais c'est surtout sa révolte personnelle et sa colère que je retins alors.

L'histoire qu'il me livra était à peine croyable. Les murs de l'étroit parloir où nous nous trouvions ont volé en éclats. Son récit nous conduisait sur toutes les mers du monde à bord de cargos chargés de quantités astronomiques de stupéfiants. Les noms d'organisations criminelles infiltrées défilaient et les tonnes de drogue saisies s'accumulaient. Les risques encourus, les faux-semblants qui lui garantissaient sa survie et celle de ses proches, l'angoisse permanente d'être confondu par les narcotrafiquants, ses contacts réguliers avec les douanes et son officier traitant, les moyens humains et financiers mis à sa disposition par l'administration, ses rencontres avec le ministre, il me livrait tout, en bloc, ivre d'indignation et de rage d'avoir été lâché et abandonné par l'État français pour qui il avait mis sa vie en péril.

*
**

Le livre *Gibraltar* est le récit fidèle de cette odyssée humaine exceptionnelle. Il est rare que les opérations d'infiltration de la nature de celles que Marc Fiévet a menées, au plus haut niveau, durant six ans pour le compte des douanes françaises, soient révélées au grand public. La réussite de ces actions à très hauts risques et l'impérieuse nécessité de protéger les agents infiltrés imposent le secret absolu. Nous n'aurions donc rien su de cette aventure si l'administration française avait accompli son devoir en protégeant son agent.

Les défaillances constatées ont été immenses. L'ordre donné à Marc Fiévet de taire sa qualité d'agent infiltré devant le juge canadien alors que cet élément d'information l'aurait disculpé et libéré de toute poursuite est l'une des fautes les plus impardonnables de l'administration. Marc Fiévet en a payé le prix fort : dix années d'emprisonnement, 3.888 jours exactement passés au fond d'une cellule.

Ce sont les ressorts de cette injustice que je me suis efforcé de démonter et de dénoncer, comme avocat, jusqu'à ce que nous obtenions, enfin, sa libération en 2005.

La vérité devait être révélée. C'est la cause et la raison d'être de ce livre.

CHRISTOPHE PECH DE LACLAUSE
Avocat au Barreau de Paris

– I –

LE PRIX DE L'AVENTURE

Impossible de le manquer. Alors qu'il franchit à pied les deux postes frontière séparant l'Espagne de Gibraltar, je sais que c'est avec cet homme que j'ai rendez-vous. C'est lui l'agent recruteur des douanes que j'attends. Pantalon gris, cravate, strict blazer bleu marine, lourd manteau noir alors qu'il fait doux ici en ce matin de mai, il est l'archétype du parfait fonctionnaire malgré son allure athlétique. Je l'observe tandis qu'il se dirige, à droite, vers le bar La Rotonde devant lequel je suis posté, à l'entrée du centre commercial : c'est donc cet homme qui va transformer ma vie si je réussis mon examen de passage.

Lorsqu'il n'est plus qu'à quelques mètres de moi, je place *Le Monde* en évidence dans ma main gauche – signe de reconnaissance convenu – et je me dirige vers lui.

– Vous êtes Philippe ?

– Tout à fait. Et vous Marc ?

Ces rapides présentations effectuées, nous entrons à l'intérieur du bar et là, à peine installé, Philippe me demande :

– Vous avez vos papiers ?

Je crois rêver. Le règlement, c'est le règlement. Je me

prenais déjà pour James Bond, et me voilà farfouillant dans mes poches à la recherche de mon passeport pour une vérification d'identité de routine...

Cette formalité accomplie, nous passons à des choses plus sérieuses.

Le moment est capital. Je sens bien que chaque mot est pesé, qu'aucun n'est innocent. Je fixe intensément mon attention sur le discours de mon interlocuteur, froid et monocorde. L'homme détaille la panoplie du parfait agent secret comme un instituteur dicte à ses élèves la liste des livres et des cahiers à acheter le jour de la rentrée scolaire.

– Il faudra vous mettre à la photo, acheter un magnétophone de poche, des jumelles de vision nocturne...

Mon cerveau enregistre machinalement toutes les informations ; je suis autant fasciné par l'inventaire que l'on me dresse que par ce grain de beauté ridicule et laid planté au-dessus du nez de mon vis-à-vis, très exactement entre les deux sourcils. Je pressens que cet homme-là m'entraîne dans une aventure terriblement dangereuse mais, inconsciemment, le désir d'action et la curiosité éclipsent déjà l'angoisse.

Ma vie change de cap. On étale devant moi un champ de mines et je le contemple avec la certitude que je vais m'y hasarder. L'homme qui me fait face n'a rien d'un héros de bande dessinée. Il s'est présenté sous le nom de Philippe Mourot, appartient à la très officielle DNRED – la Direction nationale du renseignement et des enquêtes douanières – et est venu spécialement de Nantes, son port d'attache, pour me rencontrer ici, dans mon fief de Gibraltar. Un vol express accompli à bord d'un bimoteur des douanes saisi à un trafiquant. Ce détail aurait déjà dû m'alerter, il me signifiait que j'abandonnais les rives ensoleillées de mon existence pour plonger dans les eaux troubles des marchés parallèles.

De même, là où je n'avais cru déceler qu'un caprice, se cachait un élément des règles du jeu :

– Je me poserai à Málaga et je prendrai un taxi pour vous rejoindre, m'avait dit Mourot au téléphone.

Avec la condescendante assurance de l'autochtone, j'avais aussitôt conseillé :

– Il y a un petit aérodrome à Gibraltar, c'est plus simple.

Un peu énervé, mon correspondant avait grincé :

– Je sais. Merci.

Sans rien changer à sa décision.

Je trouvais cela idiot, mais ce garçon devait avoir ses raisons. J'apprendrai plus tard que les plans de vol déposés vers Gibraltar n'intéressent pas que les techniciens des tours de contrôle, mais ce matin du 5 mai 1988 Philippe Mourot ne m'en dit rien. Il est venu pour me jauger avant – éventuellement – de m'enrôler. Je sais vaguement depuis notre premier contact téléphonique, il y a quelques jours, qu'il attend de moi que je le renseigne sur les allées et venues dans le port de Gibraltar. Je suis bien placé pour cela. Propriétaire d'un motor-yacht de seize mètres cinquante, le *Windarra*, je suis tout à la fois le directeur et le seul employé d'une société de convoyage que j'ai créée, la Rio Plata. Ma présence permanente dans le port n'étonne donc personne, pas plus que les questions que je pose sur chacun, que je peux parfaitement justifier par ma recherche vitale d'éventuels clients. Comme, de surcroît, le monde des narco-trafiquants me révulse autant que les produits qu'il véhicule, je constitue pour les limiers des douanes l'agent de renseignement idéal qu'ils cherchent sur ce secteur chaud. Bien sûr, ils ne sont pas dupes. Ils savent que ma méconnaissance de la pègre et du renseignement va limiter mon action, mais ce que je pourrai glaner peut toujours être utile. Et de toute façon les douanes ont besoin de quelqu'un dans la place. Un correspondant, même modeste, est indispensable pour la bonne marche des enquêtes. En cas d'urgence, il faut au moins un point de chute. C'est ce que me fait clairement comprendre Philippe Mourot.

– Je vous demande juste quelques petits services. Rien de bien méchant.

Néanmoins, pour s'assurer que je pourrai les lui rendre, l'agent des douanes vérifie ma connaissance des lieux et du milieu. Je lui décris un à un les restaurants et les cafés où les habitués de Marina Bay se réunissent. Je lui dépeins aussi quelques établissements plus discrets dispersés en ville où les trafiquants se retranchent pour parler affaires. Absorbé jusque-là par la contemplation de son verre d'eau minérale, Mourot me jette soudain un bref coup d'œil quand je lui dresse aussi l'inventaire des banques en soulignant celles qui ne me semblent pas trop regardantes sur l'origine des fonds.

– Vous y avez vos entrées ?

– Pour l'instant je n'ai créé qu'une société, la Rio Plata, et je ne connais donc qu'un directeur en tant que client. J'ai eu l'occasion d'échanger quelques mots avec d'autres sur le port. Gibraltar, ce n'est pas très grand. Mais je comptais aussi monter de nouvelles compagnies de charters et de transport de fret pour diversifier mes activités. Cela élargirait mon champ d'action.

– Ce serait tout à fait souhaitable si vous travaillez pour

nous. Plus vous aurez de surface mieux ce sera. Bon, maintenant que savez-vous sur les trafics existants ?

Que le Ciel me pardonne ! Au nom de nos saintes lois, l'un de mes amis, un peu louche, qui a amarré son bateau près du mien, tombe le premier dans l'escarcelle des douanes. Je n'ai pas le choix : mon avenir dépend de son présent et je pense qu'il ne risque pas grand-chose pour le minable trafic de cigarettes de contrebande dont je le soupçonne.

Mourot me dément très vite :

– Il ne doit pas faire que de la cigarette.

Toutefois il n'en demande pas plus et m'invite à poursuivre.

La tête d'un autre de mes voisins tombe dans le panier, puis je raconte que moi-même j'ai déjà été approché par des narco-trafiquants qui voulaient utiliser mon bateau pour leur commerce.

– C'est exactement le genre de mouvement que vous devrez me signaler.

À cette phrase, je ne peux m'empêcher d'esquisser un sourire.

Visiblement, j'ai réussi mon examen de passage.

Nous abordons encore quelques points très matériels : primes, défraiement, puis Mourot m'interroge d'une manière plus détendue sur ma vie, mes origines et mon passé pour compléter son dossier.

Je me mords les lèvres pour ne pas lui rapporter les propos qu'avait tenus à mon encontre mon oncle Georges, chanoine doyen de Maubeuge, le jour de ma première communion :

– Ce garçon-là nous étonnera. Je ne crains qu'une chose pour lui : que son intelligence, son esprit inventif, sa curiosité et son dynamisme ne le conduisent vers des situations extrêmes. Je le sais courageux ; je le crains casse-cou.

Merveilleux oncle Georges... Quelques années plus tôt je l'avais déjà sidéré en devenant un héros national alors que je n'avais que sept ans.

Indigné par l'état de délabrement du château de Versailles que j'avais visité avec mes parents, j'avais écrit au président de la République Vincent Auriol, joignant à ma lettre un billet de mille francs de l'époque – toutes mes économies – pour qu'il lance une souscription, afin de sauver le joyau en péril.

Ce petit mot avait fait mouche et le ministre des Beaux-Arts, André Cornu, l'avait lu à l'Assemblée devant les députés pour les fustiger :

– Il faut qu'un enfant vienne nous faire la leçon et nous donner l'exemple, avait-il clamé haut et fort en reprochant aux élus leur désintérêt pour ce fleuron de notre patrimoine qui pourrissait inexorablement.

La presse s'était largement emparée de l'affaire et une souscription avait bel et bien été lancée.

Le petit Marc Fiévet que j'étais sortait déjà du rang...

La suite de ma vie allait être à l'avenant, marquée de coups d'éclat, de coups de gueule, de coups tordus, et de coups de bâton.

Né dans une famille bourgeoise de Cambrai en 1944, j'ai dû subvenir dès mes dix-huit ans aux besoins de ma famille, mon père et ma mère étant tombés tous deux gravement malades. Inconsciemment guidé par mes rêves d'aventures, ma soif d'inconnu, mon besoin d'espace, j'ai alors passé mon permis poids lourd et commencé à sillonner les routes tout en poursuivant une capacité en droit à la faculté de Lille.

À vingt ans j'ai épousé une charmante institutrice qui m'a d'abord donné des jumeaux puis, quinze mois plus tard, des jumelles. La troisième tentative a été plus mesurée avec l'arrivée en solitaire d'une ravissante petite fille, Bruna.

Pour élever cette grande famille j'ai d'abord bourlingué sur les routes de France et d'Europe, mais cette activité m'éloignait trop souvent de chez moi et j'ai réussi à entrer comme agent commercial dans une société textile, les établissements Dupré, dont le siège était situé à Romilly, près de Troyes. Là j'ai gravi rapidement les échelons jusqu'à la direction de l'agence de Roubaix en 1970, puis la direction régionale pour tout le nord de la France.

Une jolie réussite professionnelle qui m'a permis de faire construire une maison à Rieux-en-Cambrésis pour abriter ma tribu. À cette époque, j'aurais pu m'installer dans la peau d'un cadre supérieur respecté et respectable si le démon du large ne m'avait taraudé.

Après la route et les camions, le ciel et les avions m'attirèrent. Je passai mes qualifications de pilote à l'aéro-club de Cambrai, dont je devins même vice-président et, je le confesse, à l'époque je ne me contentais pas de voler dans l'azur infini, je voletais aussi allègrement de cœur en cœur, à la moindre occasion.

D'aventure en aventure je me suis éloigné du domicile conjugal pour me retrouver au Sénégal avec une professeur de danse, après avoir, entre autres, fait faillite avec une société de vente de caravanes que j'avais créée.

Pilote privé à Dakar, j'ai alors côtoyé toutes sortes de personnalités et d'hommes d'affaires, découvrant à cette occasion que l'argent des contrats ne suivait pas toujours les routes les plus droites. Ce fut ma première approche des trafics.

Une rupture houleuse avec ma compagne me rejeta vers la France et, en septembre 1982, à trente-huit ans, je me retrouvai planté sur le Vieux-Port à Marseille avec la mer pour horizon et des souvenirs en guise de projet. Tout compte fait, et ce fut rapide, il me restait de quoi acheter un billet de train pour regagner Cambrai et régulariser un divorce devenu évident et incontournable.

Sans un sou, sans attaches, je retournai à mes premières amours et repartis sur les routes au volant de puissants poids lourds. Je découvris le Moyen-Orient, l'Irak, l'Iran, la Jordanie... Les chargements que l'on me confiait ne correspondaient pas toujours à ce qui était écrit sur mes feuilles de route et des armes se glissaient bien souvent parmi les matériaux de construction ou les pièces détachées que je convoyais. Mais on m'avait prévenu que cela faisait partie du contrat et qu'il ne s'agissait pas de trafics mais de « détournement d'embargo ». Nuance.

En quelques mois, grâce à ma connaissance de ces secteurs chauds et de leurs mœurs, je m'étais fait un nom auprès des affréteurs français spécialisés et, un jour, je fus contacté par l'un des plus importants d'entre eux, une société forte de cent cinquante camions. Le vent tournait une fois de plus. Après quelques voyages effectués pendant cinq mois, je fus appelé à d'autres fonctions, bombardé directeur général et fondé de pouvoir de la société.

Je remisai mes jeans et mes solides chaussures de marche pour endosser à nouveau un costume trois-pièces et choisir les cravates les plus élégantes. Fini les hôtels sordides des bords de pistes, j'emménageai dans un somptueux appartement boulevard du Parc, à Neuilly, sur l'île de la Jatte, et de nouveau les banquiers me reçurent avec déférence et courtoisie. C'est d'ailleurs lors d'une de mes visites à la Chase Manhattan Bank que je tombai en arrêt devant une grande et jolie femme de rêve, Clara, qui devint très vite ma compagne.

Mais en 1986 notre fret fut détourné vers une puissante compagnie franco-bulgare. Pour ma société comme pour d'autres transporteurs, cette perte de marché équivalait à la faillite. Je pris alors la tête d'une action syndicale dure, volai un camion bulgare à Rungis et menaçai de bloquer Paris le jour des élections législatives. Jacques Chirac promit de s'occuper personnellement du dossier mais ce fut le ministre des Transports, Jacques Douffiagues, qui s'en chargea et me prévint d'entrée :

– Je ne vous reçois plus si vous persistez dans votre comportement de terroriste.

Finalement c'est moi qui ai claqué la porte et ma société a fait faillite. Cette fois je n'entendais pas rester sur le pavé. J'avais pris mes précautions. Je fuis la France avec Clara en laissant pas mal de dettes derrière moi. Avec l'argent que je sauvai du naufrage plus ou moins légalement, j'achetai un voilier superbe, un ketch en bois de quatorze mètres, le *Buccaner*, et je décidai de me lancer dans un tour du monde sans rien connaître à la voile. Clara s'en inquiéta, mais je balayai ses craintes :

– Je sais me diriger dans le ciel, je devrais bien savoir me diriger sur l'eau...

En juillet 1986, Clara et moi quittâmes Paris et les quais de la Seine, où le bateau était amarré, pour prendre le large. Naviguant bien plus au moteur qu'à la voile, je l'admets, nous parvînmes sans encombre au Portugal, à Viana do Castelo. Après une brève escale, nous poursuivîmes notre route jusqu'à Gibraltar où je créai ma société de convoyage, la Rio Plata, et rebaptisai mon voilier qui se nomma désormais *Astéride*.

Au début décembre, je décidai de reprendre la mer pour effectuer mon tour du monde. J'embarquai avec moi Clara, bien sûr, mais aussi mon plus fidèle copain d'enfance un peu en déshérence, Sylvain, et un ami, Pierre, que je réussis à convaincre de quitter son poste à la direction d'un centre commercial. Arrivé à Santa Cruz, aux Canaries, je tombai sur une petite annonce : une île à vendre aux Philippines. Les projets hôteliers les plus fous me traversèrent aussitôt l'esprit et je m'envolai par le premier avion pour aller visiter cette île lointaine. Clara, qui n'appréciait que modérément Pierre, regagna Paris avec Sylvain.

Resté seul aux Canaries, Pierre profita de mon absence pour filer avec mon bateau et l'argent que j'avais laissé à bord.

À mon retour il se lança dans une série d'explications tortueuses et incohérentes :

– Il n'y avait plus d'argent à bord. Je suppose que Clara l'avait emporté. Alors j'ai voulu rentrer seul en France. J'ai fait naufrage... J'ai été secouru par un bateau de pêche...

Récit complètement invraisemblable ! Clara en demeura

folle de rage. Aussi, un soir, sommes-nous retournés ensemble chez Pierre pour connaître la vérité. Après l'avoir ficelé sur une chaise, je l'ai menacé des pires châtiments s'il ne me disait pas la vérité. Terrorisé, il a tout raconté : il avait volé l'argent pour offrir une bague à sa fiancée, et avait abandonné le bateau dans un port du Portugal, Vilamoura.

Pierre me restitua finalement l'argent restant et je filai au Portugal avec Clara.

Effectivement, mon bateau était sagement à quai dans le petit port. Il n'avait pas souffert. Aussitôt je décidai de repartir pour Gibraltar avec deux skippers. Avant d'accepter le convoyage, ils posèrent une condition :

– Si vous êtes d'accord, nous voulons d'abord visiter et fouiller le voilier de fond en comble.

A priori je n'y voyais pas d'inconvénient. Cependant je m'étonnai de cette démarche :

– Mais, monsieur Fiévet, elle est tout à fait normale et classique. Nous ne tenons pas à convoyer de la drogue à notre insu...

Cette prudence me fit éclater de rire. De la drogue, sur mon bateau ?

Mes deux marins rirent aussi de bon cœur... avant de fouiller méthodiquement le navire.

Puis ils mirent le cap sur Gibraltar.

– II –

PIÉGÉ PAR LES TRAFIQUANTS

La France me paraît bien loin, et aujourd'hui le souvenir de la minable entourloupe de Pierre me fait plutôt rire. J'y ai laissé de l'argent mais tout cela est oublié. La vie est trop belle. Beaucoup trop d'ailleurs. Il va tout de même falloir que je m'occupe de mes affaires plus sérieusement. Depuis que j'ai jeté l'ancre dans la Marina Bay de Gibraltar début juin 1987, j'ai pris des habitudes de rentier. Il faut dire que le décor s'y prête. Et parmi les yachts somptueux qui encombrent le petit port, l'*Astéride* a quand même fière allure. Extérieurement, mon ketch aurait besoin d'être repeint, mais l'intérieur est superbe. J'ai refait moi-même les cabines avant de quitter Paris, privilégiant le bois verni et le cuir. Clara est heureuse et passe des heures à câliner dans le salon notre petite fille Anna, née au mois de juillet 1987 au Saint-Bernard's hospital accroché sur le flanc ouest du Rocher qui écrase la ville de sa masse blanche.

Il est 9 heures et il fait doux en cette matinée du mois de septembre. Clara termine la toilette d'Anna sur la table du salon alors que je m'apprête à rendre visite à Ron Farway, qu'on appelle ici beaucoup plus familièrement

Tintin quand tout va bien et Monsieur le consul quand tout va mal.

Rond, affable et efficace, Ron Farway est un Gibraltarien. Son père ayant été pilote de port à Tanger, Tintin parle parfaitement le français, avec juste un imperceptible fond d'accent indéfinissable. Lorsque le consulat de France à Gibraltar a fermé, il a postulé afin de prendre en charge l'antenne du Quai d'Orsay qui l'a remplacé. Les candidats ne se bousculant pas pour cette charge, la requête de Tintin a été acceptée et depuis il rend quotidiennement des comptes au consulat général de France à Londres, auquel son bureau est rattaché. Il ne chôme pas. Entre les trafics maritimes licites et illicites, l'activité commerciale du port et la surveillance discrète des bâtiments de commerce ou de guerre qui franchissent le détroit, les journées passent vite. Tintin se plaint, quelquefois, en privé, de n'être pas payé tout à fait à sa juste valeur. Dans ces moments-là perce aussi l'amertume de n'avoir obtenu un passeport français qu'avec le changement de président de la République. Ces petites rancœurs ne l'empêchent pas de s'installer ponctuellement derrière son bureau, chaque matin, à 8 h 30.

Cachés dans un vieil immeuble tout à fait modeste de Main Street, l'étroite rue principale de Gibraltar, les locaux du consul se limitent à peu de chose : deux pièces dans lesquelles Tintin cohabite avec une secrétaire à mi-temps, ses visiteurs et ses dossiers. Seul luxe : un miroir cerclé de cuivre accroché derrière le bureau de Ron. Celui-ci avait été installé en 1906 au consulat de France d'Algésiras, le port espagnol qui fait face à Gibraltar, pour la tenue d'une conférence franco-allemande sur le Maroc. Lors de la fermeture du consulat, le miroir atterrit dans les bureaux de Main Street et Ron Farway voit dans ce témoignage de l'Histoire le reflet de sa fonction nationale.

Comme toujours, il est souriant lorsque je pousse sa porte et s'inquiète avant tout de la santé de ma femme et de ma petite fille. Rassuré sur ce point, il en vient aux affaires qui m'amènent mollement dans ses murs.

– Alors, monsieur Fiévet, allez-vous enfin activer un peu votre société ? Elle est en règle, légalement enregistrée, il ne vous manque plus que les clients, touristes ou marchands ; mais en voulez-vous vraiment ? Si oui, vous savez que je peux prospecter pour vous auprès de mes relations et de mes amis...

Pris en flagrant délit d'oisiveté, je cherche à peine à me défendre.

– Je sais, monsieur Farway, et je vous remercie de votre sollicitude. Vous savez, j'avais besoin de souffler un peu et la naissance d'Anna nous a beaucoup occupés, ma femme et moi. Mais vous avez raison, il faut que je me remette au travail. D'autant que mes fonds ne sont pas inépuisables. Si quelqu'un vous demande un bateau, je suis libre. Je vais aussi voir du côté de la capitainerie du port.

En redescendant vers Marina Bay, j'ai l'impression d'avoir accompli un grand pas. Je suis certes plein de bonnes intentions, mais je n'ai toujours pas le moindre client en vue.

De retour sur mon ketch, je passe la tête dans l'ouverture menant au carré :

– Un tour en mer, Clara ? Il faut amariner la petite princesse...

Moteur au ralenti, je quitte lentement le port en frôlant les bateaux amarrés. Assis au bout de la jetée, un homme me salue amicalement, m'interrogeant au passage en français avec un fort accent italien :

– Départ ou promenade ?

J'ai déjà croisé ce type sur le port, je crois qu'il s'appelle Livio. Je n'en sais pas plus sur lui et son allure ne me plaît pas trop. Mais, dans un port, mieux vaut entretenir des rapports de bon voisinage tant que l'on peut. Alors, répondant à son salut :

– Promenade.

– Attention, on annonce un coup de vent. Vous allez loin ?

– Non. Tanger, peut-être...

La côte marocaine n'est distante que de quatorze kilomètres. Paraissant rassuré, Livio balance une dernière fois son bras et me regarde manœuvrer puis prendre de la vitesse en filant vers le large. Clara me rejoint sur le pont avec Anna dans les bras et s'assoit sur le bastingage. Bien emmitouflée, la gamine sourit au vent. Sans quitter la barre je l'observe et je me sens fondre : déjà mon sixième enfant...

Allez, cap au sud-ouest, route sur Tanger et attention à ces pétroliers rouillés et décatis qui bouffent du mille jour et nuit en aveugle pour ne pas perdre un centime sur la cargaison visqueuse qu'ils vont aller décharger Dieu sait où, peut-être clandestinement, dans les soutes d'un bateau encore plus cabossé et pouilleux.

Une semaine plus tard, Tintin vient me voir sur le port. Une société de charters vient de claquer dans les doigts d'un agent de voyages français qui se retrouve par conséquent sans bateau. Tintin doit lui dénicher au pied levé un navire de remplacement. Le consul a pensé à moi et, bien sûr, j'accepte. Deux jours après, une joyeuse bande en bermudas et chemises à fleurs envahit le pont de l'*Astéride* en glapissant, oubliant déjà les *tapas* pour ne vanter que les mérites du couscous.

Attablé devant un café à la terrasse de chez Bianca, Livio observe l'embarquement en tirant sur sa première cigarette de la journée.

C'est à la fin du mois de septembre qu'il viendra me voir un soir, sur l'*Astéride*, alors que je répare un gréement sans grande conviction. Je songe à l'avenir. La saison touristique touche à sa fin, il va falloir que je trouve d'autres activités. Livio aussi connaît les aléas du calendrier.

– J'ai vu que vous faisiez du charter. La saison se termine, dans quelques jours vous n'aurez plus beaucoup de clients. Si vous êtes libre, j'ai des amis qui cherchent un skipper pour convoyer leur voilier jusqu'à Carrare, au nord de l'Italie. C'est un Alpa 42, le *Scarboni.* Il est arrimé à un ponton de l'autre côté de la marina. Ils ont dû s'arrêter à Gibraltar pour effectuer quelques réparations et le capitaine n'a pas pu attendre. Si cela vous intéresse...

Pour la forme je demande une journée de réflexion afin de consulter un planning que je sais aussi vierge qu'une pure laine des Pyrénées. Même si je ne le montre pas, il est évident que ce voyage m'intéresse. D'abord parce qu'il va faire rentrer un peu d'argent dans ma caisse, et je sens qu'on ne discutera pas mon prix, ensuite parce que cela me donnera l'occasion de me réveiller un peu et de me mettre à l'épreuve de la haute mer. Sans vouloir me flatter, je commence à être un assez bon skipper et, surtout, je maîtrise beaucoup mieux le maniement des voiles, au grand soulagement de Clara. Il faut dire que lors de l'une de nos sorties, je lui ai offert la plus grande frayeur de sa vie en m'empêtrant entre mes drisses, ma baume et mes bouts. En une fraction de seconde le bateau s'est couché dans un claquement de voile épouvantable. La pointe du mât a effleuré l'eau, Clara a juste eu le temps de s'accrocher à un cordage, et je ne comprends toujours pas comment ni pourquoi, dans un coup de reins monstrueux, l'*Astéride* s'est brusquement redressé pour se remettre dans le sens de la marche. Tout ce que je sais, c'est que je n'y suis strictement pour rien, ou alors – si j'ai effectué une bonne manœuvre – c'est par un hasard absolu. Depuis cette chaude alerte, je me suis fait beaucoup plus humble devant la mer et astreint à apprendre le maniement des voiles, ce qui n'est pas évident du tout. Aujourd'hui je me sens mieux, mais en cas de coup de tabac je réduis tout de même considérablement la voilure, ne laissant que le minimum de toile pour équilibrer le voilier et me repliant sur le moteur pour la marche en avant. C'est moins spectaculaire, mais pour moi c'est plus sûr. Dans ces conditions, la traversée vers l'Italie ne m'effraie pas du tout.

Le lendemain, j'explique avec sérieux à Livio que j'ai pu décaler certaines commandes pour être agréable à ses amis et que je pourrai donc les mener en Italie.

Visiblement, ils sont pressés de partir et me laissent à peine le temps d'entasser quelques affaires dans un sac avant de lever l'ancre.

Deux hommes taciturnes sont à bord du *Scarboni*. Ils ne parlent qu'italien, ne font aucun effort pour communiquer, et restent la plupart du temps dans la cabine malgré l'inconfort des lieux. Vu l'ambiance, j'en suis plutôt satisfait et en profite pour m'entraîner encore au maniement des voiles. Nous arrivons sans encombre à Carrare, et c'est à peine si les deux hommes me saluent avant de disparaître, laissant le *Scarboni* aux soins d'une jeune femme guère plus bavarde qui me remet un billet d'avion pour Málaga via Milan et Barcelone, en même temps qu'une liasse de lires serrées dans une grande enveloppe jaune. À son regard stupéfait, j'ai l'impression d'avoir dit une insanité lorsque je lui propose une facture.

Triste voyage, mais le contrat est rempli et, pour moi, c'est bien l'essentiel. A priori, pour Livio aussi. Je suis à peine rentré d'Italie qu'il grimpe à nouveau sur l'*Astéride* pour s'enquérir de mes projets. Je lui en fais part.

– Je vais proposer mes services à Camper & Nicholson. Cette société est leader du charter vers les Antilles pour toute la région. À l'occasion, ils peuvent peut-être affréter mon bateau...

Je vois bien que Livio n'écoute absolument pas mon discours et n'a que faire de mes plans. Je ne suis donc pas surpris lorsqu'il me coupe la parole, sans même s'en rendre compte, pour m'exposer le but réel de sa visite.

Décidément cet homme-là a beaucoup d'amis en manque de skippers ou de bateaux. Cette fois c'est sur la côte marocaine qu'il me demande de récupérer deux Italiens pour un retour au pays par la mer. Ceux-là n'ont pas de bateau et Livio embarquera de surcroît avec eux.

Un peu étonné par cette nouvelle offre, je demande plus de précisions à Livio et lui fais remarquer que les capitaines oisifs ne manquent pas dans le port de Tanger. Il m'étouffe alors d'éloges dans un flot d'onctuosités qui me laisse pantois. Il m'assure que ses amis exigent un marin de haut niveau et qu'il a pu juger de mes compétences en me voyant louvoyer dans le port, puis en convoyant mes précédents clients jusqu'à Carrare. J'ai l'impression qu'il va mettre un genou à terre lorsqu'il m'affirme qu'il a une totale confiance en moi. En quelques minutes je deviens le meilleur capitaine du détroit, le sauveur providentiel de ses amis coincés au Maroc.

Il est évident que Livio connaît parfaitement les aléas de la morte saison et qu'il sait aussi que mes activités commerciales me laissent de larges loisirs. Cette fois-ci, je ne vais donc pas jouer à l'homme d'affaires débordé, mais en revanche l'embarquement immédiat n'est pas possible : je dois trouver un toit pour Clara et Anna. Livio semble contrarié par ce contretemps. Aussi s'empresse-t-il de me proposer ses services pour la recherche d'un petit appartement. En moins de quarante-huit heures j'ai trouvé une location et c'est au pas de charge que je parcours les rayons de l'unique supermarché de Gibraltar pour acheter des provisions de route. Par courtoisie, j'ai demandé à Livio si ses amis avaient des désirs particuliers :

– Oui, partir vite...

Devant tant d'enthousiasme, ce sera donc boîtes de conserve et miches de pain. Seul luxe : des bouteilles de chianti que je trouve sans peine. La colonie italienne est conséquente à Gibraltar. Le directeur du supermarché le sait parfaitement.

Livio a fixé le départ à 17 heures. J'aurais préféré le matin mais je n'ai pas insisté.

Ce n'est qu'au tout dernier moment, en montant à bord

de l'*Astéride*, qu'il me révèle le lieu exact du rendez-vous avec ses amis. Il se penche sur ma carte marine et, après une brève hésitation, m'indique un point à trente kilomètres au sud de Ceuta, l'enclave espagnole de la côte marocaine. Incrédule, je regarde de plus près, persuadé qu'il y a une erreur.

– Mais Livio, il n'y a pas de port à cet endroit, même pas un ponton. Et en plus il risque de faire nuit quand nous allons arriver...

– Je sais. Allez, on part...

Bon. Après tout, si ses amis ont envie de jouer aux pirates, ce n'est pas un problème tant qu'ils ne mettent pas la sécurité du voilier en jeu. Je largue les amarres.

Effectivement, lorsque nous arrivons sur zone, la nuit s'est déjà bien installée. Un reliquat de crépuscule permet seulement d'entrevoir la côte. Debout derrière la barre j'observe Livio. Je suis fasciné par sa brusque transformation depuis notre départ. Nous sommes bien loin de ses rondeurs courtoises et mielleuses. À peine a-t-on quitté le port qu'il s'est calfeutré dans le carré pour n'en sortir que lorsque je lui ai signalé que nous approchions du lieu indiqué. Il a aussitôt grimpé sur le pont et depuis, sans dire un mot, il fixe intensément la rive africaine qui se profile à quelque trois cents mètres. Soudain, sans même se retourner, il me lance d'un ton sec :

– Stop, c'est là. Je les vois. Immobilise ton bateau.

Livio sort une torche de sa poche et envoie un signal bref. Je devine alors un Zodiac qui s'éloigne de la plage et ce que je soupçonnais depuis notre départ devient une évidence : ces gens-là ne sont pas des gentils membres du Club Méditerranée en mal de croisière exotique...

La mer est calme, l'accostage entre les deux embarcations s'effectue sans mal, dans un silence impressionnant. Le temps visiblement n'est pas aux effusions ni à la joie des retrouvailles. Quatre hommes sont à bord du Zodiac. L'un d'eux échange quelques mots brefs avec Livio pendant qu'un second monte à bord. Immédiatement il saisit la valise que lui tendent deux de ses compagnons. Elle est lourde et Livio doit venir en renfort pour hisser le bagage à bord. Les Italiens ont déjà chargé cinq valises lorsqu'un vent léger se lève. Réveillé en sursaut, l'*Astéride* fait un écart et s'éloigne du Zodiac au moment où une sixième valise va être transférée à bord. Livio se retourne, furieux :

– *Putana*, tiens ton bateau...

– C'est pas une barque. Accrochez mieux le Zodiac.

J'ai parlé fort et cela calme immédiatement Livio qui regarde aussitôt autour de lui, comme si quelqu'un avait pu m'entendre :

– C'est, bon, c'est bon, ça va, *scusa*, on a presque terminé.

Un deuxième homme se hisse à bord du voilier pendant qu'un autre détache rapidement les cordages qui retiennent le canot. J'entends le bruit sec de la corde jetée au fond du pneumatique puis aussitôt le ronronnement du moteur que le pilote ne lance pas à fond. Très vite la petite embarcation s'éloigne et se perd dans la nuit. Livio me fait signe de mettre en route et, à ce moment-là seulement, il étreint enfin ses amis. Une accolade, quelques tapes dans le dos et les trois hommes empoignent à nouveau leurs valises pour les faire disparaître à fond de cale.

Je n'ai pas chronométré, mais je réalise soudain que l'embarquement n'a certainement pas pris plus de trois minutes.

Alors que je donne de la voile, le trio s'enferme dans le carré faisant office de salle à manger. Je ne suis pas convié. Nous ne jouerons pas aux cartes ensemble. Ce soir je vais dialoguer avec les étoiles. Demain Livio devra me préciser certains points.

Je vérifie mon cap et cale mon pilote automatique. Vers 23 heures j'effectue les derniers réglages sur le pont. Tout est en ordre, le vent est modéré et le bateau taille tranquillement sa route vers le nord-est. Je peux aller me restaurer et me reposer. Voilà six heures que je tiens la barre.

Dans le carré, mes passagers discutent encore autour d'une bouteille de chianti bien entamée. Je m'installe à leur table et Livio me présente le plus brièvement possible ses amis. Deux prénoms jetés à la hâte, deux signes de tête ponctués de vagues grognements et tout est dit.

Pendant que je me confectionne un repas rapide, je trace les grandes lignes de l'organisation à bord. L'*Astéride* dispose d'une cabine assez confortable à l'arrière et d'une autre équipée plus sommairement à l'avant. Une banquette peut être transformée en couchette dans le salon-salle à manger. J'annonce d'entrée que je l'occuperai afin que mes clients soient plus à l'aise dans leurs cabines. J'oublie de préciser que ce sacrifice commercial ne me pèse en rien : par mer formée, cette banquette installée au centre de gravité du voilier limite au maximum les désagréments du roulis et du tangage. C'est bien connu, seul le capitaine est autorisé à pisser au vent... Et vu la convivialité qui semble s'installer à bord, je n'ai vraiment aucun scrupule à prendre mes aises. J'en profite d'ailleurs pour dire à Livio qu'une veille est souhaitable sur le pont nuit et jour et que je ne pourrai l'assumer seul. Chacun va donc devoir prendre son quart. Même si, je le sais bien, il n'est que de pure forme. L'idée n'enthousiasme pas Livio mais il fait malgré tout passer le message à ses amis et m'annonce qu'il prendra le premier tour de garde pendant que j'irai dormir deux heures. Je le rappelle alors qu'il monte vers le pont en chemisette :

– Livio, même en Méditerranée, la nuit, au grand air, il fait frais...

Et comme il a vraiment l'air fâché, j'ajoute plus bas avec un charmant sourire :

– Surtout quand on s'endort.

Je m'y attendais, l'un de mes Italiens inconnus a apprécié mon vin et est malade pendant la nuit. C'est le moment de prendre la relève sur le pont, au grand air il sera mieux. Ce garçon est parfaitement antipathique, et l'entrevoir dans un rayon de lune, pâle, livide, prêt à s'en remettre à la Madone ne me déplaît pas trop. Bien qu'il ne comprenne pas le français, je ne peux m'empêcher de lui lancer, en regagnant ma couche :

– Si ça ne va pas, tu te penches au-dessus de la mer et tu appelles Raoul... Ciao.

C'est gratuit, c'est méchant, c'est idiot, mais je me sens soulagé. Depuis que j'ai quitté Marina Bay la pression est devenue trop forte.

Je suis revenu à la barre lorsque Livio émerge de sa cabine vers 9 heures, un solide bol de café à la main. Je le laisse s'installer au pied du mât, face à moi. Un pâle soleil lui chauffe le dos. Il boit quelques gorgées en silence et allonge les jambes, détendu. Je pose ma question très doucement :

– Dis-moi, Livio, c'est mon bateau. J'en suis responsable. Comme je suis responsable de ce que je transporte...

L'Italien ne lève pas la tête de son bol mais je le sens se tendre à nouveau.

– Qu'est-ce qu'il y a, dans les sept valises ?

Livio souffle sur son café que je sais déjà froid, puis il relève la tête et me fixe :

– Drogue.

– Quoi ?

– Cannabis.

– Combien ?

– Pas grand-chose. En gros trois cents kilos...

– Pas grand-chose ? Tu aurais pu m'avertir.

– Tu ne serais pas venu. Alors que maintenant tu es parti et tu seras content de toucher ton fric.

– Et pourquoi moi ?

Pour la première fois depuis le départ Livio retrouve le sourire :

– Parce que tu es insoupçonnable...

Je ne suis pas franchement flatté. Je serais même plutôt vexé de jouer les honorables couvertures. Alors je mords :

– Depuis que tu es monté à mon bord j'ai dû éveiller les soupçons...

Nous en restons là et je lui demande de me préciser notre destination. Nous descendons ensemble vers la table à carte. Deux haltes sont prévues, une en Sardaigne, à Alghero, une autre à Santa Teresa Gallura. De là nous filerons sur un petit port italien derrière l'île d'Elbe, Piombino. Je prends note et je remonte sur le pont. Les deux complices de Livio sont affalés sur le canapé, parfaitement muets, et me regardent comme deux carpes. L'exiguïté des lieux me pèse. J'ai hâte d'en finir. Pendant tout le reste du trajet je limiterai au maximum mes contacts avec mes passagers, et comme de leur côté ils ne tiennent pas à me voir non plus tout ira pour le mieux.

Les deux arrêts en Sardaigne sont extrêmement brefs. Je prétexte à chaque fois la nécessité d'achats en ville pour quitter le bord pendant que mes clients règlent leurs affaires. Je me doute qu'ils effectuent des livraisons, mais je ne veux pas le savoir, et surtout pas le voir.

C'est une véritable délivrance lorsque je pose enfin le pied sur le quai de Piombino. Mais une dernière surprise m'attend au moment du paiement. Sans la moindre gêne, Livio m'explique :

– Je n'ai pas pu débloquer les liquidités que je souhaitais, mais ne t'inquiète pas, tu ne perdras pas au change : je t'offre un quatre-quatre Mitsubishi Pajero. Je te le remettrai à ton retour à Gibraltar.

Je suis à nouveau interloqué et placé devant le fait accompli. Je sens confusément que je m'expose à de sérieux ennuis si je refuse ce troc. D'ailleurs Livio tiendra sa promesse. Mais je m'apercevrai rapidement qu'il vaut mieux que je ne m'interroge pas sur l'origine du véhicule. Livio me fera comprendre à demi-mot qu'en cas de réparations il connaît d'excellents garagistes :

– Les concessionnaires sont si chers...

Pour l'instant je suis dans ce petit port italien et je n'ai qu'une hâte : en partir. Mais je ne tiens pas à rentrer seul avec l'*Astéride*. La route est longue jusqu'à Gibraltar et je ne me sens pas mûr pour les grandes solitaires. Le bateau étant débarrassé de sa drogue et ne présentant plus de risque, j'appelle aussitôt à Paris mon vieux copain d'enfance Sylvain pour qu'il me rejoigne le plus vite possible à Piombino. Le cannabis a été déchargé, mes douteux passagers sont partis, je peux l'attendre sereinement à bord.

Le retour s'annonce plus réjouissant que l'aller. Sylvain est un joyeux compagnon. Incapable de se fixer, il a soif d'aventures et s'implique totalement dans la marche du voilier. Dans la journée nous nous amusons comme deux gamins à tirer des bords et à foncer vers le sud au plus près serré. Même le bateau semble partager nos jeux. Il se cabre, bondit sur les vagues, avale les embruns, embarque des paquets de mer à tribord, les recrache à bâbord, à chaque changement de bord les voiles se gonflent d'orgueil, offrant au soleil un ventre de calife lisse et rebondi. Le pesant trajet de l'aller est bien vite oublié et nous nous enivrons d'eau, d'air et de vent. Je vois les côtes espagnoles se rapprocher trop vite et Sylvain pousse un énorme soupir lorsqu'un matin je tends le bras :

– Regarde là-bas, c'est Málaga. En début d'après-midi nous serons à Gibraltar.

Et déjà la côte se rapproche. Plus question de jouer. Les silhouettes menaçantes des tankers et des cargos se dessinent déjà à l'horizon. Elles convergent vers le détroit, se rassemblent à l'entrée du goulet. Je demande à Sylvain de réduire la voilure. Dans ce secteur, je préfère naviguer au moteur. Nous progressons prudemment, par gros temps, lorsque, brusquement, mon compas s'affole. Le voilier perd son cap. Je tourne lentement la barre pour le remettre dans l'axe. La dérive s'accentue, les voiles deviennent folles, s'agitant de droite à gauche. Sylvain ne comprend pas. Il me regarde et crie :

– Mais qu'est-ce que tu fais ?

– Bon Dieu j'en sais rien, je ne peux plus gouverner, la barre tourne dans le vide...

Le ketch est devenu une coquille de noix stupide ballottée par les flots. Il se lance dans des embardées inquiétantes. Sylvain ne sait plus que faire :

– Affale complètement les voiles, c'est le safran qui a dû lâcher.

À ce moment, le moteur se met à hoqueter. Je suis en fin de réservoir et les mouvements désordonnés du bateau ont projeté le fuel en tous sens, désamorçant la pompe. De toute façon ce moteur ne servait plus à rien, si ce n'est à me pousser plus vite vers la catastrophe. Je me précipite alors vers la trappe à voile située à l'arrière du carré. Je vais hisser le tourmentin. Ce solide petit foc en toile épaisse que j'utilise quelquefois pour des manœuvres délicates me permettra peut-être de maintenir un cap, m'éloignant au moins de la côte. C'est notre dernière chance...

En déboulant dans la cabine je réalise instantanément ma bêtise : afin de gagner de la place, j'ai installé une couchette devant la porte du logement réservé aux voiles. Il est devenu inaccessible, il faudrait tout démonter. Pas le temps. Je remonte sur le pont. Sylvain termine d'enrouler les voiles. J'ai l'impression que le vent souffle de plus en plus fort. L'*Astéride* n'obéit plus qu'au courant violent qui le pousse inexorablement vers la côte. Il faut à tout prix que je le stabilise :

– Sylvain, vite, viens m'aider ! Il faut jeter l'ancre...

Nous arc-boutant sur les lourds maillons d'acier, nous tirons comme des forçats sans trop réfléchir et, soudain, c'est la catastrophe. D'un seul coup je sens l'ancre partir. Je n'ai que le temps de hurler pour que Sylvain saute en arrière. Dans un bruit d'enfer cent mètres de chaîne filent par le fond à une vitesse vertigineuse. Le winch tourne comme une hélice en émettant un sifflement sinistre. Impossible de l'arrêter, ce serait s'arracher un bras à coup sûr. Et puis il y a un choc monstrueux et, comme apaisée, la manivelle ralentit lentement sa course et se fige. Le voilier continue à dériver. Tétanisé, je crains le pire. Sylvain aussi reste parfaitement immobile. Je tourne la manivelle sans le moindre effort. Abattu, je dis vers Sylvain :

– C'est foutu, la chaîne a cassé.

Je dois me rendre à l'évidence : je suis bel et bien en perdition, à quelques dizaines de milles de Gibraltar... J'enrage. Mais je n'ai plus le choix. Je m'installe devant ma radio de bord et lance un appel de détresse.

Le poste de secours de Málaga me répond immédiatement. J'explique ma situation et je donne ma position. Mon correspondant paraît pressé. Il va à l'essentiel !

– Est-ce qu'il y a danger immédiat ?

– Non, mais je dérive.

– D'accord, mais avec ce temps nous avons pas mal de problèmes à l'entrée du port. Je m'occupe de vous dès qu'un remorqueur est disponible.

Commence alors une interminable attente. Seules les trente tonnes de l'*Astéride* retardent l'échéance. Le voilier est poussé vers la côte, mais il résiste et ne progresse que très lentement. Je passe ainsi plusieurs heures à mettre en équation les minutes qui s'écoulent et la distance qui me sépare encore de la terre. Toujours pas de sauveteurs. Je rappelle et, là, mes espoirs s'effondrent :

– Mais bon sang, où êtes-vous ?

– Le remorqueur est parti sur zone, il ne vous trouve pas...

L'opérateur n'a pas donné la bonne position. Cette fois

c'est fini, les secours ne peuvent plus arriver à temps. Impuissant, le sang glacé, je vois déjà quelques curieux se masser sur la plage où je vais m'échouer. Tous les muscles tendus, j'attends, j'attends... Et brusquement, dans un fracas monstrueux, le voilier s'affale sur le flanc comme un éléphant blessé. Sylvain et moi sommes projetés contre le bastingage. Sous nos yeux s'étale une plage de sable gris. L'*Astéride* n'est plus. Il embarque huit mille litres d'eau et ne sera dégagé et enfin remorqué vers Málaga qu'à grand-peine.

Mon voilier est irréparable.

Honnêtes, les sauveteurs reconnaîtront leur erreur. Cet aveu me permettra d'être remboursé intégralement par mon assurance.

Je m'emploie aussitôt à chercher un autre bateau. Chaque matin j'épluche les annonces spécialisées. Mon expérience de la voile n'ayant tout de même pas été probante, j'ai décidé de me limiter au moteur. En revanche, afin de poursuivre mes activités professionnelles, j'ai besoin d'un navire d'assez fort tonnage et ce n'est pas évident à trouver. Pendant des semaines, je saute ainsi de port en port, sillonnant la péninsule Ibérique en tous sens en quête de l'oiseau rare.

Un soir, découragé, rentrant une fois de plus bredouille de Barcelone, je décide de faire une pause à Gibraltar et en profite pour parcourir Marina Bay avec Clara et Anna. Je me détends, m'efforçant de ne penser qu'à ma famille, à cet instant privilégié où nous sommes ensemble, quand j'aperçois une pancarte « À vendre » posée sur un magnifique motor-yacht, le *Windarra*.

Dès le lendemain je monte à bord pour visiter ce bateau. Il est superbe, seize mètres cinquante, trois cabines, un grand salon, une cuisine parfaitement équipée, trois douches... Exactement ce qu'il me faut.

C'est décidé, j'achète. Seul problème, les six cent mille francs versés par mon assurance après la perte de l'*Astéride* ne couvrent pas le prix d'achat du *Windarra*, loin de là. Il me manque deux cent soixante mille francs, et tant que je n'ai pas payé la totalité du bateau, je ne peux le sortir du port. C'est la loi du marché. Le titre de propriété, le *« blue book »*, ne me sera remis que lorsque j'aurai réglé toutes les sommes dues. Il va falloir que je trouve des fonds, et vite.

J'ai l'habitude.

– III –

POUR UNE POIGNÉE DE PESETAS

Nous sommes installés sur le *Windarra* depuis plusieurs jours et nous avons fait connaissance avec nos nouveaux voisins de mouillage. J'en avais déjà croisé quelques-uns que je croyais spécialisés comme moi dans le charter. Mais aujourd'hui, après le trafic auquel Livio m'a contraint, je les regarde avec un autre œil. Que transportent-ils au juste ? Avec quoi peuvent-ils régler les interminables repas qu'ils s'offrent au Da Paolo, l'incontournable et unique restaurant de luxe du port ? Il est de bon ton de s'attabler derrière sa vaste baie vitrée ouvrant sur les quais pour s'exposer au regard de tous devant les mets les plus fins, mais aussi les plus chers. L'établissement ne désemplit pas et le montant de l'addition, loin de rebuter, est au contraire perçu comme le symbole de la réussite.

Mais de quelle réussite ? À part quelques rares authentiques hommes d'affaires, je ne vois jamais les clients du Da Paolo au travail. Je sais, évidemment, que dans le port de Gibraltar les marins ne vivent pas que du tourisme et de la pêche à la crevette, mais j'espérais tout de même que les trafiquants de tout poil étaient minoritaires. Hier matin j'en ai parlé avec mon ami le consul, Ron Farway – Tintin –, sans oser lui avouer que je venais moi-même de tremper dans une magouille. J'ai confiance en cet homme et j'ai l'impression qu'il m'apprécie également. Il m'a mis en garde :

– Soyez prudent, Marc. L'entretien des bateaux coûte cher et chacun a besoin d'argent pour vivre.

Je ne peux qu'abonder en son sens, je sais ce que j'engloutis dans le *Windarra.*

Son bateau collé contre le mien, Olivier, mon plus proche voisin, me parle justement ce matin de ses soucis financiers. Il m'explique qu'il a un mal fou à joindre les deux bouts et qu'il doit jongler pour s'en sortir. Son discours me dérange. Je l'écoute et le félicite pour ses talents de saltimbanque car il ne donne pas l'impression d'être dans le besoin. Je trouve même choquant de le voir dépenser sans compter tant d'argent dans les bars et au Da Paolo, et ne peux m'empêcher de le lui faire remarquer.

– Eh oui, Marc, et pourtant, si tu savais...

Je vais savoir quelques jours plus tard, dans des circonstances assez désagréables.

Alors que je prends un café au bar Chez Bianca, un homme que je n'apprécie pas trop, Potaz, vient s'installer à mes côtés. J'essaye de m'en tenir à une discussion futile sur la météo mais lui s'obstine à m'entretenir de l'activité du port et se délecte en me décrivant les occupations non avouables de chacun avec un sourire entendu. J'ai beau lui répéter que cela ne me regarde pas, il persiste, comme s'il voulait se défaire de secrets devenus trop lourds à porter. Lassé de son discours, j'invente un prétexte pour m'éclipser, un rendez-vous imaginaire avec mon ami Olivier, mais Potaz me retient par le bras et éclate de rire :

– Olivier ? C'est ton ami ? Parlons-en. Lui, c'est dans la cigarette qu'il donne.

Assommé, je commande un nouveau café, réalisant que je me suis déjà étonné des départs en mer nocturnes assez fréquents d'Olivier. Il s'en est expliqué sans trop de gêne :

– Je ne suis pas très bon en navigation de nuit. Quand je n'ai pas de client, j'en profite pour aller m'entraîner un peu.

Avec force détails, Potaz développe une tout autre version et je dois reconnaître qu'elle tient beaucoup mieux la mer. À la fin de sa démonstration, en mal de confidences, il se penche vers moi et pose sa main sur mon épaule.

– Ça devient trop malsain ici. Moi je vais aller prendre l'air. D'ailleurs j'aimerais te demander un service parce que je sais que toi, au moins, tu mènes une honnête vie de famille.

Le coup de l'honorabilité on me l'a déjà fait, et brusquement tous mes sens sont en alerte :

– Je voudrais transférer ma ligne de téléphone sur ton bateau pour que tu puisses prendre mes messages. Je t'appellerai de temps en temps.

À cette époque la portée des téléphones est encore limitée et pose problème sur un bateau. Mais il m'est difficile de refuser la demande de Potaz qui ne m'implique en rien. Juste un combiné à déposer dans un coin, alors va pour le service, d'autant que Potaz précise :

– Tu sais, on ne m'appellera pas souvent.

Effectivement, le téléphone reste muet pendant plusieurs jours. Et puis, un matin, une voix de femme s'exprimant en français demande :

– Monsieur Potaz ?

– Il est absent pour plusieurs jours. Il m'a chargé de prendre ses messages.

– Pouvez-vous lui demander de rappeler le plus vite possible monsieur Philippe Mourot, à la DNRED de Nantes ?

– Pardon, à la... ?

– DNRED, Direction nationale du renseignement et des enquêtes douanières. Il connaît le numéro, mais je vous le redonne.

Interloqué, je fixe le combiné avant de raccrocher : qu'est-ce que Potaz traficote avec les douanes ? Vu le ton de mon interlocutrice, ce monsieur Mourot ne le recherche visiblement pas à la suite d'une infraction. Il s'agit d'autre chose. Je veux en savoir plus et j'appelle un de mes vieux amis, policier à Cambrai :

– La DNRED ? C'est le service action des douanes. S'ils ont appelé ton type à Gibraltar tu n'as pas à chercher, c'est qu'ils ont besoin d'un renseignement.

– Comment ça, d'un renseignement ?

– Les douanes sont comme nous, Marc, elles ont besoin de gens infiltrés dans les réseaux pour travailler. Elles appellent ça des « aviseurs ». Tu peux être certain qu'à Gibraltar, avec tous ces trafics de drogue, de cigarettes et de voitures, elles en ont un en place. Et au moins, elles, comme elles dépendent du ministère des Finances, elles peuvent payer les tuyaux en cash. Ce n'est pas comme nous qui sommes obligés de laisser une partie de la drogue saisie à celui qui apporte l'affaire pour le dédommager. Tu parles d'un système, on l'incite à remettre la drogue sur le marché !

– Mais pourquoi les douanes de Nantes ?

– Ce sont elles qui gèrent la façade atlantique.

Ce que vient de me dire mon ami m'intéresse au plus haut point. Si Potaz était bien agent des douanes et qu'il a filé sans laisser d'adresse, les gabelous vont avoir besoin de quelqu'un pour le remplacer.

Toute la journée l'idée me trotte dans la tête. Je pèse le pour et le contre. Dénoncer n'est pas très joli, mais dénoncer des trafiquants de drogue ne me dérangerait pas. Le double jeu c'est aussi très risqué, mais à cette simple évocation du risque je sens d'étranges picotements me parcourir le corps. Troisième point, je ne suis vraiment pas certain de la rentabilité de mes futures activités commerciales. Alors, si je peux arrondir mes fins de mois...

C'est ainsi que, le lendemain, j'appelle Philippe Mourot à la DNRED de Nantes.

Après m'être présenté à sa secrétaire, j'ai immédiatement Mourot en ligne et lui expose la situation, sans omettre mon coup de téléphone à mon ami policier de Cambrai pour que tout soit clair.

Mon correspondant m'écoute sans m'interrompre, puis il me demande des précisions sur ma vie, mon bateau, mes activités passées et présentes. Nous parlons vingt bonnes minutes puis Mourot tranche :

– Si vous êtes libre, je viens vous voir dans deux jours à Gibraltar. Où pouvons-nous nous rencontrer ? En terrain neutre, bien sûr, pas sur votre bateau.

Et c'est le rendez-vous crucial du 5 mai 1988 au bar de La Rotonde, celui où Mourot me questionne, me sonde, en vue de mon recrutement comme agent infiltré. À la fin de ce long entretien, j'aborde le problème majeur qui me tenaille et que je dois impérativement régler si je veux collaborer efficacement avec les douanes : l'achat du *Windarra.*

J'explique avec précaution à Philippe Mourot que j'ai d'énormes difficultés pour finir de payer ce bateau, qu'il me manque, en gros, deux cent soixante mille francs. Sans même tiquer, le douanier balaye le problème :

– Chez nous l'argent n'est pas un souci. En revanche, je ne sais pas quand je pourrai débloquer les fonds.

En fait, le discours de Mourot mêle en permanence certitude et approximation. Ainsi, il me confirme que les douanes payent bien leurs agents extérieurs en liquide mais il me précise aussitôt qu'il n'y a pas de tarifs bien établis.

– Les Espagnols versent quatre mille pesetas par kilo de cannabis saisi. Ils appellent ça une prime de signalisation. Nous c'est au coup par coup. Mais ne vous inquiétez pas, nous sommes bons payeurs.

Impossible d'en savoir plus et pour ce premier contact je ne veux pas trop insister. Mourot me tend une carte de visite avec une batterie de numéros de téléphone, regroupant les lignes directes et privées de différents collaborateurs. Je pense que nous avons terminé le tour du propriétaire, mais mon officier traitant ajoute à brûle-pourpoint :

– Vous connaissez le consul, Ron Farway...

– Oui, bien sûr.

– Ce n'est pas une question, je le sais. Il sera notre

intermédiaire. Je passerai par lui pour certains messages que j'aurai à vous transmettre. Vous pouvez vous mettre au travail dès maintenant. N'hésitez pas à m'appeler plusieurs fois par jour si vous voulez.

Mon ami le consul fait donc indirectement partie de la maison et je découvre que Mourot s'est déjà renseigné sur moi auprès de lui. Il ne m'en a rien dit. J'entre vraiment dans le monde des agents triples et des fausses barbes...

Voilà une heure et demie que je parle avec Mourot. Il déploie sa grande carcasse en écartant les bras pour m'indiquer que l'entretien est clos, puis, alors que nous nous dirigeons vers la porte du bar, il me parle encore brièvement de ses locaux de Nantes, installés en périphérie de la ville. Il m'avertit qu'ils ne sont pas très grands, juste une maison posée de plain-pied sur un petit terrain, mais qu'ils ont le mérite d'être tranquilles et fonctionnels.

Pendant notre entrevue, mon douanier n'a pas été très volubile mais clair et concis, aussi bien sur l'organigramme de la DNRED de Nantes que sur les objectifs de mes missions.

Afin de m'aérer et de décompresser, je regagne Marina Bay à pied, à une vingtaine de minutes de marche de La Rotonde. Le film de ma rencontre repasse dans ma tête et je redéfinis les différents acteurs.

Je n'ai qu'un agent traitant : Philippe Mourot, qui œuvre à la Direction nationale de la recherche et du renseignement de Nantes. C'est à lui que je dois rendre des comptes ; c'est auprès de lui que je prends mes ordres. En son absence je peux demander son adjoint Charles Petra, qui est au courant de mon recrutement, ainsi que le divisionnaire Henri Faure, affecté à la section maritime de Nantes et qui doit, lui aussi, me rencontrer à Gibraltar. Dernier point de chute, mais non le moindre, la secrétaire de Philippe Mourot, véritable tour de contrôle du service, qui se montrera bien souvent plus efficace que ses supposés supérieurs.

Lorsque je me glisse dans la cabine du *Windarra*, Clara, peintre à ses heures, met la dernière touche à un tableau représentant une plage de la Martinique, son pays d'origine. Elle est superbe dans sa longue et légère robe noire qui épouse à merveille sa silhouette fine et longiligne. Elle se retourne, me sourit, mais son délicieux sourire se fige aussitôt. Elle pose son pinceau sur la tablette de son chevalet :

– Tu as quelque chose à me dire, je le vois...

Je m'installe sur le canapé, face à elle. Elle détaille chacun de mes mouvements :

– Je vais travailler pour les douanes.

Clara éclate de rire :

– Toi douanier ? Alors j'entre au carmel...

– Je n'ai pas dit que j'allais être douanier, mais que j'allais travailler pour les douanes...

Sans trop entrer dans le détail je trace les grandes lignes de mes nouvelles activités. Clara écoute avec attention, je la sens inquiète.

– Tu ne trouves pas que c'est dangereux ?

– Il faudra faire attention.

Le lendemain matin, à 8 heures, je saute dans mon quatre-quatre et file vers Málaga pour acheter le matériel du parfait espion. N'exagérons rien : mes achats se limitent à de puissants téléobjectifs, des micros directionnels et des jumelles de vision nocturne.

La route suit la mer pratiquement sans discontinuer sur cent trente-six kilomètres, et je me remémore au passage tous les petits ports, toutes les marinas, que je vais devoir surveiller : Puerto Higueron, Sottogrande et son superbe yacht-club ruisselant d'argent, Puerto de La Duquesa, Estepona, Marbella, Puerto Banús, Calahonda, Fuengirola, Benalmádena, Torremolinos... Autant de stations balnéaires où se retrouvent milliardaires, têtes couronnées, stars du show-biz et empereurs de la cocaïne, tout ce petit monde faisant parfaitement bon ménage sous le chaud soleil de la Costa del Sol.

En arrivant à Málaga, je réalise que si je veux accomplir ma tâche correctement, je vais devoir travailler pour les douanes quasiment à temps plein. Il va falloir que je m'organise sérieusement.

De retour à Gibraltar, j'attends la nuit pour décharger mon matériel. Il n'est pas trop voyant, mais mieux vaut être prudent.

Le lendemain, je déambule sur le port en notant mentalement les noms de tous les bateaux suspects. Je crée ensuite un fichier et y répertorie tous les mouvements de chacun d'eux.

Les trafics sont tellement monnaie courante à Gibraltar que les truands en négligent les précautions les plus élémentaires et commercent quasiment à découvert. Je ne m'en étais jamais préoccupé, mais aujourd'hui je me réjouis de ce laisser-aller. Il va me permettre de réaliser très vite ma première opération.

Un soir, un sloop de seize mètres accoste à cinq mètres de mon motor-yacht. Deux hommes sont à bord et un simple coup d'œil me persuade qu'ils ne sont pas en train d'accomplir un tour du monde à la voile à la faveur d'une année sabbatique. Je n'ai même pas besoin d'utiliser un micro directionnel pour saisir leur conversation. C'est tellement facile que je n'en crois pas mes oreilles. Le lendemain matin je jubile en informant Mourot que mes voisins vont charger trois cent cinquante kilos de cannabis au Maroc avant de remonter vers le nord, et qu'ils comptent effectuer une halte dans le Morbihan. Il ne me manque que le nom du port choisi. Je m'attends aux plus vives félicitations alors que mon officier traitant se contente de noter, me remerciant à peine. Ma déception est encore plus grande lorsque j'apprends, quelques jours plus tard, que *« mon »* bateau a bien été intercepté à Vannes mais que l'on attribue la prise à la perspicacité d'un douanier à la retraite. Quant aux deux skippers, ils ont réussi à filer et seront arrêtés par des hommes de la police judiciaire quarante-huit heures plus tard. J'ai à peine enfilé la casaque des douanes que j'ai déjà l'esprit d'équipe et je me sens frustré que d'autres récoltent nos lauriers. Mourot, lui, n'y accorde aucune importance et m'explique que les textes de loi obligent les douaniers à passer la main à la PJ une fois la saisie opérée.

Ma rancœur avalée, je me remets au travail.

Chaque matin je fais le tour des ports où j'ai repéré des bâtiments douteux. À ce rythme, je parcours quelque mille cinq cents kilomètres par semaine. Aujourd'hui, je ne vais pas bien loin. Je prends la RN-340 en direction de Cadix, vers l'ouest, laisse Algésiras sur ma gauche pour me poster sur une hauteur au-dessus de Tarifa et surveiller la sortie du détroit. Un voilier a quitté Marina Bay ce matin, mais j'ignore sa direction. S'il pique vers le nord, la route classique, c'est qu'il est déjà « chargé ». Je suis installé à mon poste d'observation depuis une demi-heure lorsque le bateau apparaît dans mes jumelles. C'est bon, je peux avertir Nantes. Il monte vers la Manche.

Depuis mon recrutement je n'arrête pas de fouiner, d'observer, de noter, de dénoncer. Quelquefois j'ai même l'impression d'en faire un peu trop. Charles Petra, l'adjoint de Mourot, me le fait remarquer en riant alors que je l'appelle une fois de plus pour lui signaler un départ :

– Marc, bientôt on ne pourra plus suivre...

– Oui, mais là c'est du sérieux. Un ketch de dix-sept mètres monte vers Southampton avec trois tonnes de cannabis chargées au Maroc.

– C'est pas mal, je prends note. Tu as les paramètres ?

Je lui communique le descriptif complet du bateau, le type de moteur dont il est équipé. Avec ces éléments, le service routage des douanes va calculer sa vitesse approximative et déterminer ainsi son jour et son heure de passage au large des côtes françaises. Nos petits avions iront alors le localiser et suivront sa route.

Quelques jours plus tard j'apprends qu'un trafiquant a loué un voilier pour aller charger deux cents kilos d'herbe à Ceuta, l'enclave espagnole du Maroc. La DNRED prévient ses collègues ibériques qui demandent d'où vient l'information. Ils paraissent sceptiques mais vont tout de même intercepter le navire avec tant de discrétion que son capitaine les voit venir de très loin et jette les deux cents kilos de cannabis qu'il vient de charger à Ceuta par-dessus bord. La marchandise tombe dans des filets flottants posés par un pêcheur, que le trafiquant n'avait pas vus, juste à bâbord de son voilier... Il y a des jours où la chance n'est pas avec vous. Je parle des trafiquants, bien sûr, car les douaniers, eux, n'ont plus qu'à remonter le chalut pour signer un parfait flagrant délit. Ils rappellent alors Nantes et demandent qui est cet informateur qui a donné l'affaire, s'il travaille régulièrement pour les douanes françaises sur ce secteur et depuis combien de temps.

Suite à cette affaire, Philippe Mourot me téléphone.

– Je viens vous voir à Gibraltar dans trois jours. J'arriverai tard le soir : pouvez-vous venir me chercher à l'aéroport de Málaga et me réserver un hôtel ? Nous avons à parler.

Cette visite me trouble et je vais faire part de mes inquiétudes à notre consul. Tintin n'est pas bavard non plus, mais il me rassure :

– Ne vous inquiétez pas ; s'il y avait un problème, Mourot m'aurait appelé. Au contraire, vous devriez être content, avant je ne le voyais quasiment jamais...

Mon officier traitant n'est pas franchement souriant lorsque je le réceptionne à l'aéroport Pablo-Picasso, et nous n'échangeons que peu de mots jusqu'à ma voiture. Après quelques kilomètres, alors que nous approchons de Torremolinos en longeant la mer, Mourot se détend un peu. D'un coup de menton il désigne une somptueuse villa qui domine la mer :

– Quel luxe, d'où sortent-ils tout cet argent, Marc ? Vous ne le savez pas, hein ? Moi souvent je l'apprends, ou je m'en doute. Mais que faire ? Les preuves, les frontières, les avocats, les paradis fiscaux... Voilà contre quoi je dois me battre. Croyez-moi, j'ai du mérite quand je gagne.

Puis il enchaîne sans quitter la route des yeux :

– Vous faites du bon travail, Marc. Nous vous avons enregistré parmi nos agents infiltrés. Dorénavant vous êtes pour nous l'aviseur NS-55. Il faudra vous en souvenir, vous pourrez avoir à décliner ce matricule auprès de nos fonctionnaires, on ne sait jamais. Mais attention, c'est tout à fait confidentiel et strictement interne au service. Je vous ai bien précisé la règle du jeu. Je vous la rappelle : vous n'existez pas, Marc, votre nom ne figure dans aucun registre, vous êtes fictif... Je n'y peux rien. C'est la loi. Elle nous interdit d'utiliser des agents extérieurs infiltrés non fonctionnaires. Comme si on pouvait faire tomber un réseau de trafiquants à la jumelle ! Tout le monde sait bien que non. Tout le monde sait que nous enfreignons la loi ; les juges, les députés, les ministres, le président, tous le savent... Mais quand on leur apporte une belle saisie avant une élection, quand ils viennent nous féliciter, se féliciter, devant les caméras en montrant des tas de sachets de coke entassés sur une table, vous croyez qu'ils vont nous demander si c'est une brave grand-mère qui a dénoncé son petit-fils sous la foi du serment parce qu'il fumait trop et que ça ne sentait pas bon dans sa chambre ? Ils s'en foutent, Marc, ils s'en foutent complètement. Tiens, je vais même vous dire : si un de mes gars se fait pincer en traitant une affaire avec un dealer, ils vont le faire tomber en jurant que la justice dénonce ces méthodes que la morale réprouve... Alors vous pensez bien, un type infiltré qui ne serait même pas de chez nous, celui-là, il peut crever... Dans ces histoires, tout le monde a les mains sales, Marc, tout le monde, vous, moi, eux. Mais il y en a qui portent des gants pour le cacher. Le problème, c'est qu'il n'y a pas assez de gants pour tout le monde...

Mourot a déversé ce flot de paroles en regardant le paysage défiler sur sa droite. Marquant une pause il se retourne vers moi, se cale légèrement en biais dans son fauteuil en dépliant ses longues jambes.

– Bon, cela dit il y a tout de même quelques compensations. J'ai pas mal d'argent pour vous. Le remboursement de vos frais et vos premiers pourcentages sur les prises que nous avons réalisées grâce à vous. Je vous remettrai un chèque demain. Il sera tiré sur un compte personnel. Ne vous étonnez pas. Les douanes ne doivent pas apparaître.

Là, je lui pose la question qui me préoccupe depuis un certain temps.

– J'ai signalé pas mal d'affaires qui ont été finalement réalisées soit par des policiers des stups en France, soit par des douaniers espagnols sur mon secteur, comme la prise effectuée il y a quelques jours à Ibiza sur ce voilier en provenance des Caraïbes transitant par Gibraltar. Dans ces cas-là, qui me paye ? Pour ces gens-là, j'existe encore moins que pour vous...

– Avec les flics français c'est nous qui tenons compte de votre travail et nous vous indemnisons. Avec les Espagnols, j'allais vous en parler. Je vous l'ai dit, ils m'ont demandé qui vous étiez. Ils connaissent votre existence, donc on va pouvoir les faire participer aux frais entre amis. Je vais profiter de ma visite pour vous présenter le responsable local de leur service. Ça vous facilitera le travail. Il nous attend demain.

– Et nos rapports avec les douaniers de Gibraltar ?

– Eux, c'est une autre affaire. Nous n'arrivons pas à collaborer. À chaque fois que nous leur avons demandé une aide ils se sont mis à geindre qu'ils n'avaient pas de bateaux, pas de moyens, pas d'argent. La dernière fois que je les ai appelés je voulais juste la photocopie d'un document administratif. C'était urgent. Ils me l'ont posté en me jurant qu'ils n'avaient même pas de quoi s'offrir un fax. Et bien sûr ils en ont profité pour m'assurer que, si je pouvais les aider financièrement, ils étaient tout à fait décidés à collaborer. Incroyable, maintenant ils font même la manche. Quelquefois, je me demande de quel côté ils sont...

Nous arrivons sur La Linea, la ville frontière avec Gibraltar, et la route m'a paru bien courte. J'enfile à gauche l'esplanade qui longe la plage de sable gris. La nuit commence à tomber. Le paysage n'a rien d'idyllique. Un bidonville crasseux s'étale à perte de vue le long de la route. Les lueurs des bougies et des lampes à pétrole posées à même le sol éclairent faiblement des cabanes disloquées en tôle et en carton. Les plus luxueuses sont à demi peintes en vert, en bleu, en rose. Les couleurs délavées se fondent dans la grisaille, renonçant à apporter une touche de gaieté dans cet univers à l'abandon.

Je freine brusquement en butant sur une longue file de voitures à l'arrêt. Mourot s'étonne :

– Il n'y a quand même pas un embouteillage ici ?

– Non, non, vite venez voir, vous allez mieux comprendre Gibraltar.

Je coupe le contact et nous descendons du quatre-quatre.

Des gamins, pieds nus, sortent en courant des bidonvilles. Certains, hilares, les bras en croix au milieu de la chaussée, arrêtent la circulation pendant que d'autres courent en piaillant vers la plage, sautent le muret et cavalent sur le sable jusqu'à la mer. Au loin apparaît un escadron de *lanchas*, des petites vedettes ultra-rapides, ancêtres des cigarettes. Elles virevoltent sur les vagues, se doublent, se croisent et foncent à toute allure vers la côte. Des projecteurs s'allument, les enfants crient de plus belle et entrent dans l'eau jusqu'aux genoux. Les bateaux les rejoignent, moteur hurlant, en un tête-à-queue impressionnant qui fait jaillir des gerbes d'eau. Les gosses tendent les bras, les occupants des bateaux y déposent de lourds cartons. En une poignée de secondes les gamins récupèrent des dizaines de cartouches de cigarettes de contrebande venues de Gibraltar puis repartent en courant vers leur bidonville en se faufilant entre les voitures immobilisées.

Incrédule, scotché sur le bitume, Mourot observe ce surprenant ballet. D'autres frégates arrivent du sud, plus grosses, plus lourdes. Les automobilistes ont quitté leurs voitures pour se masser le long de la plage. Ils trépignent :

– La police, la police...

Les gosses rient de plus belle, crient et s'interpellent. C'est un sport, c'est un jeu. Ils se bousculent sur la plage, captant au vol les dernières cartouches lancées des bateaux alors que les pilotes font donner les chevaux et arrachent leurs *lanchas* vers le large dans des rugissements d'enfer. Les policiers se lancent eux aussi dans de folles et vaines poursuites sous les applaudissements des badauds. Chacun encourage son champion pendant que des agents à pied déboulent enfin pour la tombée du rideau.

Puis les automobilistes regagnent leurs voitures en commentant le spectacle :

– Ah, ce soir, c'était bien...

Philippe Mourot n'arrive pas à y croire.

– Je rêve ?

– Non. C'est comme ça deux ou trois fois par semaine. Quelquefois plus, presque tous les soirs. Les enfants du bidonville récupèrent les cigarettes qui sont ensuite ventilées en ville puis sur toute la côte et même au-delà.

– Il serait tout de même facile de mettre un terme à ce trafic.

– Vous savez combien ils sont, dans le bidonville ? Trois mille. Peut-être plus. Vous voulez qu'ils aillent foutre le bordel en ville pour manger ? La tranquillité vaut bien une cigarette, non ? L'économie, ça ne s'apprend pas que dans les grandes écoles. Et là, croyez-moi, tout le monde y trouve son compte. Pour l'instant.

Mourot me gratifie d'un sourire et nous repartons. Je le dépose à son hôtel, sur la côte est, la plus discrète. Je ne m'attarde pas. Il n'est pas utile que l'on nous voie ensemble et j'ai un dernier travail à accomplir. Je surveille depuis quelques jours un bateau suspect, l'*El-Padre*. Je m'attends à ce qu'il prenne le large d'un moment à l'autre. Je voudrais savoir qui est à bord car, pour l'instant, je n'ai vu qu'un vague moussaillon, ce qui n'est pas normal. Lorsque j'arrive à Marina Bay, ce jeune garçon décharge des cageots de victuailles d'une vieille guimbarde et les porte à bord du voilier avec précaution. Le bateau est toujours désert, mais vu la quantité de nourriture que le garçon transborde, deux ou trois personnes devraient arriver. Le calme règne à bord. Je ne pense pas que le départ soit pour cette nuit. En revanche, demain je devrai me lever tôt.

À 6 heures, convenablement caché derrière les énormes poubelles d'un restaurant, je suis déjà en observation et je fais bien. Très vite une Mercedes arrive et se place au cul de l'*El-Padre*. Deux hommes en descendent. Le temps de prendre leurs sacs de voyage dans le coffre et ils grimpent sur le bateau sans un signe au chauffeur de la voiture qui repart aussitôt. Cette Mercedes-là, je la connais bien, de même que les deux hommes qui disparaissent déjà dans le carré du voilier. C'est trop beau, il faut que Mourot profite de ce départ. Je m'extirpe le plus discrètement possible de mes détritus et je file à l'une des deux cabines téléphoniques du port.

– Si vous voulez assister à un départ en direct, c'est maintenant. Prenez un taxi, venez à Marina Bay, à cette heure-ci vous en avez pour dix minutes, et observez l'*El-Padre* presque à l'extrémité est du port, au quai de l'Étoile. Je vous rejoindrai quand ils auront levé l'ancre.

Une demi-heure plus tard, installé dans un bar qui vient d'ouvrir ses portes, j'aperçois Mourot jouant au parfait promeneur matinal sur les quais. Il était temps. Le matelot de l'*El-Padre* lève l'ancre. Un homme emmitouflé jusqu'aux yeux tient la barre. Impossible de l'identifier dans cet accoutrement. Heureusement que j'étais là de bonne heure pour le voir descendre de la Mercedes en tenue de ville et mettre un nom sur son visage avant qu'il embarque...

Quelques minutes plus tard, dans un café du centre-ville, je communique à Mourot les identités des skippers et je lui précise :

– C'est du cinq étoiles...

Les étoiles l'amusent et nous décidons d'en consteller notre ciel en établissant un code que j'utiliserai au téléphone. Cinq étoiles : des gens parfaitement identifiés vont « travailler ». Quatre étoiles : c'est un habitué en stand-by au port. Trois et deux étoiles : plus ou moins suspect.

– Et une étoile ? me demande Mourot en vidant sa tasse

– Je ne fais pas dans la pension de famille...

– Pardon. Je vais prendre une douche. Nous avons rendez-vous à 9 heures avec le représentant des douanes espagnoles à La Linea. À tout à l'heure, NS-55...

– IV –

DES BAS-FONDS AUX PLUS HAUTES SPHÈRES

Depuis que Philippe Mourot m'a présenté il y a quelques jours Javier Serdos, le chef du SVA – Servicio de Vigilencia Aduenera (Service de surveillance des douanes espagnoles) –, j'ai retrouvé le plaisir de voler.

Ma rencontre avec le douanier a été chaleureuse et constructive. Il avait hâte de me connaître. Cet agent français hors norme que je suis l'intriguait parce que, visiblement, je n'avais pas le profil des « aviseurs » habituels. Serdos d'ailleurs me l'a dit devant Mourot dès notre premier entretien. En quelques minutes j'étais passé de l'agent trouble au collègue et, à ses yeux, je faisais partie intégrante du service français. Quand je lui ai révélé que j'étais aussi pilote il n'a pas hésité une seconde.

– Il faut absolument que vous participiez à nos reconnaissances aériennes. Pourquoi ne viendriez-vous pas de temps en temps travailler avec nos équipages ?

Puis, se tournant vers Mourot, il a ajouté en riant :

– En plus nous pourrions bénéficier de vos renseignements à moindre coût...

Je n'ai pas laissé passer l'opportunité et, quelques jours

plus tard, Serdos m'a convié dans la zone affaires de l'aéroport de Málaga où ses appareils, des avions Casa 235 et des hélicoptères MS-530, sont parqués. Le chef des douanes m'a présenté à ses pilotes et depuis je vole régulièrement avec eux. Cette collaboration est rentable pour moi. L'échange inévitable d'informations et la vision aérienne du trafic dans le détroit de Gibraltar me permettent de multiplier sans cesse mon chiffre d'affaires. Il ne se passe pas une journée sans que je signale un mouvement à ma maison mère de Nantes, et quelquefois je livre même deux ou trois bateaux par jour. Le rythme est si rapide que j'ai l'impression que mes amis de la DNRED s'essoufflent et laissent souvent filer les embarcations que je leur signale, ce qui commence à m'agacer.

Je m'en ouvre un jour à Mourot qui, en gros, me prie de m'occuper de mes oignons. Je ne supporte ni l'amateurisme, ni le travail bâclé ou inachevé et, je l'avoue volontiers, je ne supporte pas plus que l'on m'envoie aux pelotes.

Furieux et vexé, je décide ce même jour de chercher un « employeur » un peu plus efficace et je pense au service des stupéfiants de la Police judiciaire. Je téléphone au ministère de l'Intérieur et, après les présentations d'usage, une standardiste me dirige vers le service concerné où un policier m'écoute avec attention puis me prie de le rappeler le lendemain. Ce que je fais ponctuellement.

– L'un de nos inspecteurs est actuellement en mission à Málaga, vous pourriez le rencontrer ?

Je prends les coordonnées et compose aussitôt le numéro pour fixer un rendez-vous le soir même, dans un hôtel du centre-ville. Lorsque j'arrive, le policier m'attend déjà au bar de l'établissement. Je lui expose la situation en essayant d'être le plus convaincant possible. J'insiste sur le nombre d'affaires que j'ai déjà apportées aux douanes, mais je vois bien que mon interlocuteur pense à autre chose et condescend juste à m'accorder un peu de temps parce que Paris lui a demandé de le faire. En regagnant Gibraltar je ne suis guère optimiste sur la suite de cette entrevue et je n'entendrai d'ailleurs plus jamais parler du service des stupéfiants. Je ne comprends pas bien cette attitude, tant de la part des douanes que de celle des policiers, et j'en parle un jour à Javier Serdos. Il réfléchit et me lance sur une autre piste :

– Vous devriez aller voir le représentant de la DEA à Málaga. Je vais vous donner ses coordonnées.

La DEA, c'est la Drug Enforcement Administration, le service des stups américain. Serdos en parle avec respect. Depuis que je travaille pour les douanes, je sais moi aussi qu'ils ont beaucoup d'argent, qu'ils disposent d'une logistique exceptionnelle, et qu'ils peuvent être redoutables et efficaces s'ils en ont envie.

Nouveau coup de téléphone, et nouveau rendez-vous dans un hôtel de Málaga, un cinq étoiles en bordure de mer. D'entrée le ton est tout autre. L'agent américain, lourd et massif, me reçoit en chemisette en se gavant de cacahuètes. Il me pose des questions et écourte mes réponses la plupart du temps. C'est mon bateau qui l'intéresse. Et soudain, sur un ton parfaitement badin, comme s'il me demandait des nouvelles de ma famille, il me met un incroyable marché en main :

– Je sais que des narcos du coin cherchent un bateau pour enlever trois tonnes de cocaïne en Colombie. Est-ce que vous voulez y aller ? Mon service vous couvre et on fait la saisie à l'arrivée.

J'atterris sur une autre planète. L'Américain s'en rend compte et il engloutit une tonne de cacahuètes en poursuivant.

– Ça n'a rien d'exceptionnel, je monte souvent ce genre d'opérations. Je ne vous demande que de faire le transport. C'est votre job, non ?

Oui, bien sûr, officiellement c'est mon job. La société Rio Plata est répertoriée comme entreprise de transports. Ce que mon interlocuteur ne sait pas, c'est que je ne peux pas sortir le *Windarra* du port puisque je n'ai toujours pas réglé la totalité de son achat. Mais, de toute façon, cette cargaison m'affole, même si je sais très bien ce qu'elle peut me rapporter. Pour des convoyages normaux, les skippers traditionnels sont payés au mille parcouru et au temps passé en mer. Pour un transport de drogue, le prix est multiplié par dix. Malgré cet attrait, je n'hésite pas une seconde, trois tonnes de coke, ce type est fou : je refuse tout net et mon vis-à-vis en paraît réellement surpris. Il écarte largement les bras, lâche un retentissant *« OK boy »* et quitte le tabouret sur lequel il était assis, me signifiant que la conversation est terminée et qu'il n'envisage absolument pas de boire un verre avec moi. N'ayant pas plus envie que lui de prolonger la discussion, je reprends la route vers Gibraltar. Finalement les douanes françaises c'est très bien, je vais juste les secouer un peu...

En attendant, demain matin je dois m'occuper de mon ami Olivier. Il bricole sur son bateau depuis plusieurs jours et je sais très bien quel genre d'aménagements il effectue. Il installe des réservoirs spéciaux comportant une cache pour de la drogue et il est tout à fait possible que d'autres compartiments soient déjà prévus ailleurs. Olivier n'est pourtant pas le mieux équipé : bien des bateaux sont construits dans les chantiers en prévision des transports douteux qu'ils vont effectuer. On ne prévoit pas des caches sur le navire, on construit le navire autour des caches...

À l'aube, des visiteurs s'installent sur le bateau d'Olivier. Je parviens à les photographier au téléobjectif et vais faire développer les films chez un photographe de La Linea à 9 heures. D'habitude je préfère envoyer ce genre de pellicules à un laboratoire industriel, beaucoup plus anonyme, mais quand le temps presse je suis bien obligé de faire appel à un artisan, à chaque fois différent cependant. Et aujourd'hui je suis pressé car je me doute qu'Olivier va aller charger rapidement au Maroc avant de filer vers la France, et je veux envoyer les portraits de ses coéquipiers en express à Mourot pour qu'il les identifie. Je fais bien car, dès le lendemain, il me rappelle :

– Ceux-là on les connaît, ce sont de grosses pointures.

J'en profite pour déverser mon fiel.

– Et vous allez encore les laisser filer, comme d'habitude...

Mourot cette fois ne fait aucun commentaire.

Pour me détendre je vais saluer mes amis pilotes à Algésiras et rendre compte à Serdos de mon entretien avec le représentant de la DEA. Cela devrait l'amuser.

Lorsque j'arrive sur la base, un pilote d'hélicoptère s'apprête à décoller à bord d'un MS-530. Il est seul et me propose de l'accompagner. Quelques minutes plus tard nous survolons le bateau qu'il cherchait, un petit voilier de onze mètres qui file vers les côtes marocaines, au sud de Gibraltar. Nous aimerions voir ce qui se trame à bord. Je prends les jumelles et prépare un appareil photo pendant que le pilote, après un premier survol en altitude, effectue une large boucle et revient se positionner loin derrière le bateau. Il le rattrape rapidement et au dernier moment pique vers le pont alors que j'enclenche le moteur du Nikon qui va assurer une série de clichés. À notre passage, je vois deux hommes s'engouffrer dans une petite cabine. Nous reprenons de l'altitude et quelques secondes plus tard le voilier change de cap, bifurquant vers le large. Nous les avons dérangés. Méfiants, ils vont différer le chargement de la marchandise. L'hélicoptère effectue encore quelques passages de routine entre les deux côtes puis nous rentrons.

Avant de regagner le *Windarra*, je m'arrête pour prendre un verre Chez Bianca, et là j'apprends que Livio fait route vers la Corse avec le *Scarboni*, le voilier que j'avais conduit en Italie. Je connais le parcours et je peux donc assurer à Mourot qu'il y a de la drogue à bord. Je lui indique même l'endroit des caches, que je connais grâce à quelques indiscrétions de Livio. Je vais regretter ce luxe de détails car les douaniers de la Méditerranée qui réalisent l'opération débarquent sur le bateau avec d'énormes sabots. Ou ils sont très pressés, ou ils sont franchement idiots, toujours est-il qu'à peine sur le pont ils foncent directement vers les caches, découvrent la marchandise et passent les menottes à tout le monde. Livio n'est pas dupe. Il comprend instantanément que les douaniers ont été parfaitement renseignés et réfléchit aux « donneurs » potentiels.

Dans l'Estafette qui le conduit vers Ajaccio, il se tourne vers un douanier et grince :

– C'est le Français de Gib qui m'a donné ?

Quand l'histoire me revient par une indiscrétion depuis Nantes, je suis fou de rage. Ces crétins me mettent en grand danger et il faut que je prépare à toute vitesse une défense solide au cas où quelqu'un viendrait me demander des comptes. Mais avant tout, j'en touche deux mots à Mourot. L'incident arrive à point car je devais régler d'autres problèmes avec lui. Nous sommes au mois d'août et je n'ai pas touché un centime depuis sa visite du mois de mai. Je commence à avoir d'énormes difficultés financières et je ne peux même pas reprendre mes activités de charters qui, au moins, m'assureraient le quotidien. Tant que je n'aurai pas réglé le maudit solde du *Windarra*, je serai bloqué au port. Je ne vois vraiment pas où aller chercher deux cent soixante mille francs.

Ma collaboration avec les douanes est prospère et j'enrage à l'idée qu'elle ne soit pas récompensée à sa juste valeur. Il faut vraiment que j'aie foi en mon action pour continuer ainsi. J'ai fait un premier bilan : 80 % des affaires indiquées ont été des succès. Ce pourcentage est vraiment exceptionnel car je sais qu'en moyenne les douanes, sur toute la France, saisissent huit à dix tonnes de drogue par an. Moi, en six mois j'ai permis la saisie de quinze tonnes de cannabis et cent cinquante kilos de cocaïne. Et mon bilan serait encore meilleur si mes correspondants de Nantes n'avaient pas laissé filer bien des bateaux suspects que je leur avais signalés. Tout cela me met de méchante humeur. En plus je sens que bientôt mes voisins de Marina Bay vont s'interroger sur mes sources de revenus. Pour l'instant je peux laisser croire que je dispose d'un petit pécule, mais ça ne durera pas et je deviendrai suspect.

J'appelle Mourot et lui expose tous ces problèmes. Pour me calmer, il me jure qu'il va me débloquer de l'argent le plus vite possible.

– Merci, c'est la moindre des choses, mais ça ne règle pas l'essentiel. Il faut trouver une solution pour l'achat du *Windarra* et je souhaite que vous me précisiez ce que vous attendez de moi. Je ne vais pas continuer à prendre des risques si ce que j'apporte ne vous intéresse pas...

Mourot m'interrompt et, pour la première fois depuis que nous nous connaissons, il me tutoie :

– Mais si, Marc, ça nous intéresse ! Seulement comprends que du cannabis, il en circule des tonnes dans le monde. Nous le savons bien mais nous ne pouvons pas courir après tous les dealers. Nous n'en avons pas les moyens...

– Pas les moyens ou pas l'envie ?

– En ce qui me concerne, pas les moyens. Pour l'envie, il faut demander plus haut à ceux qui déterminent précisément ces moyens. Moi j'expose mes besoins. Après j'adapte au mieux avec ce que je reçois.

– Philippe, tu es chef d'échelon, pourquoi n'essayes-tu pas de te faire entendre ? Qui va enfin prendre conscience de la situation ? À qui faut-il aller expliquer ce qui se passe là, sous mes yeux, à Gibraltar, ce qui se passe en Colombie, en Bolivie...

Mourot éclate de rire, mon discours l'amuse, tous les jeunes douaniers doivent lui tenir le même.

– Va expliquer ça au ministre, Marc ! Va le voir, il paraît qu'il est très ouvert...

– Tu as raison, Philippe, je vais l'appeler.

– Excellente idée. Tu me tiens au courant, je m'occupe de tes primes.

En raccrochant le téléphone je pense instantanément à ma mère qui ne m'avait pas cru lorsque, enfant, je lui avais annoncé que j'allais écrire au président de la République pour sauver le château de Versailles. L'attitude de Mourot ne fait qu'accroître ma motivation. Le temps de trouver son numéro de téléphone et j'appelle le cabinet du ministre.

Une secrétaire prend mes coordonnés, note le motif de mon appel, m'assure qu'elle va transmettre mon message et me prie de rappeler le lendemain pour savoir s'il accepte de m'accorder le rendez-vous que je lui demande.

À l'heure dite je compose à nouveau le numéro. Une chance sur deux. Au moins j'aurai essayé... J'ai la même jeune femme en ligne :

– Ah oui, monsieur Fiévet, je vous passe monsieur le ministre.

Gagné ! Je jubile, j'aimerais que Mourot entende ça...

De la manière la plus claire et la plus concise possible j'expose le but de mon appel, je lui brosse un tableau rapide de la situation que je constate, et avance quelques suggestions pour l'améliorer. Nous parlons depuis une dizaine de minutes lorsque le ministre me dit :

– Monsieur Fiévet, j'aimerais parler de tout cela de vive voix avec vous. Je vous repasse ma secrétaire. Voyez avec elle pour un rendez-vous. Dites-lui bien : le plus vite possible.

À Nantes, mon rendez-vous avec le ministre provoque un véritable cataclysme. Dans un premier temps, Mourot a du mal à me croire. Puis il reçoit confirmation par sa direction parisienne. On me demande de passer au siège, rue du Louvre, afin que l'on prépare l'entrevue. Je ne suis pas dupe, en fait la haute direction veut surtout savoir ce que j'ai l'intention de dire en haut lieu et compte sur moi pour transmettre quelques messages.

Il fait encore beau en ce mois de septembre 1988 lorsque je débarque à Paris. Content de retrouver la capitale, je me promène longuement dans les Halles et le quartier du Sentier avant de me rendre à mon rendez-vous rue du Louvre. L'immeuble des douanes est tout à fait discret. Pas un drapeau, pas un nom, pas même une plaque. Heureusement qu'on m'avait dit que l'entrée était juste en face du *Figaro*, autrement j'aurais cru à une erreur.

Un ascenseur douteux me dépose au cinquième étage où mes chefs m'attendent. Philippe Mourot est là et me présente un des hauts responsables de la DNRED à Paris, baptisé affectueusement « le Para », ainsi que plusieurs de ses collaborateurs. L'accueil est glacial. Nous nous asseyons autour d'une table ronde et mon officier traitant prend aussitôt la parole pour exposer ma situation et mes problèmes d'argent. Après un bref tour de table il apparaît évident pour tous qu'il faut débloquer le *Windarra*. D'abord parce que j'en ai besoin pour vivre et pour justifier de mes activités officielles, ensuite parce que ce motor-yacht me sera bien plus utile en mer qu'à quai, pour mes activités officieuses. Il est certain que je serai beaucoup plus efficace si je peux naviguer dans le détroit et au large des côtes marocaines. Chacun en est conscient, mais les différents responsables présents refusent de débloquer les deux cent soixante mille francs nécessaires pour payer mon bateau. Il faut donc trouver une autre solution et plus la discussion avance plus je la sens se profiler, mais ce n'est certainement pas moi qui vais la proposer. Et pourtant elle est là, elle éclate, elle s'impose : pour finir de payer mon bateau sans que cela coûte aux douanes, je dois entrer dans le trafic de drogue... C'est finalement dit ! Ouf ! Le plus dur est fait et tout le monde paraît soulagé, l'atmosphère se détend brusquement, et chacun y va maintenant de son commentaire. Un léger brouhaha s'installe même dans la pièce. C'est tout juste si l'on ne me félicite pas alors que je suis le seul à n'avoir toujours pas dit un mot. Personne n'a encore songé à me demander mon avis. Je suis pourtant le premier concerné. Lorsque Philippe se tourne enfin vers moi, il me lance simplement :

– Voilà, Marc, nous avons enfin résolu le problème. Tu vas pouvoir l'acheter, ton bateau...

Je devrais quasiment me lever et embrasser tout le monde pour remercier alors que j'ai conscience que ces gens m'envoient à l'abattoir pour leur plus grand bien et sans débourser un centime. Et malgré les promesses de Philippe, je n'ai toujours pas été payé depuis le mois de mai. Je le souligne tout en acceptant l'étrange marché qui vient de m'être proposé. Pendant que chacun se félicite d'avoir résolu mon problème, je m'interroge sur la perversité du système. Pour bénéficier de mes services en limitant leurs frais, les autorités douanières non seulement m'autorisent à collaborer à des trafics, mais elles m'y invitent. Je me demande si la morale y trouve son compte mais c'est la seule façon d'y retrouver le mien. Je n'ai pas tellement le choix si je veux continuer à vivre à Gibraltar sur le *Windarra* et le rendre, pour eux, opérationnel. L'affaire est donc entendue et nous passons à d'autres sujets avant que je ne parte pour mon entretien avec le ministre.

En me serrant la main, le haut responsable de la DNRED croit utile d'ajouter :

– Nous comptons beaucoup sur vous, monsieur Fiévet.

Alors qu'il me conduit vers la rue de Bercy, Mourot me fait encore ses dernières recommandations : ne pas m'énerver, ne pas dénoncer, ne pas froisser des susceptibilités... J'ai vraiment l'impression d'être un gamin. Mourot ferait mieux de s'interroger : en quelques minutes, j'ai obtenu ce qu'il n'avait jamais osé demander en quelques années.

Je me sens parfaitement détendu lorsque à 18 heures un huissier m'introduit dans l'antichambre du ministre. J'attends quelques minutes, puis celui-ci ouvre lui-même la porte de son bureau et m'invite à entrer.

La pièce est vaste et lumineuse. Sur la droite, par une large baie vitrée on découvre les péniches qui glissent sur la Seine. Sur un mur, derrière le bureau et le fauteuil Louis-Philippe du ministre, est tendue une vaste tapisserie des Gobelins représentant une scène galante. Des livres sont soigneusement rangés au fond de la pièce sur un buffet massif et en avant de celui-ci, sur un guéridon, sont posées des photos réunissant des leaders socialistes. Mon hôte ne se presse pas de regagner son fauteuil, comme s'il voulait me laisser le temps de m'imprégner des lieux. Puis il s'assied en face de moi et lance la discussion.

– Vous travaillez donc pour nous. Et fort bien, m'ont dit vos supérieurs. Alors qu'est-ce qui ne va pas ?

– Nous pourrions faire beaucoup mieux. Monsieur le ministre, je trouve inconcevable qu'à Gibraltar, où je suis basé, des trafiquants opèrent quasiment à visage découvert. Ils ne se cachent absolument pas pour dépenser chaque jour en repas, fêtes ou achats de deux mille à cinq mille francs, et quelquefois bien plus. Que l'on ne me dise pas que personne n'a jamais songé à leur demander la provenance de cet argent. Je crois plutôt qu'on ne veut pas le savoir et cela me choque. J'en arrive à me demander s'il y a, au niveau des gouvernements, une réelle volonté politique de faire cesser ces trafics, si chacun, à un moment ou à un autre, n'y trouve pas son compte.

– Peut-être, monsieur Fiévet, mais pas en ce qui me concerne. Je vais demander à l'un de mes directeurs de nous rejoindre, j'aimerais avoir son avis sur vos remarques.

En entrant dans le bureau, l'homme, Gaëtan Gervaud, me fusille du regard. C'est l'archétype de l'énarque. Il est sans doute venu à la Direction des douanes parce que ses amis lui ont proposé de le faire, mais demain il pourrait tout aussi bien s'installer à la tête de France Télécom ou de la Française des Jeux pour peu que le salaire soit à la hauteur de ses prétentions. Le trafic de drogue se limite pour lui en grande partie à des colonnes de chiffres, de résultats, de statistiques, de bénéfices et de coûts. Qu'on le détourne de ses courbes pour qu'il vienne écouter les balivernes d'un aventurier perdu à Gibraltar lui déplaît profondément. Ce mouvement d'humeur ne peut échapper au ministre mais cela ne le perturbe absolument pas. Bien au contraire, en invitant Gervaud à s'asseoir, lui se lève et tombe la veste, indiquant ainsi que nous nous engageons dans une longue séance de travail et non pas dans un échange de propos anodins sans suite.

Devant son directeur, le ministre réaffirme sa volonté politique de s'attaquer aux problèmes de la drogue. Pour lui, il n'y a pas d'équivoque sur ce point. J'en profite pour lui glisser en souriant qu'il y a peu de temps j'ai vu des semi-remorques décharger au Main Pier, au vu et au su de tous, des tonnes de matériel informatique destiné à la Libye frappée d'embargo. Il n'y avait pourtant, là non plus, aucune équivoque pour les gouvernements, paraît-il.

Le ministre me renvoie mon sourire et me fait remarquer que ni les produits, ni les réseaux, ni les marchés, ne sont comparables, et qu'il entend, pour le moment, réellement pourchasser les narco-trafiquants. Il a souhaité me rencontrer parce que je sors du lot habituel des aviseurs, souvent plus proches de l'indic que de l'agent infiltré, et plus à l'aise avec les truands qu'avec les officiers des douanes. Je suis la perle rare, le maillon fort qui manquait à la chaîne, et en plus je fais rentrer de l'argent dans les caisses car les douanes, lors des saisies, font jouer leur droit de préemption sur les matériels : bateaux, voitures, avions, ordinateurs... Autant de biens affectés aux différents services et revendus plus tard. Ce rappel ne déride pas son directeur qui me gratifie juste d'un vague salut du menton. En revanche, pour moi l'occasion est trop belle et je saisis la perche que le ministre me tend pour évoquer mes soucis financiers et les paiements à retardement des primes sur saisies. Le ministre en convient, il y a là un problème réel dû à l'ambiguïté de la situation. Il estime anormal que je ne sois pas, au moins, reconnu par ses services, mais son directeur intervient immédiatement pour lui rappeler que c'est strictement impossible tant que les lois et le cadre juridique ne seront pas changés. Le ministre le sait mais insiste. D'après lui, me semble-t-il, l'infiltration comporte d'énormes risques, se révèle indispensable et devrait être reconnue.

Gervaud nuance aussitôt le propos :

– Par définition, les aviseurs sont des gens infiltrés, et donc masqués. C'est-à-dire qu'ils participent aux opérations illicites et touchent à ce titre les dividendes du trafic avant d'être rémunérés par les douanes lorsque la saisie et les arrestations sont opérées. Doublement payés, ils ne sont tout de même pas trop à plaindre. Monsieur Fiévet est payé lorsqu'il effectue des convoyages avec son bateau ou le bateau des autres lorsqu'il se contente d'être skipper.

Je m'attendais un jour ou l'autre à entendre cet argument, mais j'ai encore parfaitement en tête les mots prononcés quelques heures plus tôt par mes « patrons » de la rue du Louvre et je revois leur embarras pour m'inviter clairement à solder l'achat de mon bateau grâce aux gains du trafic de drogue. J'en fais part immédiatement au directeur en le priant de m'indiquer s'il voit, lui, une autre solution. J'en profite aussi pour bien lui préciser que je n'ai jamais été trafiquant avant que les douanes ne m'y invitent, que je sais développer d'autres activités, ce que j'ai prouvé, et qu'elles me permettraient de vivre.

– Moins bien, ne peut s'empêcher de lâcher Gervaud.

– Mais plus sereinement. Et pour l'instant, si je ne comptais que sur vous, je serais au Smic.

Levant légèrement la main, le ministre met un terme à l'échange avant qu'il ne s'envenime et rappelle que nous ne sommes pas réunis pour défendre chacun son pré carré mais pour trouver d'éventuelles solutions, acceptables pour tous, à une situation anormale mais pourtant incontournable. C'est la quadrature du cercle et l'éternel problème de la police depuis que la pègre existe. Nous échangeons encore quelques idées puis le ministre met un terme à l'entretien en me disant qu'ils vont réfléchir à tous ces problèmes et que nous nous reverrons. De mon côté, ne pourrais-je pas penser aux moyens qui permettraient d'améliorer leur action, notamment dans la lutte contre le blanchiment d'argent, où l'on pourrait être nettement plus efficace malgré les paradis fiscaux et les circuits bancaires ? Que je n'hésite pas à l'appeler !

Et il me tend une carte de visite sur laquelle est noté un numéro de ligne directe. Puis, en se levant, il se tourne vers son directeur :

– Dis en tout cas à tes équipes de suivre les directives de monsieur Fiévet lorsqu'il les met sur une affaire. J'aimerais que l'on ne passe plus à côté des bons coups qu'il lève.

Le directeur prend acte, me tend vaguement la main en maugréant un bonsoir qu'il souhaiterait assassin.

La réunion a duré une heure vingt. Pour ma part je la trouve extrêmement positive et j'ai hâte de savoir ce que mon ami Mourot va en penser. Nous avons prévu de dîner ensemble dans une brasserie près de la gare de Lyon après mon rendez-vous. Lorsque j'entre dans la salle, Philippe est déjà attablé et consulte instinctivement sa montre :

– Tu t'es perdu ?

– Pas du tout, je sors seulement de chez le ministre.

Je raconte tout dans le détail et je sens bien que mon récit dérange Mourot. Il m'accorde une attention exceptionnelle, ce qui n'est pas toujours le cas chez lui, mais j'ai le sentiment que ses préoccupations sont tout autres que les miennes. Lorsque j'estime avoir terminé un résumé correct de l'entrevue, j'attends des questions et je n'obtiens qu'un commentaire perplexe :

– Quand même, le trafic de cannabis dans la baie d'Algésiras, ce n'est pas la French Connection ! Enfin, le ministre t'a reçu, tant mieux, c'est bon pour le service, mais qu'il passe autant de temps là-dessus, c'est tout de même surprenant.

Moi, ce qui me surprend, c'est la surprise de mon agent traitant. Je lui rappelle tout de même mon bilan sur six mois : quinze tonnes d'herbe, cent cinquante kilos de coke... Mais Mourot balaye les chiffres d'un revers de main :

– Oui, bien sûr, mais c'est parce que ton prédécesseur ne fichait rien. Il ne travaillait pas, il se contentait d'écouter aux portes.

En résumé ce n'est pas moi qui suis bon, c'est Potaz qui était mauvais. Voilà qui me fait chaud au cœur. Heureusement, Philippe me redonne le sourire :

– Avant de te rencontrer, le ministre a fait passer une note pour que l'on te paye immédiatement. J'ai fait virer cent mille francs sur ton compte. Tu vas pouvoir souffler. Dès que tu rentres, il faut que tu trouves une opération pour payer le bateau. Maintenant que tu es couvert par le ministre, tu peux tout te permettre...

Mourot rit, puis en se plongeant dans la carte du dîner, il change brusquement de sujet. Sa journée est terminée, il me demande :

– Tu t'intéresses au Football-Club de Nantes ?

– V –

LES DROGUES DE LA POLITIQUE

Qu'il est doux de rentrer chez soi ! Après cette plaisante escapade parisienne, j'éprouve encore plus de plaisir à retrouver Clara et Anna. D'autant que j'apporte une bonne nouvelle dans mon attaché-case. Le virement opéré par les douanes va améliorer notre quotidien et nous remonter le moral. Clara n'est absolument pas vénale, elle trouve des forces et des ressources surprenantes dans l'adversité, mais la perspective de n'avoir plus à compter pendant quelque temps la soulage tout de même. J'estime que je ne dois pas ternir ce moment de bonheur en entrant dans le détail de mes différents contacts, et encore moins en révélant les nouvelles orientations recommandées par mes bailleurs. Je passe donc sous silence ma rencontre avec le ministre et me garde bien d'expliquer que je vais devoir m'impliquer davantage. Clara le découvrira bien assez tôt et je souhaite la mêler le moins possible à ces affaires troubles. Nous dînons en famille à bord du *Windarra* et Clara me livre les derniers potins de la marina où il va bientôt falloir ouvrir une crèche. Pendant ma courte absence, un couple de Belges avec un enfant en bas âge est arrivé à bord d'un ketch de quatorze mètres, l'*Azur*. Il est amarré à quelques encablures de notre yacht et ma femme m'assure que nos nouveaux voisins sont charmants. Leur fils est à peine plus âgé que notre fille. Demain j'irai les saluer. Parler d'enfants après tout ce que j'ai entendu est extrêmement rafraîchissant. Nous passons une douce soirée et je m'efforce de ne plus penser à l'avenir.

Le lendemain matin, comme convenu, je vais rendre visite aux nouveaux arrivants. Luc Straete me reçoit chaleureusement à bord de son voilier. Cheveux longs, barbe emmêlée, il traîne avec lui toute la nostalgie de mai 1968, mais son discours est alerte et constructif. Je l'imagine mal méditant sur les chemins de Katmandou. Notre première rencontre est extrêmement mondaine, nous parlons de la météo, du port, des bateaux et un peu de nous, mais l'un comme l'autre de manière assez évasive. Je dois devenir paranoïaque car un clignotant rouge s'allume aussitôt dans ma tête. Je viens d'expliquer à Luc qu'un incident mécanique sur mon bateau m'empêche de travailler momentanément, lui m'assure qu'un héritage lui permet de réaliser un vieux rêve de gosse, et chacun de nous se montre satisfait de ces explications.

Il faudra quelques jours avant que nous abordions timidement les différents trafics qui animent le port... Par touches successives, Luc se dévoile, avoue qu'il lui arrive de cacher un peu de drogue à fond de cale pour payer le fuel. De mon côté je l'encourage à en dire plus en reconnaissant que je ne transporte pas toujours que des touristes à bord du *Windarra*. Je le confesse d'autant plus facilement que les nouvelles directives des douanes m'obligent à soigner ma publicité si je veux appâter les trafiquants.

Un matin, Luc vient me voir au petit déjeuner et je lui demande un peu plus de précisions sur ses activités réelles. Il me regarde avec stupéfaction puis se lève et me dit :

– Je venais te proposer un tour en mer avec mon dinghy. J'ai envie de prendre l'air...

Nous sommes en janvier mais il ne fait pas trop froid. J'ai l'impression que Luc Straete ne m'invite pas seulement à une balade de santé. Je le suis en silence, il ne prononce pas un mot en mettant son canot à l'eau, me jetant simplement de brefs regards intrigués ponctués d'esquisses de sourire.

Il retrouve la parole au large et s'étonne :

– Tu charges depuis quand ?

Sa question m'embarrasse un peu, je reste flou :

– Il n'y a pas longtemps que j'ai le bateau. Avant, un peu avec les camions...

Luc me sourit à nouveau pour me parler comme un père à son fils :

– Je n'avais pas plus envie que toi de sortir en mer, mais ne me demande plus jamais de parler affaires dans un lieu clos, ni même sur un quai ou dans une voiture. C'est terriblement dangereux, les micros aujourd'hui sont très petits et très performants.

Je ne peux tout de même pas lui dire que je le sais et que j'en ai même trois différents dans un coffre sur le *Windarra*... En élève consciencieux je l'écoute et l'invite surtout à poursuivre. Je découvre alors que mon ami belge a bien plus d'envergure que je ne pensais. Avec une précision d'horloger suisse, il m'indique toutes les parties d'un bateau qui peuvent être aménagées pour cacher de la drogue, et j'avoue que là il m'épate. Ce garçon est un véritable manuel d'utilisation et je me concentre au maximum pour enregistrer tout ce qu'il dit, n'hésitant pas à le faire répéter lorsque le bruit des vagues couvre sa voix. Nous passons une bonne heure à faire des ronds dans l'eau et, en revenant vers Marina Bay, Luc me demande :

– Tu n'es jamais allé à la réunion annuelle, à Bali ?

– Quelle réunion ?

– Tu ne sais pas ? Mais tu es vraiment un novice ! Une fois par an, tous les narcos du monde dignes de ce nom se réunissent à Bali pour échanger leurs informations, parler des nouvelles techniques, et aussi de celles des flics. C'est très enrichissant, je t'assure, il faudra y aller.

Après le Salon de l'automobile, le Salon du nautisme, voilà le Salon de la drogue... Avec le plus grand sérieux, Luc me détaille les réunions interminables dans les salles privées et les restaurants des grands hôtels de la ville, pendant lesquelles les trafiquants font le point de leurs activités et les comparent à celles de la police. Si je comprends bien, ces colloques n'ont de clandestins que le nom et il est quasiment impossible que la police n'en connaisse pas la nature. Je pense à mon ministre. J'étais encore bien loin de la vérité lorsque je lui affirmais qu'on n'avait pas conscience du problème.

Ces cours particuliers que je prends avec Luc sont instructifs mais ils ne résolvent pas pour autant mon problème avec le *Windarra*, toujours bloqué au port. Lorsqu'un soir le Belge me demande où j'en suis avec mes réparations, je lui dis que je suis gêné par le manque d'argent.

– Pourquoi ne me l'as-tu pas dit ? Un de mes amis, Fred, cherche un skipper et un bateau pour aller charger au Maroc. Moi ça ne m'intéresse pas, j'ai assez de marchés, je préfère prendre la came en Hollande pour couvrir les pays nordiques. Mais si tu veux, je te prête l'*Azur* pour aller faire le plein en face. Va demander à Fred si tes services l'intéressent, il habite à côté d'ici, à Castellar de la Frontera. S'il accepte, tu pourras te refaire...

L'appartement de Castellar est un joyeux capharnaüm occupé par un nombre indéterminé de babas cool parfaitement insipides. Fred semble régner sur ce petit monde qui ne doit pas compter beaucoup de marins car je suis effectivement le bienvenu. Luc Straete l'a prévenu de ma visite. J'enjambe quelques matelas posés à même le sol pour progresser jusqu'à une table encombrée de canettes de bière vides. Fred les regroupe vaguement et nous commençons à parler affaires. Il a six cents kilos de cannabis à faire enlever au Maroc et à livrer sur la côte espagnole. C'est une opération assez lourde, et nous la mettons soigneusement au point.

En quittant Castellar, je file directement au petit port de Sottogrande, à une dizaine de kilomètres au nord de Gibraltar. J'y ai mes entrées car, du temps de ma splendeur, mon ketch était ancré là et je fréquentais régulièrement le yacht-club où je me rends directement, certain d'y rencontrer un responsable de chantier. Lorsque j'entre dans le restaurant du club, ils sont plusieurs attablés autour d'une paella. Je les salue et réserve un emplacement en cale sèche pour caréner l'*Azur*, au début du mois de février. C'est la première étape. Ensuite, je fais le tour des agences immobilières pour louer un petit appartement à Guadiaro, une commune tranquille proche de Sotto-grande, à l'intérieur des terres. Je n'ai aucun mal à trouver en cette saison, d'autant que je ne discute pas le prix.

Reste maintenant à organiser le transport, et là, c'est une autre histoire. Dissimuler sur un bateau six cents kilos de cannabis répartis en plaquettes de deux cent cinquante grammes, cela prend du temps, et pour ce genre d'opération le temps est mon ennemi. Je dois donc prévoir des bras et je décide de faire appel une fois de plus à mon ami Sylvain, en lui précisant bien quel est mon rôle exact et mon action au sein des douanes. Je m'en tiens à l'essentiel et il accepte ma proposition sans trop poser de questions. Finalement, Luc Straete sera lui aussi du voyage, nous ne serons pas trop de trois.

Tout est en place et le départ est fixé au 2 février au soir.

Mourot est prévenu et je passe voir Serdos au SVA, à Algésiras, pour le mettre également au courant, puisque ce sont les douanes espagnoles qui vont intervenir. Je le prie toutefois d'attendre mon signal pour passer à l'action, je n'ai pas envie qu'il arrive avant que j'aie touché mon argent.

Le lendemain, comme convenu, à 19 heures, l'*Azur* glisse lentement le long des quais de Gibraltar et met le cap sur le Maroc. La nuit tombée, nous jetons l'ancre à quelques encablures d'Al Hoceima lorsqu'une barque vient vers nous. Sans un bruit, sans un mot, des paquets de vingt-cinq à trente kilos passent d'un bord à l'autre le plus rapidement possible. Une poignée de minutes suffisent. Un signe de la main et la barque s'éloigne. Je mets le moteur en route et nous nous éloignons de la côte avant de nous immobiliser à nouveau pour dissimuler la drogue. Durant toute la nuit nous glissons le cannabis, savonnette par savonnette, dans les endroits les plus inattendus. Aucune ne doit apparaître et j'apprécie le professionnalisme de Straete : son bateau est un véritable gruyère. À l'aube tout est parfaitement camouflé, nous pouvons mettre en route et voguer doucement vers Sotogrande pour la deuxième phase de l'opération, tout aussi délicate.

À 9 heures l'*Azur* pointe sa proue à l'entrée du chantier. Il est tracté et placé en cale sèche. J'ai demandé que les travaux ne débutent que le lendemain en prétextant que nous avions besoin de temps pour nettoyer le carré et plier les voiles. En fait, toute la journée nous veillons sur la cargaison et à la tombée de la nuit nous glissons les plaquettes de cannabis dans les sacs à voile. À 22 heures une camionnette se gare le plus près possible du bateau. Toute la marchandise est à nouveau transférée en un temps record. Le chargement effectué, Luc grimpe dans le véhicule, sort une grande enveloppe en papier kraft de la boîte à gants et me la tend. Elle est bourrée d'argent. Il y a là l'équivalent de trois cent mille francs en livres sterling. Le *Windarra* est enfin soldé...

Je regarde les feux arrière de la camionnette s'éloigner, disparaître, puis je me dirige à grands pas vers le yacht-club que je contourne. Une voiture des douanes espagnoles est garée derrière, tous feux éteints. Un homme m'attend à l'intérieur, je m'installe à son côté et nous filons vers Guadiaro.

Quelques minutes plus tard, nous apercevons la camionnette en stationnement devant l'appartement de Fred. Mon chauffeur lance un message radio et nous passons le relais à une autre équipe. Il vaut mieux que je ne reste pas dans les parages : on ne sait jamais.

Le lendemain, j'appelle Serdos pour connaître l'épilogue de l'affaire. Il est d'une humeur massacrante.

– Mes types se sont fait doubler. Des crétins, Marc, des crétins. Ils ont filoché Fred jusqu'à Málaga puis ils ont arrêté sa voiture à l'entrée de la ville en prétextant un simple contrôle de routine. Jusque-là, c'est bien. Mais il ne transportait plus que cent kilos de came. C'est Straete qui a filé avec le reste : cinq cents kilos. Et lui, on l'a manqué. Maintenant on ne peut plus rien faire, il n'y a plus de preuves, et si l'on remonte jusqu'au bateau c'est toi qui vas être suspecté d'avoir donné le coup car Fred n'a pas parlé. Je ne peux pas te placer dans cette situation, ce serait trop dangereux. Voilà le bilan...

J'apprendrai plus tard que si les douaniers, de surcroît, avaient perquisitionné un peu plus vite chez Fred, ils auraient aussi mis la main sur un joli stock d'héroïne que ses amis ont eu le temps de mettre à l'abri...

J'enrage de découvrir ce nouveau gâchis, d'autant qu'il va encore faire baisser le montant de ma prime calculée au prorata de la saisie. Je suis impuissant et abattu devant tant d'incompétence, mais c'est maintenant un autre bateau qui m'intéresse. Un voilier de seize mètres qui vient des Canaries avec trois personnes à bord. Je sais qu'elles ont fait escale pour charger à Laratché, au Maroc, et aujourd'hui le bateau remonte vers le nord en longeant la côte. J'ai appris qu'il allait livrer au Portugal et j'en avertis Mourot.

– Tant mieux, nous allons pouvoir mêler les douanes portugaises à cette opération. Nous n'arrivons pas à coopérer pleinement avec elles, et c'est dommage. C'est une bonne occasion...

– Oui, mais moi, qui me paye ? Les Portugais ?

– Absolument, il faut aussi en profiter pour leur montrer comment nous fonctionnons et les obliger à mettre la main à la poche s'ils veulent travailler avec nous.

La tournure de cette affaire ne me plaît pas beaucoup, mais je continue pourtant la filature et je vois le bateau s'engager dans l'embouchure d'un fleuve, le Guadiana, peu après la frontière entre l'Espagne et l'Algarve. Il le remonte sur quelques kilomètres avant de s'immobiliser en son milieu. C'est donc là que ses occupants comptent transférer leur marchandise. Je préviens Mourot qui fait remonter l'information jusqu'aux Portugais. Les gabelous locaux interviennent peu après et réussissent une jolie prise : une tonne de cannabis. Ils se frottent les mains et moi aussi. Là-dessus, il devrait bien me revenir au moins deux cent mille francs...

Je rêve. Les Portugais me feront parvenir en tout et pour tout un pourboire de cinquante mille francs par le biais de Mourot, en jurant qu'ils raclent déjà leurs fonds de tiroirs. C'est en tout cas ce que mon agent traitant m'assurera. On ne m'y reprendra pas.

J'oublie cet incident en m'intéressant à un petit chantier naval qui m'intrigue, juste à l'entrée de Gibraltar, à côté de l'aéroport. Il bénéficie évidemment d'un accès direct à la mer et je remarque que l'entrée de ses ateliers est sévèrement contrôlée. En fouillant un peu, j'apprends que les propriétaires des lieux sont plus que douteux, c'est une famille étroitement mêlée au monde de la drogue. Du gros gibier.

Pendant plusieurs jours je reste en planque face à l'entrée des chantiers. Je prends des photos des visiteurs et je relève tous les numéros des voitures qui pénètrent à l'intérieur de l'établissement. Serdos suit mon travail avec intérêt et, un matin, il décide de faire intercepter deux hommes qui fréquentent trop souvent les lieux à son goût.

Ce sont deux Français installés depuis longtemps en Espagne. Leur passé est assez tortueux. Ils ont été gardes du corps de Chaban-Delmas avant de pointer au SAC, le trouble Service d'action civique mis en place par les gaullistes et qui regroupait en fait un ramassis de barbouzes prélevées la plupart du temps dans des marécages quelque peu fangeux. Après la dissolution du SAC, ses membres sont retournés à leurs affaires douteuses et il n'y a donc rien d'étonnant à les retrouver ici. Mais Serdos me met en garde :

– Il faut avancer prudemment. Nous avons découvert qu'il y a quelques années ces deux truands ont servi de relais en France aux gens du GAL. Il est donc tout à fait possible qu'ils possèdent encore de solides appuis chez nous. Attention.

Après le SAC, le GAL. Cela n'a rien d'étonnant, les deux officines se ressemblent.

C'est un ministre de l'Intérieur du gouvernement espagnol qui avait eu cette idée du GAL, pour lutter contre les terroristes de l'ETA. Sous couvert d'un mouvement de défense civique spontané dicté par un pur et simple élan patriotique, le GAL avait en fait reçu pour consigne, en sous-main, d'occire gaillardement, ou d'enlever, tous les membres du mouvement indépendantiste basque que l'on ne pouvait coincer officiellement, faute de preuves.

Un secrétaire d'État à la Sécurité avait en charge ces tueurs à gages à peine déguisés, recrutés aussi bien dans les services spéciaux que parmi la pègre. De tels souvenirs créent des liens et laissent des traces. Javier Serdos est bien trop fin pour l'ignorer, et n'ayant rien de concret à retenir contre les deux Français il les remet en liberté après vérification d'identité.

Fatigué de tous ces contretemps, je décide de savourer le plaisir de pouvoir enfin prendre la mer avec le *Windarra*. J'emmène ma petite famille jusqu'à Sottogrande et compte y rester quelques jours pour faire effectuer – réellement cette fois – quelques réparations, mais ce moment de détente ne me fait pas oublier ma mission et je reste aux aguets. C'est ainsi que je rencontre Robert Martin, un homme un peu étrange qui vit seul sur un voilier de sept mètres amarré à l'écart des autres. Je ne me fais guère d'illusions sur ses activités et très vite nous en venons à parler business. Ma société off shore, la Rio Plata, l'intéresse au plus haut point, nous nous connaissons à peine qu'il me demande déjà s'il peut y faire immatriculer deux vedettes rapides, des cigarettes, qu'il possède. En contrepartie il m'emploierait pour les piloter. Ce marché ne me déplaît pas, j'accepte et Robert disparaît alors dans sa minuscule cabine. Il en ressort avec vingt mille francs qu'il me tend :

– À titre d'acompte. Mais de ton côté donne-moi tes papiers. Je vais les faire vérifier. J'aime savoir avec qui je travaille.

– Tu sais, des papiers...

– Oui je sais, c'est facile à obtenir, mais donne toujours, ça me rassure. Je te les rends ce soir.

Je lui tends mon passeport, un vrai, bien établi au nom de Marc Fiévet, et je prends congé. Je joue la transparence, je ne cherche même pas à savoir ce que Robert Martin va faire de mon passeport. C'est ma politique, j'ai décidé une fois pour toutes d'avancer à visage découvert pour donner confiance. Je m'appelle Marc Fiévet, mon passeport est à mon nom, ma société est à mon nom, mes cartes de crédit sont à mon nom... Je n'ai rien à cacher. Et pourtant à cet instant précis je devrais peut-être me méfier, car j'apprendrai des mois plus tard que Robert, dès que j'ai eu le dos tourné, a filé montrer mes papiers à l'un de ses amis, Alfredo Migo, qui habite une superbe villa à Estepona, un petit port voisin, sur la route de Málaga.

À Estepona, et sur toute la Costa del Sol, pour les candides Migo est un notable, et pour les lucides un parrain. Il cumule et multiplie les fonctions : promoteur, agent immobilier, propriétaire des plus somptueuses boîtes de nuit, il contrôle tout à la fois un gigantesque parc d'immeubles et de villas, un réseau de trafiquants et la police locale qui n'a rien à lui refuser depuis qu'il a créé, organisé et dirigé le réseau du GAL local, et qu'il sait se montrer extrêmement généreux envers les bonnes œuvres des uns et des autres. Migo est si puissant qu'il avait demandé à un sous-ministre, et obtenu, à l'époque du GAL, que l'on relie son appartement directement au fichier de la police. Depuis il a conservé l'installation, tout le monde le sait, et personne ne s'en offusque. Ce parrain navigue en toute impunité dans les archives les plus secrètes de la PJ espagnole et nul ne s'en inquiète.

Ainsi lorsque Robert lui tend mon passeport, il suffit à Migo de se livrer à quelques manipulations informatiques pour acquérir la certitude que je ne suis pas fiché. Rassuré, il rendra le document à Robert, l'autorisant à utiliser mes services mais le priant malgré tout, par sécurité, de le tenir au courant de mes activités. Les requins n'aiment pas partager leur territoire. À partir de ce jour, je suis placé sous surveillance.

Tout cela, je l'apprendrai plus tard grâce aux indiscrétions des uns et des autres. Tout comme je découvrirai que je suis bien le seul à ne pas savoir à cette époque que Robert Martin a été un porte-flingue du GAL, recruté par Migo.

Pour l'instant je l'ignore et je suis bien loin d'imaginer qu'en quelques jours je viens par deux fois de tournoyer autour d'un repaire terriblement dangereux.

Comme Robert Martin ignore lui aussi ce que je fais réellement, tout va pour le mieux et je suis prêt à effectuer quelques transports pour lui avec sa vedette de onze mètres propulsée par deux moteurs Mercury de 350 CV. Mais je trouve ce garçon dangereux et un peu fou. Sûr de sa bonne étoile et confiant dans la vitesse de son bateau, il ne s'entoure d'aucune précaution et cela me déplaît. Même si je me sais à peu près protégé sur ce secteur, je ne voudrais pas que les douanes espagnoles pensent que je profite de mon immunité pour m'enrichir. J'entends que l'on sache exactement dans quel camp je suis. De même je tiens à ma réputation de skipper sérieux, professionnel, compétent et prudent aux yeux de mes clients potentiels. Par deux fois je refuse des marchés que me propose Robert, les estimant trop dangereux.

Je viens de décliner son offre pour la seconde fois lorsqu'un élément extérieur me permet de prendre un peu de champ : Charles Petra, l'adjoint de Mourot, profite d'une mission de l'avion des douanes en Espagne pour venir me saluer et s'imprégner de l'Andalousie. Je préviens donc Robert que je serai indisponible pendant quelques jours, ce qui m'arrange tout à fait.

Petra arrive un mardi soir. Je l'installe dans un hôtel coquet de Sottogrande. C'est un agréable compagnon et dès le début du dîner j'apprends qu'il est le président d'un club sportif à Nantes. Les derniers résultats de son équipe le tracassent bien plus que les miens, et il me les expose longuement avant que nous n'abordions les problèmes de la drogue. Petra a décidé de les survoler.

– Nous aurons le temps de parler de tout ça dans le détail demain, mais ce qui est certain c'est que nous devons te trouver une couverture. Il est impossible que tu n'aies que le trafic comme activité et que tu restes en permanence à Gibraltar. Très vite on se demanderait comment tu fais pour passer toujours entre les mailles du filet. Il faut absolument y réfléchir et trouver une solution.

Et puis, exactement comme s'il se renseignait sur le spectacle à la mode en ville, il enchaîne :

– Tu as une opération en cours, actuellement ?

– J'ai toujours, au moins, une opération en cours. Demain matin je dois travailler sur le port. Je ne te verrai pas.

C'est un bateau de pêche arrivé d'Alicante depuis quelques jours qui me préoccupe. Par manque de place, les autorités du port l'ont autorisé à accoster au quai d'Honneur. Il est donc venu se positionner juste à côté de mon yacht. Il ne m'a pas fallu longtemps pour briser la glace avec les membres de l'équipage, heureux que je leur propose de les véhiculer en ville.

Ce matin, pour la première fois, je monte à bord. Le capitaine, Diego, m'accueille avec un large sourire et m'invite à prendre un café dans sa cabine. Je constate au passage qu'il y a plus de filets de pêche que de poissons sur le pont. Des équipements professionnels sont effectivement installés, mais ils ne doivent pas servir souvent. La cabine, en revanche, est encombrée de multiples ustensiles parfaitement hétéroclites. Le désordre semble sciemment et parfaitement entretenu pour décourager les curieux. Au fond du carré, un marin est assis face à un superbe récepteur SSB à demi enfoui sous des piles de papier. L'appareil grésille doucement et l'opérateur écoute avec la plus grande attention. Une veille aussi attentive pour un navire à quai, cela me surprend. Soudain une voix résonne dans le haut-parleur. Le matelot se retourne, me regarde, regarde son patron. Celui-ci ne bronche pas, alors l'homme monte le son et je comprends. L'appel vient du Centre opérationnel du SVA de Madrid. Un douanier appelle le pilote d'un avion en patrouille. Un dialogue s'instaure et mon marin note soigneusement les positions annoncées.

Je suis sidéré et mon hôte s'en amuse :

– Nous connaissons toutes les fréquences radio de la SVA, pour leurs bateaux, leurs avions, leurs hélicos... C'est pratique.

– Mais comment avez-vous eu ça ?

Diego désigne l'opérateur d'un coup de menton :

– Son beau-frère est douanier. Si tu savais ce qu'il gagne, tu en pleurerais. Il fallait faire quelque chose pour lui.

Diego est secoué d'un rire gras qui fait rebondir un ventre conséquent. Je m'associe à son hilarité et j'en profite pour demander si je peux prendre ces fréquences.

– Mais oui, vas-y, prends.

Je les recopie avec application et une heure plus tard je les communique à Mourot. Quelques jours plus tard, celui-ci profitera d'un congrès international des douanes à Barcelone pour se tailler un joli succès en révélant publiquement ces coordonnées secrètes aux participants venus du monde entier.

– Messieurs, je peux vous communiquer ces fréquences puisque les douaniers et les policiers sont les seuls à ne pas les connaître alors que tous les trafiquants les ont épinglées au-dessus de leur radio.

Vexés, les Espagnols seront obligés de demander ses sources à Mourot. Ils intercepteront le bateau, saisiront huit cents kilos de cannabis à bord, arrêteront l'équipage ainsi qu'un réseau d'une dizaine de douaniers corrompus... Et changeront leurs codes radio. Belle affaire.

Satisfait de ma matinée, je retrouve Petra pour lui faire visiter les ports de la côte. Le soir, nous dînons dans un restaurant français d'Estepona, le Saint-Georges, et cette fois nous devons impérativement parler de mon avenir. Petra est plein de bonne volonté, mais il n'a aucune solution concrète à me proposer, personne à Nantes ne lui en a suggéré une avant son départ. Je sens que je vais devoir trouver seul. Sans conviction, Charles me parle de transports de marchandises, puis d'import-export. J'ai déjà envisagé toutes ces possibilités, je les ai longuement évoquées avec Tintin le consul, et celui-ci m'a dissuadé : il n'y a pas de marché. Petra paraît abattu. Il avale l'air à grandes goulées comme s'il allait y trouver l'idée géniale. Nous nous épuisons à passer en revue tous les secteurs économiques, en pure perte, lorsque le directeur du restaurant vient nous saluer à la fin du repas. Nous parlons de la qualité de sa table et il nous remercie en précisant que malheureusement tout cela sera bientôt terminé car, lassé du commerce, il a mis son établissement en vente. Pour l'instant il n'y a pas d'acheteur, nous dit-il, et brusquement ce mot se met à tourner dans ma tête. Je veux en savoir plus, je demande des détails sur le prix, le chiffre d'affaires, le salaire du personnel. Charles Petra ne dit plus un mot, je crois qu'il a compris ce qui me trotte dans la tête, et le propriétaire du restaurant aussi. Il prend une chaise et s'assied à notre table en appelant son serveur. Cognac.

Cette fois, nous entrons vraiment dans le détail et le restaurateur nous fait même visiter les lieux.

L'établissement n'est séparé de la mer que par la route à deux voies qui relie Málaga à Gibraltar et Cadix. Le trafic est dense, ce qui constitue à la fois un avantage et un inconvénient. Beaucoup de passage, mais un obstacle désagréable et dangereux pour accéder à la plage.

À l'intérieur, une grande cheminée trône au fond d'une vaste salle prolongée par une très grande terrasse couverte. Des travaux de réfection sont nécessaires mais l'ensemble a plutôt belle allure. Un appartement est situé au premier étage, on y accède par un escalier extérieur. Sachant qu'il allait quitter les lieux, le restaurateur l'a laissé se dégrader. Il faudrait quasiment tout refaire, il en convient volontiers. En revanche, la large superficie des lieux permet de jouer facilement avec les espaces et les volumes. Il y a moyen d'aménager quelque chose de joli.

À minuit, nous reprenons la route de Sottogrande et j'interroge immédiatement Petra :

– Qu'en penses-tu ? Un restaurant, ce n'est pas idiot. Est-ce que Mourot serait d'accord pour m'aider financièrement ?

– Je vais lui demander demain, mais ça me semble une très bonne idée et l'on peut même en faire un point de rencontre pour les trafiquants. L'information à domicile, c'est tout de même l'idéal...

Bien sûr Mourot est d'accord, il applaudit même des deux mains et souhaite que je signe le plus vite possible. Mais la participation des douanes se limite à cette bénédiction. Elles ne m'offrent pas un centime, pas même un prêt. Je dois trouver les fonds seul. Mourot est persuadé que je vais y arriver...

Lorsque je le raccompagne à l'aéroport, Charles, lui aussi, est certain que je vais réussir. Je sais pourtant que, pour moi seul, l'achat est trop lourd. Je cherche donc un associé, et comme la tâche n'est pas simple, je propose plutôt à l'actuel propriétaire de rester dans l'affaire, étant entendu que je le dégage de toute gestion. À mon grand soulagement il accepte, en quelques jours l'affaire est conclue et l'achat est enregistré au nom de ma femme. Je trouve toutefois que le désengagement des douanes est choquant, et je souhaite en parler avec « mon » ministre.

J'obtiens rapidement un rendez-vous et Philippe Mourot m'annonce aussitôt que ses collègues parisiens veulent absolument me voir avant.

Je fais donc une halte rue du Louvre...

Le ton a changé. Le haut responsable des douanes, « le Para », est avenant, il m'offre un fauteuil, s'assure presque de mon confort. C'est bien la moindre des choses car il compte sur moi, moi l'aviseur, l'homme qui n'existe pas, pour faire passer certains messages en haut lieu. La situation ne manque tout de même pas de sel et j'en profite pour faire remarquer que le versement de mes primes est toujours aussi lent alors que j'attends souvent après pour vivre, contrairement à ce que l'on pense. Le haut responsable jure de s'occuper de cela sur-le-champ.

Le ministre, lui, ne s'embarrasse plus de protocole, il me reçoit en bras de chemise et m'invite immédiatement à prendre place. Je fais le bilan de ma situation et il m'avoue qu'il ne voit vraiment pas comment les douanes pourraient m'acheter un restaurant.

En revanche, il a réfléchi à cet épineux problème de l'infiltration et il me fait part de ses réflexions. Ils ont besoin de gens infiltrés, cela ne se discute pas. Reste à déterminer dans quelles conditions. La formule actuelle n'est pas satisfaisante. Ce sont des agents officiels des douanes qui devraient tenir un rôle comme le mien, ainsi que le font aux États-Unis les agents de la DEA.

– Lorsque nous nous sommes vus pour la première fois, vous m'avez expliqué qu'après six mois d'activité souterraine vous obteniez déjà de très bons résultats.

– C'est exact. Enfin, j'espère.

– Donc j'ai calculé qu'un fonctionnaire efficace infiltré dans le milieu pourrait être extrêmement précieux pendant deux ans.

Le ministre me surprend car il ne se contente pas de mots. Et son raisonnement tient debout : pour trouver des volontaires à ce genre de postes terriblement risqués, il faut les intéresser financièrement. C'est essentiel, car en plus du danger ils vont voir des masses d'argent colossales changer de mains sous leurs yeux. Ils doivent donc être eux-mêmes fort bien payés pour ne pas être tentés. Lors de leur prise de fonction, on pourrait déposer pour eux un million cinq cent mille francs à la Caisse des dépôts et consignations. Ils encaisseraient cette somme, nette d'impôts, à la fin de leur mission de deux ans.

Je trouve l'idée bonne et tout à fait réalisable. Et l'homme plein de bon sens. Je profite du moment pour placer les messages du haut responsable des douanes en spécifiant bien leur origine, ce qui amuse le ministre, puis j'insiste, avec plus de conviction, afin que le service des douanes de Nantes soit enfin informatisé. Le ministre est stupéfait.

– Ils ne le sont pas ?

– Eh non, monsieur le ministre, ils travaillent toujours avec des fiches en carton et des stylos Bic.

– C'est ahurissant, je m'en occupe tout de suite. De

votre côté, je vous avais demandé de réfléchir au moyen de lutter contre le blanchiment de l'argent. Vous avez du nouveau ?

– Non. Je n'ai pas eu le temps.

– C'est un vrai problème. J'aimerais vraiment que vous y pensiez. Nous en parlerons la prochaine fois.

Donc, il y aura une prochaine fois. Est-ce que Mourot va finir par comprendre ? J'en doute. Arrivé à mon hôtel je lui téléphone tout de même pour lui dire que son service va être informatisé. Il est ravi mais ne songe pas à me demander si j'ai pu obtenir des crédits pour mon restaurant. C'est accessoire.

– VI –

BAVURE À LYON

Clara joue avec Anna à l'arrière de la cabine du *Windarra*, et une fois de plus, face à une pile de dossiers, je fais mes comptes. J'ai entrepris de rénover totalement le Saint-Georges, ce qui va me coûter huit cent mille francs. Tout ce que je vais gagner, au moins pendant un an, va être englouti dans les travaux. Cette perspective me déplaît mais je ne peux faire autrement. J'ai à nouveau demandé de l'aide aux douanes et, pour toute réponse, Mourot m'a envoyé un douanier stagiaire afin de m'aider dans mes travaux et mes démarches. Je lui demande des fonds, il me fournit un apprenti que je dois loger et nourrir... Je ne peux vraiment compter que sur moi.

Je surveille actuellement une assez grosse opération qui se met en place sur la côte marocaine. Des trafiquants allemands projettent d'enlever huit cents kilos de cannabis à Ceuta et de venir les décharger à Sottogrande. Je serai aux premières loges et j'en avertis Mourot qui alerte ses homologues allemands. Nous avons besoin d'eux pour « retapisser » ces truands, trouver qui ils sont réellement, moi je n'arrive pas à les identifier. Nous allons donc travailler à trois sur cette affaire : Français, Allemands et

Espagnols. Nous décidons de filmer l'opération depuis mon bateau. L'angle de vue est excellent mais il faudra tout de même compléter la vidéo avec d'autres prises depuis les quais. Trois opérateurs spécialisés dans ce type d'intervention viennent de Nantes pour m'aider. Peu après, ils sont rejoints par cinq douaniers allemands et une réunion de travail est organisée à Algésiras, au siège des douanes espagnoles. Nous sommes déjà installés dans un bureau lorsque les Allemands arrivent. Serdos fait les présentations et le chef de la délégation germanique se fait préciser par deux fois qui je suis, ce qui semble beaucoup amuser mon ami mais pas du tout son collègue du Nord. Au début du briefing, je sens ce dernier extrêmement réticent à livrer certaines informations, puis, voyant que Serdos parle devant moi sans la moindre gêne, il se détend et nous pouvons progresser plus vite.

Personne n'aura à regretter cette étroite collaboration qui donnera lieu à l'arrestation de quinze personnes. La délégation allemande repartira pour Hambourg satisfaite, mais toujours troublée par le rôle que je joue dans ce secteur chaud. Elle n'arrive pas à me situer exactement : l'un des douaniers me le confie à demi-mot en me serrant la main. Je le rassure : il n'est pas le seul.

Cette opération m'a donné une idée qui pourrait nous permettre d'augmenter encore notre efficacité, ce qui devrait satisfaire notre ministre. Je réalise que nous ne savons rien sur l'organisation des filières avant l'arrivée de la drogue dans les ports. C'est une lacune, nous devons infiltrer quelqu'un dans le milieu des camionneurs qui convoient la marchandise jusqu'aux différents ports.

J'en parle aussitôt à Mourot :

– C'est une bonne idée, mais est-ce que tu connais un routier de confiance qui ferait l'affaire ?

– Oui. L'un de mes amis, Sylvain, possède son permis poids lourd. Tu dois quand même bien avoir des contacts avec des transporteurs, essaye de le faire engager.

Quelques jours plus tard, Sylvain signe sa lettre d'engagement dans une grosse entreprise de transport et reçoit son premier ordre de mission pour Tanger. Je suis doublement satisfait : d'une part Sylvain bénéficie enfin d'un travail fixe, et d'autre part j'élargis ma toile, certain qu'il saura très vite glaner des informations sur les différents trafics. Retranché dans ma certitude que j'œuvre pour la bonne cause, je me sens à cet instant douanier à part entière, j'oublie ma situation ambiguë. Aveuglé par ma soif d'action, je ne réalise pas que je fais courir un risque à Sylvain. J'ai au contraire l'impression que je le stabilise, le responsabilise en l'entraînant dans ma mission.

Je deviens boulimique, je ne suis plus un simple aviseur, mais une véritable officine de renseignement. Même mon associé du Saint-Georges, totalement étranger au monde de la drogue et ignorant tout de mes activités doubles, me fournit des informations sans le savoir. Un jour un Anglais, Chris Hear, l'un de ses anciens clients, vient le saluer au restaurant alors qu'il surveille l'avancée des travaux. Aussitôt après son départ, mon associé me confie :

– Ce type est charmant mais il ne faut pas lui demander d'où proviennent ses revenus.

– Drogue ?

– Oh, c'est certain ! Et à mon avis ce n'est pas un simple dealer.

– Tu le vois souvent ?

– Oui, il aime bien venir discuter avec moi au bar. Il n'habite pas très loin.

Chris Hear... Je prends note et passe aussitôt le renseignement à Nantes pour qu'ils se penchent sur le Trombinoscope. La réponse revient à la vitesse d'un boomerang.

– Pour nous Hear est inconnu, mais les Anglais, eux, s'y intéressent beaucoup. Nous organisons une réunion au siège à Paris pour parler de lui : il faut que tu viennes.

Après les Espagnols et les Allemands, je vais donc faire connaissance avec les douaniers anglais. Je prends vraiment une dimension internationale...

Le jour dit, arrivé rue du Louvre, je monte directement au cinquième étage. Je commence a connaître les lieux. Hear doit être un gros poisson car quatre Anglais ont fait le déplacement, un contrôleur et trois officiers dont deux infiltrés dans des réseaux, dont par sécurité on ne me donne que les prénoms. Les Britanniques sont aussi pressés de prendre Hear que de nous quitter. Ils n'ont pas fait le déplacement de gaieté de cœur et me mitraillent de questions, persuadés que je ne peux être qu'un mythomane. Mourot m'avait prévenu que le contrôleur avait été choqué que l'on puisse m'associer à ce tour de table. Coopérer avec des Français est déjà vulgaire, alors avec un aviseur...

À contrecœur, et parce que nous l'y obligeons avant de nous engager dans l'aventure, l'officier anglais nous confie que, grâce à Hear, il compte remonter jusqu'à du gibier encore plus gros dont il préfère taire le nom pour le moment. La confiance règne !

Nos amis britanniques souhaitent donc que j'entre en contact avec leur suspect et que je les informe dès qu'il organise un chargement de drogue. Nous définissons un nom de code pour cette opération : *Pocardi*, c'est le nom d'un bateau avec lequel je soupçonne déjà Hear de travailler.

Satisfaits de cette merveilleuse levée les Anglais s'esquivent, et je m'apprête à en faire autant lorsque Mourot me retient :

– Demain nous avons une autre réunion ici avec des collègues de Lyon. Ils ont besoin de toi.

Je vais finir par me croire indispensable.

Après ce détestable entretien l'air de la rue du Louvre me semble d'une pureté écologiquement correcte et c'est avec un immense soulagement que je consulte ma montre. J'ai invité l'une de mes filles jumelles, Armelle, à dîner aux Crus de Bourgogne, un restaurant voisin où l'on cultive avec bonheur bonne chère, tradition et joyeuse humeur. Il y a bien longtemps que je n'ai vu Armelle. J'ai hâte de la retrouver.

Elle arrive très exactement à l'heure et je la félicite pour sa ponctualité. Elle enrobe dans un délicieux sourire l'une de ces petites vacheries dont elle a le secret :

– Nous nous voyons si peu, papa, que chaque minute est précieuse...

Adorable Armelle.

Nous bavardons longuement, je lui mens juste un peu en lui assurant que je suis à Paris pour affaires sans préciser lesquelles, puis je lui vante les charmes de la Costa del Sol, du *Windarra*... Je suis si convaincant qu'à la fin du repas ma fille m'annonce qu'elle est un peu fatiguée et qu'elle viendrait volontiers passer quelques jours en Andalousie, si j'en suis d'accord. Elle voudrait voir Séville, Cadix, Grenade, l'Alhambra... J'en suis tout étourdi, j'applaudis à son idée, je vais même lui offrir le voyage, je ne suis plus à une prime de cent kilos de cannabis près.

À minuit, je dépose Armelle à la station de taxis de la place des Victoires et je rentre à mon hôtel. Le travail reprend ses droits : que me veulent ces douaniers de Lyon ? J'ai bien assez à faire avec Nantes. Bon, il sera toujours temps de voir demain. La réunion est prévue à 10 heures, cela me laisse une bonne nuit de repos.

Le lendemain, en arrivant rue du Louvre, je comprends immédiatement que je ne suis pas convié à une réunion de routine. Philippe Mourot discute dans le hall de l'immeuble des douanes avec deux hommes que je ne connais pas. En revanche, je constate que son adjoint Charles Petra est arrivé de Nantes, lui aussi, ce matin. Dans l'ascenseur, Mourot me présente le patron de la DNRED de Lyon, et l'un de ses adjoints.

Sans un mot, nous nous installons autour d'une table ronde dans un bureau nu et froid. Mourot rompt le silence et s'adresse directement à moi. Il m'annonce qu'il a trouvé avec ses collègues le moyen de régler mes problèmes financiers. Ils ont une solution qui me permettra de financer en une seule fois les travaux du Saint-Georges. Je comprends instantanément que je vais être au cœur des débats.

Puis on m'expose le plan.

Des producteurs disposent d'une tonne de cannabis au Maroc qu'ils n'arrivent pas à écouler faute d'acheteurs. Ces acheteurs, les douaniers de Lyon les ont trouvés grâce à un agent infiltré. Ce sont deux Anglais qui vivent à Amsterdam. Des grosses pointures. Ce marché les intéresse et les douaniers envisagent de leur livrer eux-mêmes la drogue à Lyon, pour les arrêter, bien sûr, dès qu'ils en auront pris possession. Mes amis souhaitent me charger de l'enlèvement de la marchandise au Maroc, et si j'accepte ils me promettent un million de francs pour ce travail.

Cette opération me semble tellement folle que je ne suis pas certain d'avoir bien compris. Je n'arrive pas à croire que les douaniers montent toute l'opération de bout en bout et j'insiste pour que l'on soit clair sur ce point. Mes interlocuteurs me le confirment en spécifiant qu'ils me fourniront également un membre d'équipage. Je n'ai pas à m'occuper de ce point.

Complètement interloqué, je me tourne vers Mourot qui n'attend pas ma question et m'assure que c'est la seule solution pour en terminer une fois pour toutes avec mes problèmes financiers du Saint-Georges. Le reste n'est pas mon affaire. Les douanes ont besoin de moi, et je reste un exécutant.

Après tout Mourot a raison. Le choix des méthodes ne me concerne pas. J'accepte. Sans compter que là, au moins, j'ai la certitude d'être couvert...

Quelques jours plus tard, un aviseur comme moi débarque à Sottogrande. Il vient de Toulouse pour m'assister. Toute cette histoire m'étonne tellement que je ne lui pose pas de questions.

Un douanier lyonnais m'appelle pour me donner le signe du départ et me préciser l'endroit exact où je dois enlever le cannabis. Ensuite je dois remonter vers la France avec mon nouveau compagnon et décharger à Port-la-Nouvelle, près de Narbonne, dans l'Aude. Le chef adjoint des douanes de Lyon m'y attendra.

Le chargement de la drogue et le voyage s'effectuent sans aucun problème, j'arrive même à Port-la-Nouvelle avec une journée d'avance sur le planning établi, ce qui n'est pas franchement une bonne idée car personne ne m'attend. Je téléphone immédiatement au chef d'échelon de Lyon pour lui signaler mon arrivée et le prier d'envoyer ses douaniers pour décharger.

– C'est impossible, ils sont encore à Lyon. Ils seront là-bas demain.

La perspective de passer vingt-quatre heures sur le *Windarra* – rebaptisé prudemment *Tancrède* pour les besoins de l'opération – avec plus d'une tonne de cannabis à bord me contrarie, mais je n'ai pas le choix. Je fais alors le tour du pont pour m'assurer que tout est en ordre. A priori, rien ne peut laisser supposer que ce yacht est parfaitement hors la loi. Un peu rassuré, je me détends et m'adosse à la barre pour observer l'activité de ce petit port partagé entre pêche et commerce.

Et là, devant moi, brusquement, je ne vois plus qu'elle, tout en bleu délavé. Elle m'écrase, elle me nargue. Comment ne l'avais-je pas remarquée plus tôt : je suis amarré très exactement face à la gendarmerie. Ce doit être nerveux : j'éclate de rire...

Le lendemain matin, je n'en crois pas mes yeux : sept douaniers descendent de deux camionnettes, empilent des grands sacs de jute sur le pont du *Windarra* puis, sans prendre la moindre précaution, y enfournent les quarante-trois ballots de cannabis qu'ils déposent dans leurs camionnettes en jurant et pestant comme de vieux dockers contre le poids excessif des colis.

La scène est complètement surréaliste : là, en plein jour, dans un petit port français, au vu de tous, sept douaniers déchargent une tonne de cannabis devant une gendarmerie. Je me demande pourquoi, jusqu'à maintenant, je me suis entouré d'autant de précautions.

Leur travail effectué, les douaniers me saluent et repartent vers Lyon. Ils y arrivent en fin d'après-midi et entreposent la drogue dans un hangar à la périphérie de la ville.

La suite, je l'apprendrai par mes amis des douanes... Un Marocain rejoint peu après les douaniers à bord d'un quatre-quatre. C'est le représentant des producteurs. Il vient constater que tout est en ordre, certainement à mille lieues de se douter que le chauffeur qui l'a pris en charge à sa descente d'avion est un douanier français. L'homme compte les ballots, s'assure de leur contenu puis se fait conduire jusqu'à une cabine téléphonique pour appeler une chambre de l'hôtel George-V à Paris.

Quatre hommes y sont réunis, deux Anglais, les acheteurs et deux douaniers qui se font passer pour les complices des « livreurs ». Tous quatre attendent ce coup de téléphone pour régler leurs affaires et se séparer. L'arrivée de la marchandise étant confirmée et certifiée conforme sur l'honneur par le représentant des producteurs, les Britanniques remettent dans un premier temps huit cent cinquante mille francs aux « narco-douaniers » dans la chambre du George-V en règlement du convoyage. Puis ils s'éclipsent pour rejoindre Lyon afin de prendre livraison de la cargaison et verser un solde de trois millions de francs aux organisateurs et intermédiaires de l'opération : toujours les douaniers lyonnais...

Les deux Anglais arrivent le lendemain à bord d'une puissante Mercedes de location devant le hangar où est entreposée la drogue. Parfait dans son rôle de trafiquant, le chef adjoint de la DNRED de Lyon les reçoit. Deux autres douaniers l'accompagnent. Il les présente brièvement comme des agents de sécurité chargés de veiller sur le cannabis jusqu'à son enlèvement.

Les narcos, à leur tour, s'assurent du contenu des sacs puis ouvrent deux mallettes dans lesquelles des liasses de dollars sont soigneusement rangées. Il y a là l'équivalent de trois millions de francs.

À ce moment un hurlement éclate dans leur dos et résonne dans tout le hangar :

– Douanes ! À plat ventre, les mains sur la tête !

Les Anglais n'ont même pas le temps de s'exécuter, une cavalcade succède au cri, des hommes sortis de nulle part accourent vers eux, les soulèvent du sol, les plaquent violemment contre un mur, les bras tirés en arrière. On entend un claquement sec et tout s'arrête, le calme revient : on vient de leur passer les menottes à la volée. C'est terminé, les deux mallettes sont renversées, des liasses de dollars jonchent le sol. Un douanier les ramasse consciencieusement et les remet en place. Le second de la DNRED et ses deux anges gardiens des douanes sont eux aussi menottés afin de ne pas être démasqués. Les Anglais ne doivent pas s'apercevoir qu'ils sont tombés dans un traquenard monté de toutes pièces par les douanes. Tête basse, les trois hommes sont poussés par leurs collègues vers la sortie et entassés à l'arrière d'une voiture qui démarre aussitôt. Quelques minutes plus tard les Anglais sont à leur tour installés dans un véhicule et dirigés vers le siège de la DNRED.

La drogue est également saisie.

Deux jours plus tard, les douanes sont à l'honneur dans tous les journaux. Les titres sont élogieux : « Saisie record de cannabis » ; « Les douaniers roulent sur l'herbe » ; « Coup de filet anti-drogue »...

Lors d'une conférence de presse, les responsables locaux des douanes racontent comment, par un coup de chance inouï, et grâce à leur flair, leurs fonctionnaires sont tombés, lors d'un contrôle de routine, sur un véhicule anglais transportant plus d'une tonne de cannabis. Une tonne deux exactement.

Les journalistes se régalent, relatant avec force détails ce coup de maître des enquêteurs lyonnais. Les vieux renards du fait divers mettent toutefois un bémol. Ils saluent le succès des douanes mais ne croient pas une seconde au coup de chance. Comme d'habitude les enquêteurs ont dû travailler sur renseignements. C'est classique, mais ils ne vont quand même pas donner leurs sources.

Je suis désormais bien loin de toute cette agitation. Bercé par une douce Méditerranée, je reconduis seul mon yacht vers Sottogrande. Encore deux jours de navigation et je serai à quai. Le temps d'une soirée en famille et j'irai chercher ma fille Armelle à l'aéroport de Málaga. Tout va bien, les pieds solidement plantés devant ma barre je respire l'air du large à pleins poumons pour effacer l'énormité de l'aventure que je viens de vivre. Dans quelques jours j'irai à Paris toucher ma prime d'un million de francs et, dans ma situation actuelle, ce n'est pas négligeable. Pour une fois mes employeurs semblent disposés à me payer. C'est rare.

Je profite de la présence d'Armelle pour m'accorder quelques jours de détente en compagnie de Clara et d'Anna. Je fais visiter la région à ma fille et un soir, au retour d'une promenade, je m'arrête au Saint-Georges. Chris Hear est en grande discussion avec mon associé. Je me joins à eux, présente Armelle et invite tout le monde à venir prendre un verre au Yate's, le bar sélect d'Estepona. Chris et Armelle, qui parle parfaitement anglais, s'entendent à merveille. Ils se fixent même rendez-vous pour aller jouer au tennis ensemble le lendemain. C'est inespéré et l'agent NS-55 reprend le pas sur le père de famille comblé. Prétextant un rendez-vous je m'éclipse pour quelques minutes, les laissant à leurs bavardages, et retourne au Saint-Georges.

Mon douanier-stagiaire-à-tout-faire est en train de bricoler je ne sais quoi. Je l'interromps.

– Demain tu remets ta casquette de douanier. Hear joue au tennis avec ma fille. Tu y vas aussi et tu fais une série de photos. Les Anglais veulent être certains que c'est bien lui qu'ils recherchent et qu'il est réellement ici avec nous. Essaye d'être discret. Il n'est pas utile qu'on te voie.

Pardon, Armelle... Si tu savais ! Elle repartira pour Paris sans savoir, heureusement.

J'ignore qu'à quelque deux mille kilomètres de là – on me le racontera plus tard –, dans un bureau encombré du palais de justice de Lyon, un juge d'instruction lit et relit le rapport que lui ont remis les policiers du SRPJ de la ville. Ce sont eux qui ont hérité de l'enquête après la saisie record des douanes et ils n'avalent pas la fable du hasard que certains journalistes ont développée. Ils sont bien placés pour en douter : dans la même situation eux aussi auraient menti effrontément. Le problème, c'est qu'ils soupçonnent fortement les douaniers d'avoir monté le coup, et comme ce n'est pas l'entente cordiale entre les deux administrations les policiers ont fait part de leurs doutes au juge d'instruction qui veut en savoir plus. La courte note qu'ils ont envoyée au magistrat instructeur est éloquente : le hangar où la drogue a été saisie a été loué à la chambre de commerce de Lyon par les douanes...

Furieux, le juge indique alors au commissaire chargé de l'enquête qu'il déteste ces méthodes. Il lui ordonne de continuer ses investigations dans la plus grande discrétion, exigeant qu'on lui expose tout le montage dans un dossier parfaitement bouclé, sans contestation possible.

Malgré les recommandations de silence du juge, quelques rumeurs commencent à courir dans les couloirs du palais de justice de Lyon et remontent jusqu'à la Direction des douanes à Paris. Tout cela est encore flou, mais chacun sent que le temps vire à l'orage.

Bien sûr je suis le seul à ne pas être informé de ce qui se passe. Aussi est-ce avec un large sourire que je débarque un matin dans le bureau du haut responsable des douanes, avec la certitude qu'il va me remettre mon chèque d'un million de francs. C'est pour cela que je suis venu. Je m'étonne juste un peu que Mourot et son homologue lyonnais aient été convoqués en même temps que moi. Le Para compte-t-il nous inviter à dîner ?

Je comprends vite que cette hypothèse est à exclure. Les deux responsables locaux de la DNRED sont extrêmement tendus. Ils ont apporté des dossiers, déposés à côté d'eux, ce qui n'est pas dans leurs habitudes. Leur supérieur est de fort méchante humeur. Plus « para » que jamais, il me salue à peine et attaque immédiatement les deux douaniers sur un ton que je ne lui connaissais pas :

– Qu'est-ce que c'est que cette connerie ?

Le patron de Lyon se jette à l'eau et essaye de justifier l'opération qu'il a montée dans sa ville en expliquant que c'était la seule façon de faire tomber les deux Anglais qui réussissaient à passer entre les mailles du filet depuis des années. Pour donner plus de poids à sa démonstration, il extirpe de ses dossiers une dizaine de fiches répertoriant les activités des deux trafiquants. Le Para lui coupe la parole brutalement :

– Je sais que vous n'avez pas interpellé des petits dealers de Belleville. Je me fous de vos chiffres. C'est l'opération que je condamne. Il fallait m'en parler, j'aurais dit non. En plus le montage est cousu de fil blanc. Je peux vous garantir que le magistrat de Lyon ne va pas nous lâcher. Je vous conseille de préparer votre défense, je ne couvrirai pas cette opération, je vous le dis clairement.

Jusque-là le Para ne m'a même pas regardé, mais me doutant qu'il ne m'a pas fait venir uniquement pour que je sois témoin de cette explication musclée j'attends mon tour avec une certaine inquiétude, bien que je ne sois pour rien dans ce montage osé. Brusquement le Para pivote vers moi :

– Quant à vous, monsieur Fiévet, vous imaginez bien que je ne vais pas vous verser un million de francs...

Je me défends aussitôt :

– C'est ce qui était convenu et j'ai rempli ma mission.

– Sans mon accord, on peut toujours convenir de beaucoup de choses.

– Je ne vais pas vous téléphoner avant chaque contrat pour vérifier que vous êtes bien au courant.

– C'est certain, mais celui-là nous allons le renégocier et c'est à prendre ou à laisser. Je vous propose cinq cent mille francs.

– Ce sont des méthodes de voyous. Et encore, ceux que je vous livre, au moins, respectent leurs contrats.

Je suis écœuré mais je ne peux pas faire grand-chose. Je ne vais pas prendre un avocat, ni aller devant les prud'hommes, et j'ai besoin de cet argent. Je suis piégé. Le Para le sait très bien et sans même attendre de réponse il me tend une enveloppe contenant cinq cent mille francs en grosses coupures ainsi qu'un reçu que je dois signer, stipulant que cet argent est prélevé sur les « fonds réservés » des douanes, alors que je sais très bien qu'il provient de l'argent saisi aux Anglais à Lyon. Le Para ne couvre peut-être pas l'opération, mais au passage il encaisse quand même la mise pour son service et je ne serais pas étonné que les dollars aillent alimenter une caisse noire. Laquelle ?

En attendant la réunion est close et je me retrouve avec cinq cent mille francs en liquide alors que je dois prendre l'avion et passer la douane pour rentrer en Espagne. On risque de me demander des comptes. Mourot me signifie sans ambages qu'il n'a que faire de mon problème. C'est un adjoint du Para qui me vient en aide :

– Je vais prévenir nos collègues à Orly. Pour sortir de France vous n'aurez pas de soucis.

– Et pour entrer en Espagne ?

– Là c'est plus délicat. Il va falloir tapisser.

Eh oui, il n'y a effectivement pas d'autre solution. Mon saint-bernard m'accompagne dans un local où sont stockées les fournitures et sort d'un placard des rouleaux de ruban adhésif. Je me mets torse nu et il me plaque sur le torse et le dos des liasses de billets qu'il enturbanne avec application. Son œuvre terminée, je me contemple dans une glace : j'ai l'impression d'être la momie la plus friquée du monde. J'ai hâte d'arriver à Sottogrande pour me défaire de ces étranges sous-vêtements.

Mon associé m'attend à l'aéroport de Málaga. Il a tenu à venir pour m'annoncer une bonne nouvelle : les travaux du Saint-Georges sont terminés. Les derniers ouvriers lui ont rendu les clés la veille. Mon aimable chauffeur me propose de nous y arrêter puisque nous allons passer devant et s'étonne un peu que je veuille d'abord me rendre à mon bateau. Je ne peux pas lui expliquer que je suis couvert de billets de banque et que je n'ai qu'une envie : m'en débarrasser pour les placer dans mon coffre.

Arrivé sur le *Windarra*, je m'isole dans notre cabine pour me changer pendant que Clara prend un verre avec mon associé. Puis nous allons visiter notre nouveau domaine où nous espérons emménager le plus vite possible. L'appartement sera plus confortable et surtout plus fonctionnel que le bateau. Clara n'aura plus à s'installer à l'hôtel avec notre fille lorsque j'utilise le yacht pour travailler. Cet embourgeoisement s'imposait de toute façon car nous attendons une seconde fille, Maria. La naissance est prévue dans quelques semaines.

Dans l'ensemble, nous sommes plutôt satisfaits des travaux. La salle du restaurant est assez élégante, j'y ai fait monter un large escalier de bois qui nous permet d'accéder directement à notre appartement sans avoir à passer par l'extérieur. Des meubles nous seront livrés dans les prochains jours. Clara est heureuse. La perspective de la décoration l'enchante. Pour fêter dignement l'événement, nous nous offrons un dîner arrosé de champagne au Yate's.

Peu après, Clara profite de cette pause dans notre vie tumultueuse pour mettre Maria au monde.

Commence pour moi une opération d'un nouveau

style : trouver du personnel de restauration. Il est convenu avec Mourot que mon stagiaire restera avec moi tout l'été 1990, officiellement comme barman, pendant que je l'initierai aux secrets des trafics en tous genres. Ce stage lui fera le plus grand bien. Je trouve un chef et un serveur assez facilement, grâce aux contacts de mon associé dans la profession. Ces postes étant pourvus, je fixe la date d'ouverture officielle et organise une fête pour une inauguration que je souhaite élégante. Je lance des cartons d'invitation dans toute la ville et même au-delà, en prenant garde de n'oublier personne pour ne froisser aucune susceptibilité.

Le soir de la pendaison de crémaillère, je pense avoir réussi ma soirée : plus de deux cents personnes se pressent autour des buffets que j'ai fait installer en trois endroits différents. Clara, somptueuse dans un fourreau de satin, m'aide à recevoir nos invités. Parmi eux j'attends un homme incontournable que je connais encore assez peu, le commissaire Roberto Mas, patron de la police d'Estepona. Je lui ai porté personnellement l'invitation et j'ai déjà pu remarquer que cet homme petit, mince, élégant, aux cheveux grisonnants, ne se départait jamais d'un sourire narquois comme s'il promenait en permanence sa désillusion et ses doutes sur l'espèce humaine.

Mas arrive au Saint-Georges à 21 h 30 avec un homme très grand que je ne connais pas alors que lui sait déjà parfaitement qui je suis. Il a même eu mon passeport entre les mains quand Robert Martin lui a demandé des renseignements sur moi, mais ça je ne l'apprendrai que plus tard. Mas me le présente :

– Je me suis permis d'inviter un ami qui est passé me voir à mon bureau ce soir, monsieur Alfredo Migo.

– Vous avez fort bien fait, je suis heureux que monsieur Migo soit des nôtres.

Après ces mondanités d'usage, j'accompagne le commissaire et son ami jusqu'au buffet où je leur fais servir deux coupes de champagne, puis je les laisse discuter avec d'autres invités dont une fort jolie femme qui semble captiver le policier, ce dont je suis ravi.

La soirée se déroule parfaitement bien et de temps à autre Clara me serre discrètement le bras pour me témoigner qu'elle apprécie pleinement le moment.

Vers 22 h 30, le commissaire Roberto Mas et Alfredo Migo me saluent et quittent l'établissement. J'ignore ce qui les unit mais ils paraissent vraiment très amis.

Le lendemain matin, le commissaire Mas se présente au Saint-Georges alors que mon serveur dresse les tables pour l'ouverture du restaurant. Il arbore toujours le même sourire figé pour m'annoncer, contrit, que ma soirée était absolument superbe, mais que malheureusement l'un de ses hommes vient de lui faire remarquer ce matin qu'il manquait beaucoup de pièces administratives dans mon dossier d'ouverture. Le commissaire m'assure qu'il a essayé de minimiser, mais vraiment trop d'actes ne sont pas en règle, et il ne peut me laisser ouvrir aujourd'hui. Il faut régulariser. Je ne dois cependant pas m'inquiéter, il va tout faire pour accélérer les procédures. Il m'invite même à passer le voir régulièrement au commissariat pour qu'il me tienne au courant. Il espère aussi qu'il ne me met pas trop dans l'embarras financièrement.

Le Saint-Georges a failli ouvrir. On m'a volé ma couverture, et je ne comprends pas pourquoi. Mais j'ai la conviction que cette décision n'est pas qu'administrative.

– VII –

SUEURS FROIDES À TANGER

En ce début septembre, le parking du Saint-Georges n'accueille que les voitures des derniers vacanciers se rendant à la plage. La salle du restaurant, elle, reste vide, désespérément vide. Les rideaux sont toujours tirés et je viens de perdre les bénéfices de toute une saison touristique sur la Costa del Sol. Le commissaire Roberto Mas a beau m'assurer de toute sa sympathie à chaque fois que je lui rends visite, il n'a toujours pas autorisé la réouverture de l'établissement. En revanche, il ne manque jamais de se lamenter sur le grave préjudice financier que cela me coûte et prend le ciel à témoin de sa grande impuissance face à une administration plus tatillonne que jamais face à des capitaux étrangers. Et à chaque fois, avec une compassion qui me touche, il s'inquiète de la façon dont je réussis, malgré tout, à faire vivre ma petite famille et me félicite pour mon courage et la sagesse avec laquelle je gère cette situation.

Cet homme fourbe me révulse mais je ne peux le contourner et mes deux alliés locaux, Tintin le consul de France à Gibraltar, et Serdos, le patron des douanes espagnoles à Algésiras, ne peuvent rien pour moi. Mas ne sévit ni sur leur territoire, ni dans le cercle de leurs relations. Si au moins je savais ce que Mas attend de moi exactement, ce serait plus simple, mais j'ai l'impression qu'il me place sous surveillance, comme s'il voulait uniquement que je reste à portée de griffes. Dans quel but ? Faute de trouver une réponse, je poursuis mes activités d'infiltration en multipliant les précautions.

La traque de Chris Hear m'occupe maintenant quasiment à temps plein. Pour assurer le quotidien, j'effectue quelques navettes de routine entre le Maroc et Gibraltar, mais sans jamais perdre de vue mon objectif principal : Hear. Bien que cela leur coûte, les douaniers anglais ont dû admettre que j'avais localisé leur homme et, depuis, ils ne cessent de relancer Mourot. Ils nous ont appris que Hear s'était évadé de prison en Angleterre, mais ils ne veulent pas lancer de mandat d'arrêt international contre lui, persuadés qu'il va les conduire à quelqu'un de plus important. Un personnage qui semble les intéresser au plus haut point mais dont ils ne veulent pas nous révéler l'identité.

Ils laissent Hear en cavale pour remonter une filière, c'est évident, et pour l'instant c'est moi qui dévide le fil sans savoir ce qu'il y a au bout.

Confortablement installé dans un fauteuil, j'en suis là de mes réflexions lorsque le téléphone de l'appartement sonne. Mourot a sa voix des très mauvais jours :

– Le juge de Lyon a bouclé son dossier. Il sait que nous avons monté le coup. Pour l'instant tu n'apparais pas, les flics ne t'ont pas identifié, ils ne cherchent pas trop dans cette direction, mais fais attention si tu as de la visite. On ne sait jamais.

En France, l'affaire provoque un joli scandale. Le juge

est furieux. Pour ne pas risquer l'annulation de la procédure, il a décidé de saisir la chambre d'accusation, la justice devra dire si les douaniers, qui ne sont pas des officiers de police judiciaire, ont outrepassé les limites admises dans la lutte contre le trafic de stupéfiants en poussant trop loin la provocation.

Face à ce déchaînement, chacun ouvre le parapluie. Très embarrassé, le parquet lyonnais reconnaît mollement avoir été vaguement averti de cette opération par les douanes locales le 23 mai, mais certifie qu'en aucun cas elle ne lui avait été présentée de cette façon. Il ignorait notamment que les douaniers convoieraient la drogue à travers toute la France et la livreraient eux-mêmes aux trafiquants. Les magistrats supposaient que les enquêteurs allaient seulement filer et contrôler les trafiquants tout au long du voyage.

De son côté le haut responsable de la DNRED se défend comme il peut et, même s'il avait juré qu'il ne couvrirait pas cette histoire, est bien obligé d'assumer. Il se trouve piégé. Que la direction des douanes n'ait pas été alertée d'une telle opération ne ferait pas très sérieux non plus. Alors le Para justifie l'action de ses hommes en rappelant haut et fort que les trafiquants arrêtés sont des gros bonnets, ce qui ne suffit pas à calmer le magistrat instructeur.

Charles Petra me le confirme au téléphone : pour l'instant la justice sait que les douaniers ont convoyé la drogue à travers la France, elle ignore qu'en fait ils ont pris livraison de la marchandise dès le Maroc par mon intermédiaire. Ou elle préfère ne pas le savoir. L'action d'agents infiltrés est juste évoquée, sans plus de précision.

Mais si la justice ne sait pas que je suis allé à Port-la-

Nouvelle, d'autres le savent. À force de jouer avec le feu, je vais finir par me brûler.

Un matin Robert Martin, mon voisin narco, vient me voir alors que je prépare le *Windarra* pour une sortie. Il tient *Le Monde* à la main. Bon Dieu, mais où et pourquoi est-il allé acheter ce journal ? Il me montre l'article sur Lyon :

– Dis donc, c'est pas toi qui avais déchargé ça à Port-la-Nouvelle ?

Je ne cherche surtout pas à nier.

– Ne me parle pas de ça... Si, bien sûr que c'est moi. Tu réalises, j'ai livré une tonne deux cents de cannabis à des douaniers ! Heureusement qu'ils voulaient remonter jusqu'aux commanditaires, ça m'a laissé le temps de filer. Si j'avais traîné dans le port j'étais bon le lendemain, c'est sûr. J'avais aussi pensé à hisser un pavillon français et à changer le nom du bateau. Là-bas, le *Windarra* s'était transformé en *Tancrède*, pour qu'on ne remonte pas jusqu'à moi en cas de pépin. Tu me diras, c'est classique, mais heureusement que je l'ai fait...

Robert hoche la tête :

– T'as eu du pot.

Je ne suis pas persuadé de l'avoir entièrement convaincu.

Le soir, avant le dîner, je classe quelques papiers lorsqu'un inconnu actionne le marteau qui orne la lourde porte de bois du restaurant. Les coups secs résonnent jusqu'à l'étage. Je descends ouvrir. L'homme est de type marocain, il me sourit timidement et demande dans un français teinté d'un léger accent :

– Monsieur Fiévet ? Des amis de Tanger m'envoient

vous voir. J'aimerais vous parler quelques instants, je peux entrer ?

Le messager ne perd pas de temps. Il va droit au but : je suis convoqué à Tanger. Ses amis, dont il tait le nom, aimeraient, eux aussi, me demander quelques précisions sur mon voyage à Port-la-Nouvelle.

Dans ma tête tout va très vite. Je ne réfléchis même pas.

– Mais bien sûr, c'est normal, l'opération a coûté cher, je comprends qu'ils veuillent éclaircir tout cela, j'irai.

Le Marocain m'indique quel bateau prendre le lendemain, et me précise que quelqu'un m'attendra au débarcadère. Je n'ai pas à m'inquiéter, la personne me reconnaîtra.

J'explique à Clara que je pars au Maroc pour régler un différend, mais je ne veux pas l'affoler et je me garde bien de dramatiser alors que je sais que ce voyage peut être sans retour. Je tente un véritable coup de poker. Si je m'enfuis, si je refuse la confrontation, je reconnais implicitement la faute et je me condamne. Un jour ou l'autre un tueur à gages me retrouvera et lui ne me demandera pas d'explications. En revanche, si je me rends à la convocation, on peut penser que je n'ai rien à me reprocher. Mais les questions ne vont pas manquer et je vais devoir jouer serré. Donc ou je me condamne à une traque dont je connais déjà l'issue, ou je me donne une chance de sauver ma peau si je suis habile. Je choisis la seconde solution et jette quelques affaires dans un sac en vue du voyage.

Lorsque je descends la passerelle du ferry qui vient de m'emmener à Tanger, j'ai nettement l'impression qu'un homme me suit. Je ne me trompe pas. Sitôt sur le quai, il me dépasse et me désigne d'un signe bref à un inconnu qui se dirige aussitôt vers moi :

– Fiévet ? On va par là.

Sans un mot, je suis invité à monter à l'arrière d'une Mercedes où deux hommes sont déjà installés. Le véhicule démarre et, dans un silence pesant, nous longeons la côte pendant quarante minutes qui me paraissent interminables, puis la voiture pénètre dans le parc d'une superbe villa dominant la mer face à l'île Persil.

Trois hommes en costume blanc m'attendent devant une table dressée pour le déjeuner. Des gardes du corps les entourent. L'un d'eux se détache du groupe et me fouille. Il confisque mon passeport et le tend à l'un des hommes en blanc qui le feuillette lentement, sans un mot, puis le glisse dans sa poche.

Je suis invité à passer à table et mes hôtes se présentent brièvement. Ils se disent producteurs de cannabis, ce dont je ne doute pas un instant. Pendant tout le repas servi par un Marocain transparent, ils me questionnent aimablement sur mon passé, mes activités, puis brusquement, au café, le ton change, devient agressif, heurté. Cette fois je suis soumis à un véritable interrogatoire sur l'opération de Lyon : qui étaient mes équipiers, mon trajet exact ? Pourquoi n'ai-je pas été inquiété ?

J'avais essayé de prévoir toutes ces questions et je m'efforce d'y répondre le plus précisément possible en m'en tenant à la version proposée à Robert Martin : j'ai eu une chance inouïe, je ne savais pas que je livrais à des douaniers et ils ne m'ont pas arrêté parce qu'ils voulaient aller plus haut.

Mais les trois truands ne sont pas Martin. Ces explications ne leur suffisent pas. Ils exigent des détails, encore plus de détails... Je me souviens brusquement qu'en arrivant au port j'avais ôté mon pavillon anglais pour le remplacer par un français. Je leur pose la question à mon tour : pourquoi l'aurais-je fait si je m'étais su en sécurité ?

Les heures passent, j'ai chaud, la pression ne tombe pas, je voudrais marcher, bouger. Pour la troisième fois depuis le début de l'interrogatoire les narcos quittent la pièce, me laissant sous la surveillance de deux gorilles. Ils reviennent au bout de vingt minutes et me tendent mon passeport :

– Pourquoi tous ces visas : Irak, Jordanie, Turquie ? Qu'est-ce que tu faisais exactement : drogue, armes, barbouze ?

J'explique à nouveau les transports par camion en m'appliquant à être le plus précis possible et un homme que je prenais jusque-là pour un garde du corps prend brusquement la parole :

– Il faudrait être fou pour accepter de venir ici après avoir balancé. Si Fiévet nous avait trahis je pense qu'il aurait pris le premier avion pour la France avec sa famille lorsque nous l'avons convoqué.

Mes trois juges ont écouté avec attention l'intervention de cet homme qui représente l'un de leurs associés. Ils se concertent du regard puis l'un d'eux répond à mon défenseur :

– Tu as peut-être raison, Alphonse. Raccompagne-le au ferry.

Puis, se tournant vers moi et d'un ton menaçant :

– Mais attention, on va te surveiller de près.

Je me sens nettement mieux dans la voiture qui me ramène vers le port et, tout en restant vigilant, je me détends en discutant avec mon sauveur. Il me demande quels sont mes contacts à Gibraltar, en Espagne, je lui donne quelques noms dont celui de Robert Martin et aussitôt Alphonse me met en garde :

– C'est un ancien du GAL, celui-là ; il doit avoir conservé des contacts avec la police.

En quelques semaines, c'est la deuxième fois que le GAL apparaît dans mes affaires et qu'il les contrarie. Je vais devoir en tenir compte, mais dans l'immédiat je vais monter à Paris raconter mon aventure à « mon » ministre. Il faut qu'il comprenne la réalité du danger.

Celui-ci m'a immédiatement fixé un rendez-vous auquel il a également convié Gervaud, son directeur, et Mourot. Lorsque j'entre dans son bureau, il a l'air franchement ennuyé par ce qui vient de m'arriver et me félicite de la façon dont je m'en suis sorti en me confirmant son intention de déposer un projet de loi pour clarifier la situation des agents infiltrés. Puis il aborde le sujet qui lui tient toujours à cœur : les circuits bancaires de l'argent sale, et là, la conversation s'anime. On discute, suppute, cherche une solution, on en reparlera...

J'en entendrai en effet reparler : la meilleure façon de savoir comment l'argent de la drogue circule dans les banques, c'est de l'attirer dans une banque à eux. « Ils » vont donc créer une banque dans un des pays un peu troubles des Balkans, la Croatie, par exemple, et c'est moi qui devrai monter ce projet. Pourquoi moi, et avec quels fonds ? On n'ouvre pas un établissement bancaire comme ça, il faut d'énormes garanties financières dont je ne dispose pas.

Eh bien il y a une solution ! Je devrai aller souffler cette excellente idée à mes amis trafiquants et les associer au projet, puisqu'ils ne savent plus que faire de leur argent. Ce sont eux qui financeront leur propre perte.

Et voilà comment je me laisserai entraîner dans une galère supplémentaire. Ce n'est plus de l'infiltration, c'est du détournement de bas-fonds. Je ne serai plus une taupe, je serai un lamparo.

Pour l'heure, il n'en est pas encore question et je profite de la rencontre pour faire remarquer qu'on me paie avec un lance-pierres. Gervaud bondit :

– Comment ? Je vous ai déjà versé un million sept cent vingt-deux mille francs !

Je m'apprête à protester ; je n'ai jamais vu cet argent, mais Mourot me fusille du regard et me décoche un formidable coup de pied. Je ne comprends pas, mais je m'abstiens de tout commentaire.

Plus tard, alors qu'il me raccompagne vers Orly, Mourot m'explique :

– Ce n'était ni le moment ni le lieu de contester. Ne t'inquiète pas, tu seras payé, mais Gervaud n'a pas à se mêler de notre gestion, il faut le laisser avec ses certitudes.

– Peut-être, mais en attendant il est persuadé de m'avoir versé un million sept cent vingt-deux mille francs. Il ne l'a pas inventé, il a bien fallu que quelqu'un lui dise que cet argent qu'il a sorti de sa caisse m'était destiné. C'est faux. Alors pourquoi ?

– Tu sais très bien que nous avons souvent à gérer des

situations délicates et inattendues. Des administratifs ne comprendraient pas, alors nous nous arrangeons...

– Oui, sur mon dos. Ça ne me plaît pas du tout.

Tout cela me paraît extrêmement trouble mais je ne suis pas au bout de mes surprises. J'avais signalé à Mourot que mon associé souhaitait finalement se retirer du Saint-Georges à la première occasion et que cette décision me mettrait à nouveau dans une situation délicate. Mon agent traitant me rassure : il a trouvé une solution.

– Les douanes vont racheter la part de ton associé. Le contrat de vente sera établi à mon nom et à celui d'un autre douanier qui va descendre te rejoindre. Actuellement il est en formation, il doit s'habituer à sa nouvelle identité : nous l'avons baptisé Marcel Lenain. Officiellement, il viendra te seconder dans ton restaurant.

Philippe s'apprête à m'en dire plus, mais je l'arrête. J'ai reçu suffisamment d'informations pour aujourd'hui ; entre ma promotion en Croatie à la tête d'une banque et mon association avec les douanes dans la restauration, c'en est assez. J'ai besoin de respirer et je préfère que l'on évoque un peu le tout-venant. Pour l'instant, mon objectif sur le terrain est Chris Hear et, dans le contexte actuel, cet homme me paraît presque sympathique et sain. J'ai réussi à le mettre sur une affaire. Il a besoin de moi pour livrer six cents kilos de cannabis marocain à ses partenaires anglais. J'annonce la bonne nouvelle à Mourot. Luc Straete, qui est revenu à Sottogrande, ne semble pas me soupçonner malgré le fiasco de notre dernière livraison. J'ai donc loué son voilier, l'*Azur*, afin d'effectuer un transport vers l'Angleterre pour le compte de Hear. Tout est prêt, il ne reste plus qu'à savoir comment les douaniers britanniques comptent opérer. Nous convenons que Philippe me donnera leur réponse le lendemain.

La réponse est simple : trois fonctionnaires anglais vont venir skipper le bateau. Je devrai les présenter à Hear comme des marins amis sûrs. Je ne participerai pas au voyage, ce qui m'arrange.

Une réunion est organisée à Londres pour peaufiner ce plan. À cette occasion, le contrôleur qui était venu à Paris me présente l'équipage que je serai chargé de réceptionner. Nous établissons un planning extrêmement précis. L'opération prendra cinq bonnes semaines et j'exige que l'*Azur* soit ramené dans un port du Portugal, à Faro. J'interdis qu'il soit saisi parce que, cette fois, d'énormes soupçons pèseraient sur moi. Je prends assez de risques comme ça et je me souviens que quelqu'un m'a déjà fait remarquer sur le port de Gibraltar, en souriant certes, mais tout de même : « Tu traînes la merde derrière toi... » Un constat dans lequel j'ai décelé un avertissement.

L'accord est conclu et le contrôleur nous convie à prendre un verre pour sceller notre coopération. Finalement cet homme sait vivre...

Sauf que, lorsque je retourne au vestiaire pendant le pot, je surprends un homme fouillant dans ma serviette. Il se confond en excuses m'assurant qu'il a fait une confusion... Je comprends mieux pourquoi, à Nantes, on appelle nos collègues anglais « les perfides ». Ce terme générique global me semble tout à fait approprié à la situation.

Quelques jours plus tard, l'opération est lancée et l'*Azur* arrive à Southampton sans encombre. La drogue est déchargée et saisie, mais les Anglais laissent toujours Hear vivre librement et tranquillement en Espagne. Mourot me répète que « les perfides » le cernent et vont le harceler pour attirer ce mystérieux gros poisson dans leurs filets.

Très bien, alors attendons.

Ma mission accomplie je peux m'occuper un peu plus sérieusement du Saint-Georges, et Mourot me confirme chaque jour qu'il sera bien mon associé. Effectivement, un matin du mois de décembre 1990, il arrive à Estepona pour signer le contrat. En revanche, le troisième associé, Marcel Lenain, n'est toujours pas là.

– Il n'est pas prêt, m'assure Philippe, mais j'ai une procuration.

Nous pouvons régler l'affaire.

Les douanes me surprennent tous les jours. Leurs responsables ne cessent de me répéter qu'ils n'ont pas d'argent, qu'ils ne peuvent pas m'aider, et voilà que brusquement mon agent traitant arrive avec deux cent cinquante mille francs en liquide pour acheter un commerce qui peut, certes, être utile, mais qui n'est pas vital. L'acte de vente est établi au nom de deux fonctionnaires et l'Administration des douanes n'apparaît évidemment pas. Je me demande comment le ministère des Finances s'y retrouve.

Philippe Mourot ne m'éclaire pas sur ce sujet, mais il me confirme l'arrivée prochaine de mon nouvel associé, Marcel Lenain, et me demande de lui trouver un appartement. Je veux en savoir un peu plus sur ses fonctions exactes.

– Ton secteur est très actif, il est lourd à gérer, il te fallait du renfort. Et puis avec Lenain tu auras toujours un agent officiel à tes côtés, ce sera plus facile pour prendre des décisions.

– Mais il sort d'où, ce type ? Il est en poste à Paris ?

– Oui, mais il bouge beaucoup. Il est souvent en mission.

Je pousse Mourot dans ses retranchements. Il finit par concéder :

– De temps en temps il travaille également, je crois, pour la DGSE.

Je préfère tout de même savoir que mon collègue est aussi un espion à ses heures perdues. Entre les trafiquants, les hommes de main, les policiers douteux et maintenant les espions, mon environnement devient de plus en plus sympathique.

Bien que nouveau propriétaire en titre, Mourot n'assistera pas plus que Lenain à la réouverture officielle du Saint-Georges, le 16 janvier 1991. Cette fois le commissaire Mas ne peut s'y opposer. Un avocat de Málaga a soigneusement monté le dossier : il ne manque pas une pièce administrative, pas un interrupteur, pas un extincteur. J'ai engagé une cuisinière, une hôtesse d'accueil, un serveur, et j'ai décidé de n'ouvrir que le soir. Afin que ma « couverture » soit plausible, je travaillerai moi aussi en salle, ainsi que Clara. Nous devons jouer aux parfaits restaurateurs.

Cette image rassurante d'organisation paisible me laisse tout le loisir de m'occuper de mes autres activités et, en ce mois d'hiver, c'est Robert Martin qui vient me relancer pour que je pilote à nouveau sa vedette rapide, le *Scorpio*, enregistrée, comme je le lui avais promis, sur une deuxième société off shore que j'ai créée pour l'occasion.

Je ne tenais pas à ce que le douteux *Scorpio* voisine avec le *Windarra.*

Propulsée par deux moteurs Mercury de 350 CV chacun, cette « cigarette » de onze mètres est un monstre terriblement dangereux à manier. Lancée à plein régime, elle surfe au-dessus des vagues à quelque 120 km/h. Mieux vaut placer un tel engin entre des mains expérimentées, et Martin le sait parfaitement. Alors, même s'il se méfie un peu de moi, il ne peut se passer de mes services.

Dans un premier temps j'effectue pour lui deux tentatives de passages Maroc-Espagne qui se traduisent par des échecs, mais les avances payées au départ assurent le salaire de mes employés et payent les charges du restaurant. Puis Martin me propose un contrat beaucoup plus important. Il s'agit de charger une tonne de cannabis à Melilla puis de la livrer à Fuengirola, un charmant petit port situé entre Marbella et Málaga. Ce n'est plus de l'artisanat, on donne là dans le commerce de gros et j'en avise aussitôt Mourot qui répercute sur Serdos. Nous décidons de monter une opération commune d'interception.

Scénario assez classique, au retour du Maroc je mènerai le *Scorpio* en cale sèche pour de prétendus travaux, je le ferai gruter, puis je m'éclipserai pour laisser une équipe décharger la marchandise. C'est à ce stade de l'opération que les douanes interviendront.

Tout semble parfaitement en ordre mais, le jour du départ, un premier incident vient bouleverser les plans : malade, je me retrouve cloué au lit, incapable de prendre la mer. Je fournis donc un remplaçant au pied levé, un jeune garçon que je sais compétent. Je préviens immédiatement Mourot et Serdos de ce changement de programme en spécifiant bien qu'il ne modifie en rien l'opération que l'on ne peut pas différer.

En fin d'après-midi, quatre douaniers sont en planque à l'intérieur d'un « sous-marin », une camionnette radio banalisée aux vitres sans tain, sur le port de Fuengirola. Ils vont aller de surprise en surprise. Mon ami Serdos me racontera la suite des événements avec force détails.

Lorsque arrive le *Scorpio*, le chef de l'équipe prévient Serdos et place ses hommes à leurs postes d'observation. Un des douaniers règle alors un téléobjectif et le dirige vers le *Scorpio*. Un autre tire un tabouret et s'installe à l'arrière du véhicule, derrière la vitre sans tain, pour surveiller les allées et venues dans le port, note tous les numéros des voitures qui s'approchent de la cale sèche et les transmet à un opérateur radio qui vérifie l'identité du propriétaire auprès d'un central puis l'inscrit sur un registre quadrillé. Le climat est assez détendu. Les quatre hommes savent qu'ils ont du temps devant eux avant que le déchargement ne s'effectue. Lorsqu'il débutera, ils alerteront des collègues qui attendent à l'extérieur du port. Ce sont eux qui mèneront l'intervention. En attendant, les hommes en planque dans la camionnette s'ennuient.

L'homme de la vigie égrène un nouveau numéro, celui d'une camionnette. Quelques secondes plus tard l'opérateur radio se retourne en riant :

– Arrête tes conneries, c'est une fourgonnette de la Guardia Civil !

Stupéfait, l'homme de guet réajuste ses jumelles :

– Je ne déconne pas, qu'est-ce qu'ils foutent là ? Je suis sûr qu'il y a du monde là-dedans, ils sont en planque comme nous.

Les douaniers alertent Serdos qui m'appelle. Je ne vois

vraiment pas qui aurait pu renseigner la police locale. Mon remplaçant n'en aurait pas eu le temps. Je ne comprends pas.

Dans la camionnette des douanes on ne comprend pas non plus, mais on ne s'ennuie plus, m'assure Serdos. Depuis dix minutes le chef de bord ne se rend même plus compte qu'il répète à intervalles réguliers :

– Mais qu'est-ce que c'est que ce cirque, qu'est-ce que c'est que ce cirque ?

Cette fois, me confiera Serdos, les quatre hommes étaient extrêmement tendus, car tout pouvait arriver et ils ne comprenaient plus rien.

Serdos poursuit :

– Soudain, un petit fourgon Toyota bleu apparaît sur le port. Il roule doucement et vient se placer au plus près du *Scorpio*. Quatre hommes en descendent et s'engouffrent immédiatement à bord de la vedette.

Le chef des douaniers en observation est en liaison permanente avec moi. Il m'indique alors :

– Ils viennent de monter à bord.

– Que fait la Guardia ?

– Pour l'instant elle ne bouge pas.

– Bon, j'envoie les équipes d'intervention. Vous, vous restez en place et vous photographiez les flics s'ils se montrent.

Trois minutes plus tard, huit douaniers investissent le *Scorpio*. Ses occupants sont priés de se regrouper dans la cabine sous bonne garde. Une fouille méthodique du bateau commence lorsqu'un officier de la Guardia Civil essoufflé déboule dans le carré et lance à un douanier :

– Qui êtes-vous ?

L'homme exhibe sa carte.

– Douanes. SVA. Que se passe-t-il, et vous que faites-vous ici ?

Quatre autres policiers en uniforme ont rejoint leur chef qui explique :

– Opération anti-drogue, nous savons qu'il y a du cannabis sur ce bateau.

– Nous aussi, une tonne.

Le policier paraît surpris mais ne relève pas. Il enchaîne en souriant :

– Vous étiez là les premiers, je vous laisse travailler.

Remontant sur le pont, il rassemble son groupe et se dirige rapidement vers son véhicule en parlant à voix basse à l'un de ses hommes qui part en courant vers une cabine téléphonique et s'y enferme. Les douaniers remarquent son manège mais ne savent pas qui il appelle. De leur côté, ils reprennent tranquillement leur travail et ne tardent pas à découvrir les premières savonnettes de cannabis qu'ils entassent sur le pont. Dans la cabine, les trafiquants sont priés de tendre leurs poignets afin qu'on leur passe les menottes. D'autres agents des douanes arrivent en renfort et entreprennent de démonter le *Scorpio* vis après clou.

Après quatre heures de recherches méthodiques, cinq cents kilos de cannabis ont été découverts. La tonne que j'avais annoncée n'est pas au rendez-vous alors que le bateau est totalement désossé lorsque les douaniers y apposent les scellés. La prise est bonne mais les enquêteurs sont un peu déçus et, pour savoir si une partie de la marchandise n'a pas été déposée en route, ils arrêtent le pilote, parti se reposer sur son voilier dans le port d'Estepona. Celui-ci nie toute participation à l'opération.

Il est emmené vers Algésiras pour un interrogatoire plus poussé.

Robert Martin reçoit lui aussi la visite de deux douaniers auxquels il affirme qu'il a loué sa vedette et qu'il n'est absolument pas concerné par ce transport. En apprenant la saisie de son bateau il blêmit, accuse le coup et me téléphone pour savoir si j'ai plus d'informations. Je l'assure que je ne suis même pas au courant de cette intervention mais, de mon côté, j'ai aussi besoin d'éclaircissements sur la présence de la Guardia Civil et je me rends à Algésiras pour en parler avec Serdos.

Pour le patron des douanes, il n'y a pas l'ombre d'un doute : si les policiers surveillaient le bateau, c'était pour le protéger et s'assurer qu'aucun intrus ne montait à bord avant l'arrivée des « déménageurs ».

Qui a pu leur demander ce service, et surtout, l'obtenir ? J'avance un nom, le plus évident : Martin, le propriétaire du bateau. Serdos le réfute.

– C'est un petit trafiquant, il n'est pas assez influent. En revanche, à la grande époque du GAL il avait été recruté comme porte-flingue par Alfredo Migo, le patron local de l'organisation. Je pense qu'il trafique toujours sous son contrôle et Migo, lui, peut obtenir ce qu'il veut de certains policiers amis. Tu connais Migo ?

En une fraction de seconde, les pièces du puzzle se mettent en place. Sans même répondre à la question, j'interroge Serdos.

– Quels amis policiers ?

– Celui qui t'a tracassé lors de l'ouverture de ton restaurant par exemple, Roberto Mas, il ne le quitte pas...

Brusquement tout devient clair. Je comprends que Martin a sûrement parlé de moi à Migo depuis notre première rencontre, que celui-ci savait donc parfaitement qui j'étais lorsqu'il est venu à l'inauguration du Saint-Georges et qu'il n'avait certainement pas manqué d'en faire part à son ami le commissaire en le priant au passage de me tenir en laisse pour contenir mes éventuelles ambitions.

J'en suis là de mes réflexions lorsqu'une évidence apparaît : après la saisie du *Scorpio*, Martin, et surtout Migo, vont bien se douter qu'ils ont été « donnés ». Je vais arriver en première ligne sur la liste des suspects. Après mon histoire de Tanger, qui n'a pas échappé à Martin, ma réputation va devenir sulfureuse.

Mes craintes sont rapidement confirmées. Un informateur téléphone à Serdos pour lui dire que Migo demande déjà à tous ses proches qui savait que le *Scorpio*, à l'origine, devait transporter une tonne de cannabis, comme les douaniers l'ont dit aux policiers, et non cinq cents kilos. Inutile de se demander à qui téléphonait le policier de la patrouille depuis la cabine publique du port... À Migo !

J'enregistre ces explications avec les plus grandes craintes car je réalise que je viens de m'attaquer à une puissante organisation et qu'elle ne va pas se laisser faire sans réagir. Je n'ai plus en face de moi des dealers plus ou moins isolés, mais un réseau de narcos parfaitement structuré, organisé et puissant.

Je vais devoir redoubler de prudence, et dans l'immédiat je pense que des vacances seraient les bienvenues. J'avais justement prévu d'emmener Clara voir sa famille en Martinique... J'exige que l'on me donne immédiatement ma prime sur cette affaire pour payer le voyage.

J'en avertis Mourot et, pour une fois, il me donne raison. Prendre un peu de champ ne me fera pas de mal. Il demande à Lenain de me remplacer à la tête du restaurant, et il fait le nécessaire pour ma prime. L'attaché des douanes de l'ambassade de France à Madrid me remet quelques jours plus tard cent mille francs dans les sous-sols de l'hôtel Convention avant de disparaître le plus vite possible dans les méandres bétonnés du parking.

Je ne rêve plus que du soleil des Antilles.

– VIII –

UN CARGO POUR L'ENFER

Les moteurs de notre Boeing 747 changent de régime, nous commençons notre descente vers Nantes. Clara somnole à côté de moi et j'attache sa ceinture de sécurité en prenant soin de ne pas la réveiller : je veux qu'elle profite de ses vacances jusqu'au dernier moment. Nous avons passé trois semaines de rêve dans sa famille, à la Martinique ; nous avions vraiment besoin, elle comme moi, de cette plage de détente.

Après cette plongée dans la douceur de vivre, Mourot me ramène sans palier de décompression à la réalité de mon quotidien. Alors que notre avion tressaute en perçant une épaisse couche de nuages bas et gris, je songe à la complexité de ma mission, à cette vie totalement décousue qu'elle m'impose. Cette arrivée sur Nantes en est encore une preuve. Les douanes ont eu la délicatesse de m'offrir mon billet vers les Antilles, mais au départ de Nantes, bien sûr, et je me doute que ce cadeau sera retenu sur mes primes. Je suis monté en voiture avec Anna, Maria et Clara d'Estepona jusqu'à l'embouchure de la Loire, laissant ma voiture sur le parking de la DNRED. Loin de juger ce périple inutile, Philippe n'y a vu que des avantages.

– Cela nous permettra de faire le point sur nos objectifs à ton retour.

Dans ces conditions, j'ai décidé moi aussi de profiter de cette opportunité pour inviter en Espagne une de mes autres filles, Bruna, qui descendra en voiture avec nous. Elle nous attend dans un petit hôtel de Nantes où nous allons la rejoindre dès notre arrivée.

Nos bagages récupérés, nous quittons l'aéroport lorsque des fonctionnaires de la PAF, la Police de l'air et des frontières, viennent vers moi pour un contrôle d'identité de routine, disent-ils, mais sur ce point je ne connaîtrai jamais la vérité. En tout cas je suis le seul passager concerné par ce contrôle inopiné. Ils vérifient mon passeport attentivement puis me prient de les suivre jusqu'à leur bureau. Après quelques minutes d'attente, un officier arrive.

– Monsieur Fiévet, il y a un avis de recherche lancé contre vous pour escroquerie bancaire. Je dois vous garder et alerter la justice.

Cette vieille histoire me rattrape aujourd'hui alors que depuis des mois je ne cesse de franchir des frontières sans le moindre problème. Je ne comprends pas très bien, mais l'heure n'est pas aux explications. Avant tout, je demande à joindre Mourot. Le policier m'y autorise et, une heure plus tard, mon officier traitant débarque à l'aéroport en compagnie d'un substitut, spécialisé dans les affaires de drogue.

Le magistrat est absolument étourdissant. Par un habile jeu de passe-passe juridique, il réussit à dénicher un vice de procédure, une erreur dans la rédaction de mon passeport qui pourrait laisser croire à une homonymie. En fait, ce document a été établi par les douanes et une secrétaire a situé mon lieu de naissance à Dakar et non à Cambrai. Le substitut s'engouffre dans cette négligence en affirmant avec une inébranlable mauvaise foi, qui fait mon admiration, que je ne suis donc pas le Fiévet recherché. Les policiers n'en croient pas un mot, mais ils s'inclinent et nous sortons. En nous quittant mon sauveur me glisse, amusé :

– Monsieur Fiévet, vous ne devez pas avoir que des amis à Nantes.

Philippe Mourot ne relève pas, mais cet incident m'exaspère et je vide mon sac.

– J'en ai assez de vos méthodes. Le proc a raison, c'est certainement quelqu'un de chez nous qui m'a balancé, comment veux-tu que je travaille dans ces conditions ? Je vais en parler au ministre. De toute façon j'avais prévu d'aller le voir, je veux qu'il sache que je n'ai pas touché l'argent que vous prétendez m'avoir versé. J'en ai assez de vos magouilles, je ne sais pas où passent les fonds, mais en tout cas certainement pas sur mon compte en banque et je tiens à le préciser.

J'ai dû lever un lièvre de taille car Mourot devient blême et me menace.

– Je t'interdis d'aller voir le ministre. Je te préviens que si tu le fais je n'assure plus ta sécurité, et ce qui vient de t'arriver avec la PAF n'est rien à côté de ce qui pourrait te tomber dessus si je me retire.

Les menaces sont suffisamment précises pour que je les prenne au sérieux. Je renonce à ma démarche.

Mes valises à peine déposées à l'hôtel, le téléphone de ma chambre sonne. Cette fois c'est Lenain qui m'appelle, pour me demander un service : comme il sait que ma fille Bruna nous accompagne, il souhaiterait qu'elle descende la Rover de sa compagne jusqu'à Estepona. Je ne comprends pas bien pourquoi, dans la mesure où la compagne en question reste en France, mais je transmets la proposition à Bruna qui l'accepte.

Le lendemain matin, après une réunion de travail assez sèche avec mes chefs de la DNRED, nous prenons la route en convoi et je ne suis pas mécontent de m'éloigner de ce cloaque.

En deux jours nous atteignons la Costa del Sol. Marcel Lenain nous attend au Saint-Georges. Nous n'avons pas eu le temps de faire ample connaissance avant mon départ pour les Antilles, mais d'instinct ce petit homme moustachu au crâne dégarni et au ventre rebondi que je dois présenter à Estepona comme mon cousin me déplaît profondément ; il est visqueux, chaloupe entre les tables comme entre les mots, et je sens chez lui une jouissance sadique mêlée de provocation lorsqu'il m'annonce :

– Il va falloir que tu m'assumes, ce n'est pas mon salaire des douanes qui va me faire vivre ici.

Cette attitude de proxénète ne me surprend nullement et c'est avec le plus vif plaisir que je le vois s'éloigner du restaurant pour regagner le coquet appartement que Clara lui a déniché dans un immeuble neuf au-dessus du port d'Estepona, face à la Plaza de Toros. Nous sommes trop gentils, un infâme gourbi aurait suffi.

Quelques jours plus tard, Lenain me révèle un autre aspect de son personnage : à l'occasion, l'homme est aussi un escroc. Un matin, il part pour Algésiras au volant de la Rover que Bruna a ramenée de Nantes et me demande de le suivre avec ma voiture. Arrivé sur le port il roule jusqu'à un parking pouilleux qu'il a dû repérer pendant mes vacances et y pénètre en me faisant signe de l'attendre. Quelques minutes plus tard il ressort à pied, monte dans mon quatre-quatre et m'avoue avec un cynisme qui me sidère :

– Au revoir, Rover. Vendue. Elle va partir de l'autre côté. Mon amie avait besoin de liquidités, elle l'a déclarée volée à son assurance. Avec ce qu'on leur laisse, les assureurs peuvent bien nous dépanner de temps en temps...

J'enclenche la première vitesse et j'ouvre ma vitre. J'ai besoin d'air.

Échaudé et plus méfiant que jamais, je regarde de plus près la voiture personnelle de Lenain, une vieille Simca 1300, et je communique le numéro d'immatriculation, pour information, à mon ami policier de Cambrai. En quelques secondes j'ai la réponse.

– C'était la voiture d'un trafiquant turc arrêté à Lille. Elle a été saisie par les douanes. La plaque minéralogique n'a donc pas été changée.

– Tu veux dire que n'importe quel service de renseignement digne de ce nom pourrait arriver à ce constat en passant simplement par Interpol ?

– Absolument.

Je raccroche mon téléphone et je m'assois. Les gens de Nantes sont inconscients. Je viens de faire tomber une équipe de narcos parrainée par le GAL, ils savent mieux que moi – en tout cas je l'espère – que le GAL dispose de solides amitiés dans la police et en particulier ici, chez moi, à Estepona, je l'ai bien dit, prouvé, et voilà qu'ils m'envoient mon soi-disant cousin au volant d'une voiture que le dernier des plus crétins de commissaires peut faire identifier comme un véhicule saisi par les douanes. Ils veulent ma mort...

J'interdis immédiatement à Lenain de circuler avec sa Simca et je lui offre une voiture japonaise, une Galant, pour la remplacer. Mon faux cousin ne se plaint pas, il ne perd pas au change.

Fatigué par tous ces dysfonctionnements, je passe outre aux ordres de Mourot et j'appelle mon ministre. Il m'annonce que, cette fois, c'est lui qui va venir me voir dans mon fief un prochain week-end.

Quelques jours plus tard, une avant-garde ministérielle arrive par la route à Marbella et s'installe à l'hôtel Puente-Romano pour préparer le séjour du patron. Le service voyage du ministère a bien fait les choses : le Puente-Romano est l'un des établissements les plus luxueux, les plus raffinés et les plus discrets de la côte andalouse. D'épaisses moquettes étouffent les pas dans les couloirs et les salons sont éclairés par des lumières tamisées, tout est en ordre pour la venue du ministre, et celui-ci arrive un vendredi soir. J'en ai été averti la veille par son directeur de cabinet.

Le samedi, en fin de matinée, un taxi me dépose à quelque cinq cents mètres de l'hôtel. Je termine le chemin à pied pour m'assurer que je ne suis pas suivi, et j'ai même veillé à ne pas mettre mes vêtements habituels pour brouiller les pistes. Le ministre m'attend au bar, que l'on atteint sans passer devant la réception. Bien calé au fond d'un canapé de cuir, parfaitement détendu, il m'écoute attentivement en sirotant un cocktail aux reflets bleutés.

Je lui expose la situation. Il ressort de ce rapport que mon bateau coûte trop cher. Il faut vendre le *Windarra*, même à perte. On me dédommagera si je n'obtiens pas le prix que je souhaite.

Ce n'est pas un simple conseil mais bien un ordre et j'en prends note.

Ce point étant réglé, mon interlocuteur passe à un autre sujet et m'annonce que, le mercredi suivant, il va présenter en conseil des ministres son projet de loi sur les agents infiltrés qu'il me résume aussitôt. Ces agents seront légalement autorisés à acheter, transporter et vendre de la drogue, à condition que les procureurs en soient avisés. Ce projet, qui sera adopté par l'Assemblée et mis en application le 19 décembre 1991, est certes fort louable, mais je constate immédiatement qu'il ne s'applique qu'aux fonctionnaires officiels et ne règle en rien le problème des aviseurs qui ne disposeront toujours pas de statut juridique. Je fais part de mes craintes au ministre qui écarte les bras en signe d'impuissance.

– Nos juristes ont planché sur ce sujet. Ils n'ont trouvé aucune solution légale. Il faut donc limiter au maximum le nombre d'aviseurs, l'idéal serait même de les remplacer totalement par des fonctionnaires infiltrés, comme cela se fait à la DEA aux États-Unis. Mais cela me paraît illusoire...

Je partage tout à fait son avis sur ce dernier point, surtout depuis que je vois les douaniers travailler, mais dans ces conditions je m'interroge sur mon avenir. En protégeant les agents des douanes, les nouveaux décrets vont encore plus marginaliser les aviseurs et cela m'inquiète. J'y réfléchis longuement après avoir quitté le ministre, mais je ne trouve pas plus de solution que les juristes et ma situation financière m'impose la fuite en avant.

Dans l'immédiat, je vais donc appliquer les ordres et mettre le *Windarra* en vente. Je compte en tirer neuf cent mille francs, mais je me fais de douces illusions et, après quelques semaines d'attente, je me résigne à le brader pour deux cent quatre-vingt mille francs. J'espère alors benoîtement que le ministre tiendra sa promesse, que les douanes me renfloueront. J'en suis pour mes frais : je ne reçois pas un centime. Ce qui arrange d'autant moins mes affaires que, parallèlement, le Saint-Georges est lui aussi un gouffre financier. Le restaurant ne répond pas du tout à mon attente, Clara ne cesse de me le faire remarquer. Nous visions une clientèle haut de gamme et les dîners ne réunissent finalement que quelques consommateurs de bas étage au pedigree plus que douteux.

Début juin je fais mes comptes : entre les charges et les salaires, notre établissement me coûte de quarante mille à cinquante mille francs par mois. Je ne peux continuer ainsi. Je décide de fermer le restaurant et d'ouvrir en lieu et place un magasin d'antiquités qui portera le même nom. Clara est ravie : ce nouveau type de commerce correspond mieux à ses goûts. Après avoir vendu le mobilier du restaurant, nous courons la campagne avec des amis pour acheter bibelots et meubles anciens. C'est amusant, mais cela ne nous fait pas vivre et je ne dois pas perdre de vue mes véritables affaires.

Mon vieil ami Luc Straete, à qui j'ai déjà fait tellement de mal, vient me proposer un nouveau marché de taille : enlever trois tonnes cinq cents de cannabis au Maroc pour les convoyer jusqu'en Hollande à bord d'un bateau de pêche, le *Golden*, appartenant à un Allemand, Wolf Knap.

Je ne fais pas la fine bouche, me précipite sur cette commande en comptant à l'avance ce qu'elle va me rapporter et avertis immédiatement Mourot. Il est ravi et, au passage, j'en profite pour le prier de rapatrier son ami Lenain qui n'a plus rien à faire à Estepona puisque le Saint-Georges est fermé.

Mon faux cousin et associé est furieux de faire ses valises. Je découvre à cette occasion qu'il espérait bien prendre ma place un jour ou l'autre. Il est même si fâché que je me demande si ce n'est pas lui qui m'a balancé à la Police de l'air et des frontières à mon retour des Antilles. La petite phrase du substitut me revient en mémoire :

– Vous n'avez pas que des amis à Nantes...

La colère de Lenain n'a d'égale que ma joie de le voir partir et je me consacre, le cœur léger, à ma prochaine expédition vers la Hollande.

Le *Golden* est amarré au port de La Duquesa, entre La Linea et Estepona, au nord de Gibraltar. C'est un bateau de pêche ventru et fatigué, mais il tient encore correctement la mer. La veille du départ, Wolf Knap, son propriétaire, me le fait visiter et me montre les différentes caches aménagées pour dissimuler la drogue, notamment dans des faux réservoirs d'eau et de fuel.

Blond, taillé comme un athlète, un large pull-over tombant très bas sur un jean délavé, Wolf est un ancien architecte qui a basculé dans le trafic par goût de la bohème. Les salons mondains ne l'attiraient pas plus que les tables à dessin, alors il a pris le large et fait de bien mauvaises rencontres dans les bouges mal famés des ports. C'est ce qu'il me raconte sur le pont du bateau en ouvrant la dernière trappe à malice où l'équipage coulera demain le cannabis.

Le tour du propriétaire effectué, je salue Wolf et rentre à Estepona pour préparer mon itinéraire.

Le lendemain matin, je conduis le bateau à Gibraltar pour une brève escale. J'en profite pour aller saluer mon ami Tintin le consul, que je n'ai pas vu depuis un bon moment, puis je remonte à bord pour accueillir l'équipage. Comme d'habitude nous prenons la direction du Maroc vers 17 heures et, au moment où je m'engage dans le détroit, je réalise qu'en quelques mois ces chargements nocturnes sont devenus routiniers. Ces opérations restent délicates mais je les gère sans angoisse et je finis par en oublier l'illégalité pour ne plus me soucier que de l'efficacité et de la rentabilité. Ainsi ce soir, sitôt arrivé sur zone, je chronomètre le temps de chargement de la marchandise : douze minutes pour transborder trois tonnes et demie de cannabis, c'est bien. Je me surprends à réagir en chef d'entreprise, occultant totalement l'aspect délictueux de mon activité. On s'habitue à tout...

Sur ces considérations je me ressaisis, inspecte les coursives où la drogue est entreposée et lance les moteurs du *Golden* : cap au nord, bientôt j'apercevrai les côtes de France.

Après avoir été un peu secoué dans le golfe de Gascogne, je navigue sur une mer plus calme et j'aperçois, au loin, l'île de Sein lorsqu'un petit avion survole le bateau. L'équipage n'y prête pas attention mais, moi, je reconnais le Piper des douanes de Nantes. Je me retiens pour ne pas saluer le pilote, lui faire signe que tout va bien à bord. Cette situation est folle : alors que la présence de cet avion devrait m'effrayer, elle me rassure, j'ai l'impression d'être escorté et je suis heureux de longer les côtes bretonnes.

La navigation en Manche, en revanche, est beaucoup moins plaisante. Le rail qu'il faut emprunter pour monter vers la Hollande est encombré de cargos, une vigilance permanente s'impose et je ne suis vraiment pas mécontent lorsque j'entre dans le port d'Amsterdam pour décharger le plus vite possible et entamer le voyage retour. Les douanes hollandaises saisissent le cannabis à terre et, en voguant vers l'Espagne, je calcule le montant de ma prime. Sur une telle quantité, la somme devrait être assez confortable.

Quelques jours plus tard, après avoir ramené le *Golden* à quai à Gibraltar et remis les clés à Wolf, je téléphone à Mourot pour connaître la fin de l'opération. Tout s'est bien déroulé, les douaniers hollandais sont contents, si contents qu'ils me versent une prime de... mille francs, alors que je sais parfaitement qu'ils ne se gênent pas pour négocier le cannabis saisi dans les « coffee shops » d'Amsterdam où il est en vente libre. Je hurle de rage dans le combiné. Tout ce travail d'approche, tout ce temps en mer dans cette coquille pourrie, tous ces risques, pour mille francs... C'est honteux. Mourot en convient, mais il ne me propose pas de compensation pour autant.

Je fulmine encore en arrivant devant mon magasin d'antiquités. Seule la vue d'Anna, de Maria et de Clara m'apaise. J'embrasse femme et filles et me love au fond d'un fauteuil de cuir que Clara vient de dénicher dans un grenier au sud de Grenade. Je m'efforce d'oublier ma déconvenue pour me consacrer à ma famille. Après un large tour d'horizon Clara m'avertit qu'une jeune femme, Ingrid, cherche à me joindre depuis plusieurs jours. Elle a laissé son numéro de téléphone, et souhaite que je la rappelle dès mon retour.

Je connais vaguement cette Ingrid, c'est la petite amie

de Chris Hear. Je ne sais pas quelles sont ses ressources, mais elle habite une assez jolie villa sur les hauteurs de Marbella. Je l'appelle et elle m'apprend qu'elle travaille pour un riche Anglais, Brian Curt, qui aimerait me rencontrer. Il cherche un skipper, Ingrid en a parlé à Chris Hear qui a pensé à moi. Nous convenons d'un rendez-vous pour le lendemain chez Ingrid mais, avant même de connaître Curt, je ne me fais aucune illusion sur la nature de ses activités. Je ne m'attends pas à ce qu'il me propose un poste de capitaine sur un sardinier.

Lorsque j'arrive chez Ingrid, Brian Curt est déjà installé sur un canapé. C'est un homme grand et massif au regard pointu. Il parle à une vitesse vertigineuse avec un horrible accent cockney londonien. J'ai un mal fou à suivre ses paroles. Plusieurs fois je suis obligé de le faire répéter, ce qui semble l'agacer. J'apprends d'emblée que Hear travaille également pour lui et qu'il sait donc parfaitement ce que je pense faire, ce qui nous permet d'aller droit au but.

Je comprends vite que Curt brasse de grosses affaires. Dans l'immédiat, il a un besoin urgent d'un bateau et d'un skipper pour enlever de grosses quantités de cannabis en Afghanistan et de cocaïne en Amérique du Sud. Ces substances sont attendues en Écosse, et c'est pourquoi il fait appel à moi : avec mon *Windarra*, je suis l'homme providentiel. Malheureusement, je suis obligé de le décevoir :

– Désolé, monsieur Curt, mais je viens de vendre le *Windarra*, il me coûtait trop cher. Je n'ai plus de bateau.

Brian Curt en paraît contrarié un court instant. Il me fixe en croisant et décroisant nerveusement ses longues jambes puis lâche une rafale de mots que je saisis au vol.

– Il faut absolument que je charge cette marchandise. Trouvez un bateau et achetez-le, je vous finance.

Je pense avoir mal compris et je demande à Curt de répéter. Il confirme : il veut que j'achète un bateau, et pas une barque, un cargo. Il est prêt à investir trois cent mille francs dans l'affaire, et il paye cash. Á moi de me débrouiller.

J'accepte ce marché que nous concluons par une brève poignée de main et je rentre à Estepona pour informer Mourot. Lui aussi se montre très intéressé et, fait exceptionnel, il m'assure qu'éventuellement son service m'aidera financièrement si je ne peux boucler mon budget. Je prends acte mais je sais parfaitement qu'avec les douanes, tant que je n'ai pas l'argent...

Trois jours plus tard je retourne en Hollande, à Rotterdam, où j'épluche les petites annonces des journaux spécialisés. J'ai déjà visité plusieurs navires mais aucun ne correspond vraiment à ce que je cherche ; la plupart sont trop sophistiqués et trop chers pour l'usage que je vais en faire.

Finalement j'ai rendez-vous dans un petit port au sud de Rotterdam, Moerdijk, pour visiter un petit cargo, le *Lagoon*. Ce nom ne m'est pas inconnu et, en arrivant sur le quai, j'ai la certitude d'avoir déjà vu ce navire dans le port de Gibraltar. Il y a donc de fortes chances qu'il soit aménagé version double-fond.

Le propriétaire m'attend à bord et nous nous gardons bien d'échanger nos confidences. La visite est strictement technique. Le *Lagoon* n'est pas tout jeune mais ses structures sont encore saines. Après une remise en état sommaire et un bon coup de peinture, il pourra parfaitement faire l'affaire. En plus, ce qui pourrait être considéré comme un inconvénient m'apparaît comme un avantage : sa mécanique est vieillotte et rudimentaire. Une aubaine pour moi.

Lorsque je pénètre dans la salle des machines, une puissante odeur d'huile me prend à la gorge. Je me penche sur les pistons et j'ai l'impression de retrouver mes vieux moteurs de camions que j'ai si souvent bricolés sur les pistes de l'Irak ou de l'Arabie. Je me garde bien de dire au propriétaire que cette mécanique d'un autre âge me convient à merveille, j'en profite au contraire pour revoir le prix à la baisse et nous remontons dans la cabine pour discuter. Après une heure et demie de négociations pointilleuses, nous parvenons à un accord de principe : six cent mille francs. Brian Curt m'ayant promis la moitié de cette somme, il me manque trois cent mille francs et je demande un délai de réflexion au propriétaire.

De retour à mon hôtel, j'appelle Philippe Mourot pour lui exposer la situation. À ma grande surprise, il me rappelle quelques minutes plus tard pour me signifier que son administration accepte de payer.

Deux jours plus tard, un émissaire de Brian Curt débarque à Rotterdam. C'est un Anglais roux comme une Guinness. Je le repère sans mal dans le bistrot enfumé du port où il m'a donné rendez-vous. Nous échangeons quelques mots avant qu'une petite mallette noire ne change de main. Inutile de vérifier son contenu, je n'imagine pas mon coursier prendre le risque d'une entourloupe. L'attaché-case renferme bien ce qui est prévu. Je n'ai plus qu'à attendre le complément promis par les douanes.

Pour une fois Mourot ne se défile pas ! Au contraire, il me donne rapidement un rendez-vous précis. Je loue une voiture et me rends au Novotel-Sud, à Anvers. Charles

Petra et un autre douanier que je ne connais pas m'y rejoignent.

Petra se dit content de me revoir, mes aventures l'amusent. En revanche, son compagnon de voyage est parfaitement glacial. À peine entré dans ma chambre, il me tend une grande enveloppe bourrée de billets de banque et me prie de les compter avant de lui signer un reçu. J'ai vraiment l'impression de lui arracher un héritage, il ne quitte pas les billets des yeux pendant que je les fais glisser entre mes doigts. Tout est en règle, je range soigneusement l'enveloppe dans ma valise que je boucle à double tour et nous descendons prendre un verre. Charles me raconte les derniers potins de la DNRED.

Le propriétaire du *Lagoon* ne s'étonne absolument pas que je lui paye son bateau en argent liquide, et le banquier devant lequel nous effectuons la transaction non plus. Il ne pose pas la moindre question. Je reçois tous les certificats de validité attestant que le navire est bien « en classe », c'est-à-dire qu'il a subi tous les contrôles techniques et qu'il peut naviguer.

Mon vendeur me présente alors un de ses amis, Rudy Groning, capitaine de la marchande, ancien armateur. Il va diriger les travaux de réfection que je vais effectuer sur le cargo maintenant enregistré à Saint-Vincent sous le nom de *Melor*. Le *Lagoon* avait trop mauvaise réputation.

Gros homme à lunettes rondes débonnaire et jovial, Rudy Groning a des allures de bon père de famille. J'aime sa compagnie et je découvre très vite ses compétences. Il est redoutablement efficace, ingénieux, professionnel en diable, et très discret. Ainsi, en me détaillant le fonctionnement de la timonerie, derrière la barre, il me glisse simplement, sans plus s'attarder sur l'anomalie :

– Toutes les pièces sont creuses, on pourrait y cacher des trésors...

Je ne relève pas mais je souris et nous passons à autre chose.

Contre un salaire de sept cents francs par jour, Rudy accepte de superviser les travaux du *Melor* que je confie aux chantiers de Parkhaven, sur le Rhin.

Une remise à niveau du bateau s'impose. J'en avertis Brian Curt qui accepte de prendre les frais supplémentaires à sa charge.

Groning commande aussitôt tout un matériel radio sophistiqué à la société Radio-Holland qui envoie ses propres techniciens pour la mise en place. Puis nous commandons un radar, un GPS, un radiocompas et un télex-Inmarsat.

En effectuant quelques tests, Rudy constate que le pilote automatique est défaillant et me conseille vivement de le changer. Je fais aussi installer sur le pont une grue télescopique, indispensable pour charger et décharger rapidement la marchandise en mer ou dans les ports. Pour être efficace, le trafic moderne doit savoir s'adapter aux dernières technologies. L'heure n'est plus au bricolage, la drogue est une industrie.

Enfin, dernier point auquel je tiens : je m'offre un peu de bien-être en faisant aménager les cabines et le carré confortablement. Je vais passer de longues journées en mer et je n'ai pas l'habitude de vivre dans des culs-de-basse-fosse. Comme je ne sais pas de quoi demain sera fait, je ne veux pas avoir à regretter le moment présent. Le commerce que je développe est suffisamment lucratif pour que je l'exerce dans les meilleures conditions.

Je teste le moelleux de mes coussins lorsque les événements viennent me donner raison quant à l'incertitude du lendemain. La solide stature de Rudy s'encadre dans l'ouverture de ma cabine :

– Marc, nous avons de la visite.

Cinq douaniers hollandais m'attendent sur le pont. Ils demandent à visiter le bateau et vérifient tous les documents administratifs. Me sachant totalement en règle, je m'exécute de bonne grâce et observe, amusé, leur manège. Ils savaient bien sûr avant de monter à bord que sous le *Melor* se cache le *Lagoon* et tiennent à noter toutes les transformations apportées. La fouille méthodique du navire va durer deux bonnes heures. Des panneaux sont démontés, des réservoirs jaugés, puis le chef de l'équipe vient me saluer. En me remerciant pour ma coopération, il me félicite pour la qualité de cet équipement, exceptionnel sur un bateau de ce type et de cet âge. Je meurs d'envie de lui révéler que les douanes françaises ont cofinancé à 50 % l'achat de l'esquif qu'il vient d'inspecter avec tant d'attention, l'autre actionnaire étant un trafiquant notoire...

Les douaniers disparus, je verrouille le *Melor* et m'en retourne avec Rudy vers Rotterdam.

Un message m'attend à mon hôtel : je dois appeler Mourot d'urgence.

Mon agent traitant paraît bien excité et, avant même

que j'aie eu le temps de lui parler de la visite des douanes sur ce qui est un peu son bateau malgré tout, il s'exclame :

– Marc, l'Anglais que tu as levé, Brian Curt, c'est celui que les « perfides » espéraient, le gros poisson dont ils nous parlent depuis si longtemps. Ils nous l'ont dit, en oubliant bien sûr de nous remercier. Mais j'ai l'impression que ce type ne les intéresse pas seulement pour la drogue. Il doit y avoir autre chose. Je ne sais pas quoi. Nous verrons bien.

Nous verrons bien... J'adore Mourot. Il m'informe que je suis assis sur une bombe. Comme je lui fais remarquer que j'ignore où est la mèche, qui peut l'allumer et quand, tout ce qu'il trouve à dire est : « Nous verrons bien... »

– IX –

APRÈS LA POLITIQUE, LE TERRORISME

Brian Curt me l'a clairement indiqué : le *Melor* ne va pas faire du cabotage. Mon gentil trafic entre le Maroc et l'Espagne, voire l'Italie, n'était que de l'artisanat à côté de ce que Curt me laisse entrevoir. On ne parle plus de cannabis, ni de Tanger, mais de cocaïne et des Caraïbes, et je dois impérativement en tenir compte pour les travaux de mise à niveau de mon cargo. Celui-ci doit être absolument fiable, je ne peux m'aventurer en haute mer, pour de longues traversées, sans un maximum de sécurité. J'en parle longuement avec Rudy Groning qui m'avertit que la sécurité et la belle mécanique ont un coût. Lorsqu'il me montre le calcul, le total me donne le vertige. J'en avise mon commanditaire anglais qui tousse un peu mais finit par se ranger à mes arguments et accepte de régler les factures. En bon commerçant, il comprend que la fiabilité du bateau rassure le client, convaincu que ses commandes arriveront à bon port.

Le principe de réparations et d'aménagements lourds est donc acquis, ce qui va m'obliger à rester à Rotterdam pendant deux mois et demi. Le *Melor* disposera d'une autonomie de soixante-dix jours en mer. Mais pour cela il faut installer de nouveaux réservoirs de fuel et donc, également, de nouvelles canalisations. Nous sommes loin du bricolage prévu au départ et cette nouvelle orientation n'échappe pas aux douaniers hollandais. Mon équipement de bord les avait déjà intrigués, voilà qu'ils s'interrogent maintenant sur mes aménagements et me demandent des comptes sur mes projets. Cette fois l'heure n'est plus aux civilités et je me fâche lorsqu'un officier vient à nouveau me poser des questions.

– Ceci est mon bateau, j'en fais ce que je veux. Pour votre information, j'ai l'intention de commercer et de monter une affaire avec un pays d'Amérique centrale. J'aurai besoin de mon cargo pour transporter du matériel et des marchandises. Jusqu'à preuve du contraire ce n'est pas interdit et je suis bien aimable de vous en aviser.

Le douanier grommelle quelques remarques que je n'écoute pas, puis rejoint le quai. Je sais fort bien qu'il ne va pas se contenter de ces explications et qu'il me demandera d'autres précisions. Je devrai les lui fournir et pour cela une évidence apparaît : je dois effectivement lancer un projet avec un pays d'Amérique centrale ou, en tout cas, en donner l'impression.

Je ne manque pas d'imagination et la démesure ne m'effraie pas. Je consulte un atlas et décide tout à fait arbitrairement d'implanter une affaire sur la côte atlantique du Guatemala. La base étant définie, j'opte pour la création d'un complexe hôtelier autour d'une marina. C'est ambitieux, mais seul un projet ambitieux peut motiver les autorités locales et les pousser à me fournir les cautions et les justifications que les douaniers vont me demander à coup sûr.

Aidé par un juriste, j'échafaude mon projet avec le plus grand sérieux pour le rendre crédible, puis je prends contact avec l'attaché commercial de l'ambassade du Guatemala à Madrid. Un rendez-vous est fixé et je fais un aller-retour en Espagne pour peaufiner le projet et lui donner corps. Un lieu précis est déterminé : Puerto Barrios, qu'il faut aller reconnaître. Pour me justifier aux yeux des douanes, je dois aller jusqu'au bout de l'illusion et j'envoie à Guatemala City mon ami Sylvain et un cadre commercial français totalement étranger à tout trafic, rencontré à Gibraltar, qui parle parfaitement espagnol. Avant leur départ je les invite, bien sûr, à susciter et multiplier les actes écrits avec les autorités et les entreprises.

Paré de ce côté, je dois maintenant m'occuper de l'autre volet de mes travaux sur le *Melor* : leur financement. Le chantier de Parkhaven m'a présenté une première facture que je dois régler et j'appelle mon caissier à Londres. Brian Curt tient parole et m'invite aussitôt à le rejoindre au Croydon Palace Hotel dans la banlieue de Londres où il me remettra l'argent. Mais il s'inquiète :

– Comment comptes-tu sortir une telle somme en argent liquide d'Angleterre ?

– Je me débrouillerai, j'ai l'habitude.

En fait d'habitude j'appelle aussitôt Mourot pour qu'il demande de l'aide à son homologue anglais. Il ne peut tout de même pas refuser.

Quelques jours plus tard, je suis assez satisfait de passer devant les douaniers de l'aéroport d'Heathrow sous la discrète protection de l'un des leurs, sans même leur montrer la moindre pièce d'identité. Je n'ai même pas cherché à dissimuler les liasses de livres sterling serrées dans une pochette en plastique au fond de mon sac de voyage.

Sous l'impulsion de Rudy, les travaux ne prennent pas de retard et je peux bientôt communiquer avec exactitude à Brian Curt la date où le *Melor* sera prêt à appareiller. Il me donne alors plus de détails sur l'opération que je vais mener et, brusquement, je comprends pourquoi les Anglais s'intéressent tant à lui.

– Marc, tu pars dès que le bateau est paré. Tu vas charger une tonne de cocaïne aux Caraïbes que tu livreras à des gens de l'IRA. C'est urgent, ils ont besoin d'argent et moi aussi. Nous avons déjà perdu trop de temps. Je te préciserai le programme plus tard. Pour l'instant je peux juste te dire que tu déchargeras près d'Oban, en Écosse. Tu peux aller repérer les lieux et chercher le site qui te convient. Tiens-moi au courant.

Je sens que Curt ne veut pas en dire plus pour le moment mais je l'interroge tout de même, car l'information qu'il vient de me donner sans la moindre précaution me paraît énorme.

– Brian, l'IRA donne dans le trafic de drogue ?

– Allons Marc, tu n'es pas naïf... Ça coûte cher, la clandestinité. À ton avis, ils vivent de quoi ? Des dons des militants ? Et les armes, les bombes, ça pousse dans les champs comme les salades ? Au revoir Marc, je te rappelle.

Après le GAL en Espagne, l'IRA en Irlande... Décidément les trafics de drogue ne profitent pas qu'aux dealers des banlieues, et je me pose des questions sur la volonté de certains États d'y mettre un terme. Pour alimenter certaines caisses noires, quoi de plus anonyme et discret qu'une livraison dans un charmant petit port ? Pas de paperasse, pas de trace, pas de TVA, et le contribuable n'est même pas floué...

En tout cas j'ai la certitude que je viens de franchir un palier. Je naviguais en eaux troubles, je plonge en eaux profondes. Avant d'appeler Mourot, je me sers une large rasade de whisky et machinalement je regarde l'étiquette de la bouteille. J'en étais sûr, c'est un single malt irlandais. Je lève mon verre à la santé de Brian Curt. Quand je pense que c'est un Anglais qui approvisionne l'Armée révolutionnaire irlandaise...

Le patron de la DNRED de Nantes émet un long sifflement lorsque je lui révèle mon information.

– C'était donc ça ! Les Britishs se doutaient que par Chris Hear, puis Brian Curt, ils allaient remonter jusqu'à l'IRA. Je comprends mieux, il ne s'agit plus seulement de saisir des stups mais surtout de coincer salement des indépendantistes irlandais. C'est une tout autre dimension.

Avec Philippe, je ne cherche pas à jouer l'oisillon tombé du nid.

– Depuis le temps, je suppose quand même que les flics anglais se doutent bien que l'IRA ne vit pas d'oboles ?

– C'est certain. Tu vois bien qu'ils ne pistaient pas Hear par hasard.

Mais entre savoir et prouver, il y a un grand vide juridique. J'apprends ainsi que tous les mouvements clandestins du monde, qu'ils soient de droite ou de gauche, n'existent que par les trafics, sauf que le lien entre la drogue et le financement du mouvement n'est jamais évident, sans compter que, bien souvent, la politique vient encore compliquer les choses. Même très riches les États n'aiment pas mettre la main à la poche, alors si leurs protégés peuvent subvenir à leurs besoins, ils ferment pudiquement les yeux sur les méthodes et, éventuellement, donnent même un petit coup de pouce. Ce qui ne les empêche pas, parallèlement, d'engloutir des sommes colossales dans la lutte contre les trafics, à grand renfort de beaux discours et de bonnes intentions.

Tous les policiers, tous les douaniers du monde sont d'accord sur ce point, sans pour autant se priver pour la plupart d'entre eux de traquer les trafiquants avec pugnacité, conviction, voire avec courage, ce qui est d'autant plus admirable. Pour l'heure, c'est ce que font les douaniers de Nantes et ceux de Londres.

En apprenant que je vais livrer pour l'IRA, le contrôleur anglais que je renseigne s'autorise une sorte de glapissement qui doit traduire chez lui une intense euphorie et propose immédiatement de mettre l'un de ses hommes à ma disposition pour aller repérer les lieux de la livraison. Un rendez-vous est prévu à l'ambassade de France, dans le bureau de l'attaché des douanes, Michel Poulot, pour monter l'opération. La secrétaire de la DNRED de Nantes m'y accompagne pour représenter le service et ramener quelques documents confidentiels que Poulot doit lui remettre.

Il fait gris et il pleut lorsque nous arrivons à King's Gate House, au 115 High Holborne, siège de l'ambassade de France. Dans le hall, Michel Poulot discute déjà avec un officier des douanes britanniques, Jim Hoolon. C'est lui qui va nous accompagner en Écosse. Les présentations effectuées, nous montons dans le bureau de l'attaché des douanes qui a déjà étalé une carte des côtes écossaises sur une table ronde. Jim Hoolon pointe tout de suite son doigt sur le golfe de Murray, à l'ouest, et le canal calédonien qui relie la côte ouest à la côte est de l'Écosse. C'est dans cette zone que l'on m'a demandé de livrer, c'est donc là que nous allons nous rendre demain.

À l'aéroport de Glasgow, je loue une voiture à mon nom et inscris Jim Hoolon comme conducteur car je n'aime pas la conduite à gauche. Un détail qui me lie par contrat aux douanes anglaises et scelle notre coopération.

Pour mes trois compagnons de voyage, notre séjour écossais se transforme bien vite en circuit touristique. Ne connaissant rien aux manœuvres que je vais avoir à exécuter, ils ne me sont d'aucune utilité. Aussi, la plupart du temps, je leur laisse la voiture, préférant prospecter les ports et longer les côtes seul et à pied. Nous restons trois jours sur le secteur et je fixe mon choix sur un tout petit port assez isolé, près d'Oban, face auquel je pourrai mouiller sans trop attirer l'attention. Un Zodiac viendra prendre la marchandise et la mènera jusqu'à un camion garé le long du canal calédonien. La suite ne me regarde plus, elle concerne Jim Hoolon qui m'assure que son service n'a encore rien prévu. Le repérage est terminé, je rentre à Rotterdam.

Pas pour longtemps. Je reçois très vite un appel téléphonique de Brian Curt. Je dois partir immédiatement pour Dublin et prendre une chambre dans un hôtel dont il me donne le nom. Puis il m'indique le jour et l'heure exacte à laquelle je devrai me trouver au bar de cet hôtel. C'est concis.

Au jour dit, à l'heure dite, je suis à mon poste. J'ai repéré le téléphone posé au bout d'un assez joli bar en bois et je me suis installé à la table la plus proche en commandant une *lager beer*. Cet instant m'excite, mais en même temps je pense que tout cela n'est qu'un jeu. Ce téléphone que je fixe intensément ne peut pas sonner, on ne voit cela que dans les films...

Et pourtant il sonne.

Incrédule, je refuse de regarder le barman, qui fait répéter un nom pour la troisième fois, et je me concentre sur le programme d'un singing-pub affiché en face de moi entre un jeu de fléchettes et une vieille publicité pour la Pelforth.

– Mister Fiévet ?

Le barman m'interroge du regard. Oui je suis monsieur Fiévet, ça se voit, non ? Je prends le combiné. Mon interlocuteur ne me laisse pas le temps de parler.

– Je suis un ami de Brian. Vous allez sortir de votre hôtel et remonter la rue à contresens de la circulation. Marchez doucement.

J'obtempère. En débouchant dans la rue je ne peux m'empêcher de regarder à droite et à gauche. Je ne remarque rien d'anormal. Alors je marche, doucement, longtemps, scrutant furtivement les passants : celui-ci, celui-là ?

Derrière moi, un homme presse le pas. Arrivé à ma hauteur il me souffle brièvement de bifurquer vers la chaussée. Au bord du trottoir, alors que nous attendons pour traverser, il se tourne à demi vers moi :

– Je m'appelle Sean. Demain à 10 heures précises dans la première salle du musée national de Dublin.

Sean se projette dans la circulation et disparaît.

Le lendemain à 10 heures, je suis plongé dans la profonde contemplation d'un tableau dont je ne connaîtrai jamais l'auteur lorsque Sean se glisse à mes côtés.

– Je sors le premier, me dit-il. Vous me suivez de loin. D'accord ?

Sean m'entraîne alors dans un véritable labyrinthe qui nous mène jusqu'à un parc après une bonne demi-heure de marche. Mon mystérieux guide s'assoit sur un banc, déplie un journal, me fait signe de le rejoindre et m'invite à déplier moi aussi un journal devant mon visage. Dissimulés derrière les pages politiques de l'*Evening Standard*, nous commençons enfin à parler.

Sean me confirme qu'il opère bien pour le compte de l'IRA, et que son organisation a un besoin urgent d'argent. Les fonds avancés pour l'achat de la drogue permettront de renflouer les caisses grâce aux larges bénéfices réalisés lors de la revente. Sean souhaite donc que je parte le plus vite possible pour les Caraïbes. Je le rassure sur ce point.

– Mon bateau est prêt et je suis déjà allé repérer un site près d'Oban pour décharger la cargaison. J'ai trouvé un petit port...

– L'Écosse n'est plus d'actualité, m'interrompt l'Irlandais. Tous nos plans sont changés. Il faudra vous habituer et vous adapter à ces changements de programme au dernier moment. C'est une mesure de sécurité.

– Ne perdez tout de même pas de vue que je ne peux pas improviser des opérations aussi lourdes.

– Nous le savons et nous en tenons compte dans nos plans.

– Bien. Et quel est votre nouveau plan ?

Sean tourne une page de son journal puis détaille en détachant bien ses mots, comme un véritable chef de guerre.

– Vous allez vous diriger vers le Surinam, au-dessus de la Guyane. Une fois arrivé dans ces parages, nous vous communiquerons un point géographique en haute mer où vous vous arrêterez. Cet arrêt sera impératif et vous devrez être très précis car nous tenons compte de la portée des différents radars installés sur les côtes du Venezuela et du Guyana par le DEA. Nous essayons de prévoir ceux embarqués à bord des Awacs américains. Deux avions parachuteront autour de votre bateau, en deux passages, cinquante colis flottants enserrés dans des filets, et contenant chacun vingt kilos de cocaïne. Votre canot devra être à la mer lors du largage pour récupérer les paquets le plus vite possible avant qu'ils ne dérivent. Un de nos plongeurs partira avec vous de Rotterdam, il se mettra à l'eau pendant les manœuvres pour vous aider. Il a l'habitude. Une fois la drogue chargée, vous mettrez le cap vers le sud de l'Irlande. Au retour, nous vous indiquerons également un point où larguer à nouveau les colis. Un autre bateau viendra les récupérer.

Abasourdi par l'ampleur de la logistique déployée, je demande à mon voisin pourquoi nous ne transférons pas directement la cocaïne de bateau à bateau. La réponse est immédiate et violente.

– Certainement pas. Malgré nos précautions nous risquons toujours de tomber dans l'œil d'un radar, et deux bateaux qui se rapprochent puis se mettent bord à bord en haute mer sont immédiatement suspects. Avez-vous d'autres questions ? Nous ne devons pas rester trop longtemps ensemble.

– Non, tout est clair.

– Parfait. Dernier point. Deux de nos hommes vont venir vous voir à Rotterdam pour acheter le bateau qui nous servira à récupérer la drogue au large de l'Irlande. Pouvez-vous les aider ?

– Bien sûr.

– Alors Curt vous contactera. C'est lui également qui

vous fournira la radio de bord qui nous permettra de communiquer en haute mer lorsque vous arriverez au Surinam.

L'entretien est terminé. Sean replie son journal et disparaît, non sans m'avoir prié d'attendre quelques minutes sur mon banc avant de me lever.

Sitôt rentré à l'hôtel, j'informe Mourot des évolutions de l'affaire puis je réserve le premier avion pour Amsterdam.

Quelques jours plus tard, Brian Curt m'informe que Sean viendra lui-même choisir le bateau avec un marin. Aussitôt prévenus, les douaniers anglais envoient un de leurs hommes pour faire des photos. Je le réceptionne peu de temps avant d'aller chercher mes Irlandais à l'aéroport. L'achat du bateau est réglé en trois jours et mes commanditaires repartent vers l'Irlande avec leur navire. Il est temps pour moi d'effectuer les derniers préparatifs sur le mien.

Curt m'apporte la radio promise, une énorme Kenwood que nous installons, et à peine a-t-il le dos tourné que Mourot arrive à son tour avec une balise Argos. Je suis flatté : tout le monde veut absolument savoir en permanence où je suis. Je rappelle simplement à Philippe que je vais avoir un ange gardien de l'IRA à mon bord et que je ne tiens pas du tout à ce qu'il découvre cette balise. Alors que son groupe révolutionnaire se dépense pour agir sans laisser de trace, il n'apprécierait certainement pas que je joue au Petit Poucet. Nous parvenons à dissimuler la balise dans ma cabine et Mourot m'avoue alors qu'il envisageait même de faire poser une boule satellite sur le pont mais qu'il y a renoncé vu la taille. Un tel engin sur un cargo sans prétention, cela aurait à coup sûr attiré l'attention. En revanche j'installe à bord un télex qui me reliera directement au Saint-Georges à Estepona, et là tout le monde y trouve son compte.

Aux yeux des autorités locales, cette acquisition se justifie pour des raisons commerciales, et l'IRA comme la DNRED ne voient aucun inconvénient à ce que Clara serve de plaque tournante. Elle n'est guère au courant de mes affaires et ne sera qu'un simple relais, ce qui satisfait tout le monde. Selon les informations passées, mon épouse pourra alerter soit Mourot à Nantes, soit Ingrid qui assure le lien avec Curt et l'Armée révolutionnaire irlandaise. Son rôle se limitera à cela.

Je crois avoir pensé à tout lorsque je reçois un appel de Henri Faure, des douanes de Nantes. Ce qu'il a à me dire doit être important car il ne me téléphone pas souvent.

– Marc, tu ne dois pas partir sans arme. Des bateaux de plaisance sont victimes de pirates dans ce secteur, bien qu'il n'y ait pas grand-chose à voler à bord. Alors tu imagines, un cargo chargé d'une tonne de cocaïne... Même si l'opération est entourée d'un maximum de discrétion, des fuites sont toujours possibles, des trahisons aussi. Je te certifie que de mauvaises rencontres ne sont pas exclues.

Je prends ce conseil très au sérieux et dès le lendemain je vais à Anvers. Je connais bien les circuits du trafic d'armes puisque j'ai moi-même convoyé des caisses douteuses quelques années plus tôt. C'est donc sans aucun mal que j'acquiers à bon prix deux fusils à pompe et une carabine Remington type « grande chasse », munie d'une lunette réglée à cent cinquante mètres.

Cette fois il ne me reste plus qu'à composer mon équipage avant le départ. En plus du plongeur délégué par l'IRA qui arrivera au dernier moment j'enrôle, une fois de plus, mon ami Sylvain ainsi que deux hommes que l'on me recommande sur un quai de Rotterdam, un mécanicien portugais et un cuisinier français.

Le mois de mai tire à sa fin lorsque le *Melor* quitte le port de Moerdijk pour cingler vers les Amériques. Assis sur une bitte d'amarrage, Rudy Groning nous salue longuement. Il a bien travaillé et le vieux moteur ronronne comme une chatte repue. Je m'engage avec prudence sur le rail qui mène vers le sud et les côtes françaises ; il sera bien temps d'accélérer lorsque nous serons au large.

Tout va pour le mieux jusqu'à Ouessant et je m'apprête à piquer plus au sud-ouest lorsqu'un bruit sec retentit dans le local des machines. Je crains le pire lorsque je vois mon mécanicien se précipiter dans le réduit. Je mets aussitôt la propulsion au ralenti, et je perçois d'étranges cliquetis qui ne laissent rien présager de bon. La voix du mécano montant des entrailles du bateau vient confirmer mes craintes.

– Arrête tout, il faut que je démonte.

Jusque-là conquérant et fier de sa jeunesse retrouvée, le *Melor* n'est plus à nouveau qu'une vieille carcasse penaude ballottée par des vagues heureusement nonchalantes.

Je rejoins mon mécanicien au moment où il vient de déterminer la panne.

– C'est l'inverseur qui est cassé. Il faut aller faire réparer dans un port. On peut essayer de naviguer à très petite vitesse en faisant attention, mais ça peut lâcher à tout moment.

J'avertis immédiatement Brian Curt par télex, via Estepona, de cet incident mécanique, et une heure plus tard nous dialoguons par claviers interposés.

– J'ai trouvé un chantier sûr à Newhaven qui peut prendre le bateau en charge, mais est-ce que tu pourras monter jusque-là ?

– Mon mécanicien me dit que l'on peut essayer, mais je vais quand même alerter les autorités maritimes françaises par Radio-Conquet, pour leur signaler que je suis en difficulté.

– OK.

J'ai entamé ma lente et pénible remontée vers le nord depuis trois bonnes heures lorsque je vois arriver au loin le remorqueur l'*Abeille Flandre* qui se propose de me remorquer. Je refuse. Je ne vais pas payer tant que je suis à peu près autonome. Le capitaine du navire n'insiste pas mais m'escorte pendant des heures, ce qui est parfaitement détestable. Loin de me rassurer, la présence de ce bâtiment m'oppresse. J'ai l'impression d'être surveillé par un vautour qui attend ma mort en comptant mes os. Découragé par ma résistance, l'*Abeille Flandre* finit par retourner vers la France après un dernier salut malgré tout sympathique, nous souhaitant bonne chance et bonne route.

J'avoue que sur le *Melor* nous ne sommes pas fiers. Pendant que je barre avec application, Sylvain et le mécano, à genoux à fond de cale, semblent prier devant le moteur. Je sais que chaque mille gagné nous rapproche de l'Angleterre, mais Dieu que le chemin est long !

Lorsque enfin, à l'aube, j'aperçois le faisceau d'un phare, j'ai le sentiment de découvrir l'Amérique.

Malheureusement, quelques heures plus tard, c'est avec ménagement que je dois annoncer à Curt que le bateau va être immobilisé cinq semaines et que les réparations coûteront assez cher. Il n'est pas content, mais nous n'avons pas le choix.

Après cette longue pause nous reprenons enfin la mer début juillet, et cette fois nous arrivons sans encombre à Santa Cruz de Tenerife où j'ai prévu une escale technique.

Charles Petra m'y rejoint. Il m'apporte des batteries neuves pour ma balise Argos. Je le rencontre en catimini dans un café du port, après avoir expédié mon plongeur irlandais en ville avec le cuisinier pour effectuer quelques achats de nourriture. J'ai juste le temps de changer mes piles pendant son absence.

Deux jours de repos et nous reprenons la mer. Cette fois je sens que la tension monte à bord. Le voyage est long et l'on s'ennuie un peu, ce qui laisse le temps de gamberger sur la suite de l'opération avec tous les risques qu'elle comporte. Pour passer le temps et varier les menus, nous avons installé des lignes à la traîne du bateau, ce qui ne constitue tout de même qu'un mince dérivatif. En fait, je crois que nous avons tous hâte de passer à l'action. L'inactivité devient pesante. Après onze jours de navigation, je suis vraiment heureux d'annoncer à mon équipe que nous arrivons à hauteur du Surinam. Nous jetons l'ancre et, le soir, le cuisinier nous gratifie d'un dîner de gala, sortant deux excellentes bouteilles de bordeaux de ses réserves cachées.

Le lendemain, j'appelle par radio un mystérieux correspondant dont Curt m'a donné les coordonnées avant le départ. L'homme prend la position exacte du bateau et me fixe un autre rendez-vous radio.

À midi pile, il me rappelle et m'ordonne, sans autre commentaire :

– Placez-vous par 11° nord et 55° ouest, maintenez cette position et attendez. On vous contactera quand les avions arriveront. C'est nous qui appelons.

Les deux appareils doivent décoller de l'une de ces multiples pistes clandestines tracées dans la forêt colombienne, et uniquement destinées au trafic de la drogue, puis piquer le plus vite possible vers la côte est en survolant l'Amazonie brésilienne, la Guyane puis le Surinam pour éviter au maximum les radars installés par les Américains sur le territoire colombien. Les pilotes sont parfaitement rompus à ces exercices tout à fait routiniers et l'attente ne devrait pas être longue.

Il ne me faut que quelques heures pour me positionner au point précis indiqué par mon correspondant. Je jette une ancre flottante en scrutant machinalement le ciel, ce qui est parfaitement inutile tant qu'aucun message radio ne sera parvenu. En revanche, je demande à Sylvain et au plongeur d'aller vérifier une dernière fois le système de mise à l'eau du Zodiac et le matériel de plongée. À nouveau, nous sommes contraints à une exaspérante attente.

Les heures passent et le Kenwood reste muet. Pour la troisième fois je vérifie qu'il fonctionne. Tout est en ordre et je remonte sur le pont. Le ciel est bas sur l'horizon et même notre cuisinier a le nez en l'air. Je le renvoie dans sa cambuse pour préparer le dîner. Il me paraît impossible que des avions puissent larguer de nuit, il y aurait trop de risques de perdre les colis. Nous pouvons nous détendre, la livraison sera pour demain.

Pas besoin de réveil, dès le lever du soleil nous nous retrouvons tous accoudés au bastingage à ne savoir que faire. Nous n'avons même pas un jeu de cartes. Sylvain perd patience le premier :

– Essaye de les appeler...

– C'est inutile, le dernier message était clair : ce sont eux qui nous préviennent. S'ils ne le font pas c'est qu'il y a un problème et il est peut-être plus prudent, précisément, de ne pas appeler.

En revanche j'envoie un télex à Clara pour qu'elle se renseigne auprès de Curt. La réponse traîne un peu, et lorsqu'elle arrive nous ne sommes pas plus avancés : il faut attendre. Pas l'ombre d'une explication.

Je l'apprendrai plus tard, à des centaines de kilomètres de là la roulette avant du train d'atterrissage d'un des petits avions s'est cassée net en touchant le sol, si bien que l'appareil est parti sur le nez en dérapage avant de terminer sa course en bout de piste sur un haut plateau de la jungle colombienne, la queue en l'air. Il ne peut absolument pas reprendre du service et les quelques trafiquants présents sur ce terrain de fortune n'arrivent pas à le dégager. Le second avion prévu aurait pu livrer, mais les responsables de l'IRA exigent la totalité de la cargaison et préfèrent attendre que l'on trouve un appareil de remplacement.

Personne ne juge utile de nous tenir au courant de ces contretemps et sur le *Melor* nous continuons à attendre dans la plus parfaite ignorance.

Au bout de neuf jours, je n'y tiens plus. Je ne supporte plus de tourner en rond entre mon Kenwood, mon télex et la cabine où nous prenons nos repas machinalement pour passer le temps. Notre cuisinier m'a d'ailleurs mis en garde : avec ce stand-by imprévu, il va falloir faire escale pour se réapprovisionner sur le chemin du retour, ce qui ne me plaît pas du tout : je n'ai pas envie de m'arrêter dans un port avec une tonne de cocaïne à bord. Cette fois ma décision est prise et j'envoie un télex à Clara :

– Dis à Brian Curt que je rentre. Je fais escale à Saint-Vincent pour faire le plein de nourriture. Si l'opération est maintenue, nous ne serons pas trop loin du Surinam et nous pourrons revenir. Mais nous ne pouvons plus rester sur zone.

Arrivé à Kingstown, le port de Saint-Vincent, la situation n'a pas évolué et j'envoie un nouveau télex à Clara.

– Je laisse le bateau ici mais je viens voir ce qui se passe. Je serai dans deux jours en Angleterre.

Et là, un grave problème de transmission va nous conduire au drame.

La formulation du télex d'origine se déforme au fur et à mesure qu'elle passe d'un intermédiaire à un autre et parvient au sommet de la pyramide de l'IRA sous cette forme : « Le *Melor* arrive demain. »

Personne ne comprend plus rien à la situation mais, au lieu de vérifier par un nouveau télex, on sonne le branle-bas de combat et l'on rassemble les effectifs. Si le *Melor* arrive c'est qu'il a finalement pu charger, donc il faut envoyer le second bateau pour récupérer la drogue à l'endroit prévu, au sud-ouest de l'Irlande, dans la baie de Bantry.

Tout se passe alors dans la panique, la précipitation et l'improvisation la plus totale. Les deux marins prévus pour l'opération arrivent au port en catastrophe, embarquent aussitôt et lèvent l'ancre alors que tous les bateaux de pêche reviennent vers la terre pour se mettre à l'abri, un avis de tempête ayant été diffusé sur toutes les ondes. Mais les hommes de l'IRA n'en tiennent pas compte, on leur a trop répété que leur organisation avait un besoin pressant et impératif de cette cargaison de drogue pour financer ses opérations et maintenir ses troupes en état opérationnel. Sourds aux avertissements, les deux hommes foncent vers le large. La suite, les sauveteurs l'ont parfaitement reconstituée. Dès la sortie du port leur bateau est immédiatement happé, avalé par la mer qui le fait sauter par-dessus les vagues comme une bille de bois folle. La coque grince et gémit sous les coups de boutoir qui jettent les marins d'un côté à l'autre de leur habitacle. L'écume se plaque sur les vitres de la cabine en un manteau neigeux, et des tonnes d'eau se fracassent sur le pont. Le pauvre vieux navire fatigué, rafistolé, ne résiste pas longtemps aux assauts des flots déchaînés, une dernière charge le balance cul par-dessus tête. Les deux occupants sont projetés contre les parois du carré. Sonnés, ils perdent connaissance sans pouvoir envoyer le moindre signal de détresse alors que l'eau s'engouffre à gros bouillons dans la carcasse de leur tombeau. L'alerte ne sera donnée que bien plus tard par des amis des deux victimes.

Enfin les responsables de l'IRA réalisent qu'il y a eu méprise et que le *Melor* est toujours sagement à quai à Saint-Vincent, ce qui aurait dû d'entrée leur apparaître comme une évidence. Comment ces hommes qui élaborent les plans les plus sophistiqués avec une extrême minutie, qui s'entourent de mille précautions avant toute action, ont-ils pu se lancer tête baissée dans une opération qui de toute évidence n'était ni logique ni plausible ?

C'est la question que je me pose lorsque Brian Curt m'apprend cet accident dès mon arrivée à Londres. D'emblée il m'explique que ce drame ne fait qu'accroître le besoin d'argent des Irlandais qui entendent assumer financièrement l'avenir des deux veuves, comme ils le font à chaque fois qu'un des leurs disparaît. Ce qui signifie qu'après l'échec de cette opération ils vont vouloir en mettre d'autres sur pied et feront appel à nous pour les réaliser. Brian Curt en a en tout cas la certitude. Mais pour l'instant je peux oublier le Surinam, nous en obtenons confirmation auprès de Sean. Remettre un largage sur pied serait trop long ; les conditions météorologiques deviendraient défavorables.

Je repars donc immédiatement pour Kingstown, la capitale de Saint-Vincent, et je reconduis le *Melor* jusqu'à Gibraltar sans traîner en route car je n'ai perdu que trop de temps sur cette opération.

– X –

RÈGLEMENT DE COMPTES À ESTEPONA

Entre la Hollande, l'Angleterre, l'Écosse, l'Irlande, le Surinam... je n'ai pas vu passer l'année 1992. Nous allons déjà vers l'hiver. Sitôt rentré des Caraïbes, j'ai confié le *Melor* à un chantier de Gibraltar pour réaliser des modifications dans les superstructures. Après ce voyage au long cours, mon navire a également besoin d'un coup de pinceau. Le radoub s'impose, d'autant que je ne pense pas rester longtemps inactif, Brian Curt me l'a suffisamment répété. Je profite de cette période d'oisiveté forcée pour faire le tour des ports de la côte, renouer mes contacts et mettre à jour mes fichiers. En quelques semaines le visage d'une marina peut changer totalement. Des bateaux partent, d'autres les remplacent, certains changent de nom et ne l'avouent pas toujours, il faut les démasquer sous leurs nouveaux atours. J'emmène Clara et nos deux filles dans ces longues randonnées à bord de la Mercedes 300-SE que j'ai achetée soixante-quinze mille francs après avoir vendu pour cent soixante mille francs mon quatre-quatre et la Galant que je prêtais à Lenain. Clara profite de ces balades pour dénicher les meubles anciens qui viendront enrichir notre magasin d'antiquités. J'ai l'impression de vivre à peu près normalement et me gave de cette tranquillité relative, sachant qu'elle ne durera pas.

À juste titre.

Un soir, alors que Clara vante la qualité d'un buffet andalou plus que centenaire qu'elle rechigne à mettre en vente tant il lui plaît, le téléphone sonne.

– Allô, ici c'est Brian. Où en es-tu, des travaux d'entretien sur ton bateau ?

– Ils sont en cours mais cela fait quelques jours que je ne suis pas passé au chantier.

– Va voir et fais accélérer, l'IRA monte une nouvelle opération. Nous devons être prêts à partir. Je te tiens au courant.

Aussitôt j'appelle Philippe Mourot chez lui et je sens que je le dérange. Il me répond par des grognements, ne pose aucune question, ne semble absolument pas concerné. Cela m'agace d'autant plus que j'entends sa télévision en fond sonore. Je finis par lui demander si le film est bon.

– C'est pas un film, c'est Marseille-Nantes.

– Tu me rappelleras à la mi-temps ?

– Elle est passée. On verra ça au bureau demain matin.

Devant tant d'enthousiasme, je me demande quelquefois si je n'en fais pas trop... Moi qui ne suis qu'une pièce rapportée anonyme et officieuse, répertoriée et dissimulée sous le matricule NS-55, j'ai l'impression d'être souvent plus motivé par le succès et les résultats que ceux qui ont pour fonction officielle de pourchasser les trafiquants. Que Mourot se débrouille. Moi, demain matin, je vais à Gibraltar. Je l'appellerai quand je pourrai.

Pour entrer dans Gibraltar le matin, mieux vaut arriver tôt. J'en fais encore ce matin-là l'amer constat. Il n'est que 8 heures et un long serpentin de voitures s'étire déjà sur deux files devant le poste frontière. Je compte les méandres et je sais que je suis bloqué là pour une bonne demi-heure au moins. Et tous les jours c'est ainsi. Pendant que le port dégouline d'argent sale, que les pires trafics y fleurissent et s'y épanouissent à ciel ouvert, les douaniers gibraltariens vérifient tous les passeports à la loupe comme des Soviétiques aux pires heures du Rideau de fer. Pourtant la quasi-totalité de ceux qui franchissent les barrières sont des frontaliers qui travaillent dans la zone portuaire et achètent, comme tout le monde, les cigarettes de contrebande dans la rue sans se cacher le moins du monde. Malgré cela ils doivent se soumettre chaque jour aux contrôles, quand ce n'est pas aux fouilles, à l'aller comme au retour. Ce matin encore, résignés, ils lisent leur journal en passant machinalement la première vitesse. L'obstacle franchi, je m'engouffre dans Queensway et file vers le bassin de radoub en maudissant ces drapeaux anglais qui pendent ici toute l'année aux fenêtres en une perpétuelle fête nationale.

Mon bateau est encore aux mains des soudeurs. J'en fais le tour, puis je prie le chef de chantier d'accélérer la cadence. Ensuite je vais prendre le vent chez Bianca, histoire de saluer quelques amis et de glaner quelques renseignements sur les mouvements des uns et des autres, puis je repasse la frontière au plus vite pendant l'heure creuse du déjeuner.

Lorsque je rentre au Saint-Georges, Clara est excédée.

– Mourot n'arrête pas de téléphoner, comme s'il avait

peur que j'oublie de te mentionner son appel. C'est énervant, il pouvait t'écouter hier soir, non ?

– Hier soir il vivait un drame, je suis sûr que Nantes perdait...

Je compose le numéro de la ligne directe.

– Philippe, alors Nantes ?

– Perdu. C'est pas pour ça que je t'appelais. Il faut que tu partes pour Londres. Les Anglais veulent à nouveau te rencontrer suite à ce que tu m'as dit hier. Vois avec Michel Poulot, c'est lui qui organise la réunion à l'ambassade de France.

Je suis content de retrouver Michel dans l'immeuble de King's Gate House, mais beaucoup moins de revoir le contrôleur anglais et Jim Hoolon. Comme je le craignais, l'atmosphère va s'envenimer rapidement.

J'expose d'abord la situation en précisant que les lieux exacts des prochains chargements ne sont pas encore définis, mais qu'en revanche il y a de fortes chances que les livraisons s'opèrent à nouveau au large de l'Irlande. Les Anglais me laissent poursuivre tout en se concertant à voix basse. J'observe leur manège en terminant rapidement ma présentation.

Le chef de la délégation britannique prend alors la parole :

– Monsieur Fiévet, nous envisageons une intervention en mer d'Irlande lorsque le bateau de l'IRA viendra récupérer la drogue que vous aurez larguée. Mais il est évident que si l'un de nos bâtiments croise dans le secteur, les Irlandais le repéreront et abandonneront la marchandise. C'est donc un sous-marin que nous enverrons sur place et vous devrez nous communiquer l'endroit exact du largage pour qu'il se positionne avant intervention.

Je pense instantanément aux risques qu'une telle information me ferait courir.

– C'est impossible. Je serai le seul à connaître l'endroit où je jetterai les colis et, de surcroît, il ne me sera communiqué que peu de temps avant l'opération. Vous imaginez bien que si un sous-marin surgit, les gens de l'IRA identifieront immédiatement la personne qui les a trahis.

– Ce n'est pas certain, il peut y avoir des agents infiltrés dans leurs rangs.

– Vous les prenez pour des sots, ou est-ce moi que vous prenez pour un idiot ? J'ai une femme et des enfants, je n'en ferai pas une veuve et des orphelins pour que vous réussissiez une belle affaire.

– Monsieur Fiévet vous serez payé, et fort bien, pour agir comme nous le souhaitons, pas pour nous raconter comment vous apportez votre concours et votre compétence aux trafiquants. D'autre part, pour être payé, il faudra venir témoigner devant un tribunal.

C'en est trop, j'explose.

– Vous êtes des salauds, vos méthodes sont immondes et je vous ordonne de quitter cette ambassade !

Michel Poulot ne bronche pas mais se lève et conclut, avec beaucoup plus de diplomatie :

– Je pense effectivement qu'il vaudrait mieux reprendre nos travaux lorsque le projet sera plus élaboré.

Debout, les poings posés sur la table, je suis blanc de rage. Michel, embarrassé, reconduit la délégation anglaise jusqu'à la porte. En revenant il me livre ce seul commentaire :

– Tu ne t'es pas fait des amis... Méfie-toi.

À peine rentré en Espagne, je reçois un appel de Brian Curt. Il m'annonce que nous allons partir prochainement pour Dubai afin d'y négocier le chargement de quinze tonnes de cannabis avec des trafiquants afghans et pakistanais. Un autre contrat est prévu, parallèlement, en Jamaïque.

Sitôt le récepteur raccroché, je décide d'engager un capitaine pour piloter mon bateau. Il faut absolument que je m'occupe de cela, je n'ai pas l'intention de m'offrir une nouvelle croisière comme celle que je viens de passer aux Caraïbes.

J'ai appris à Gibraltar que Wolf Knap, l'Allemand que j'ai déjà fait tomber une fois (mais il l'ignore et ne me soupçonne pas) est libre et qu'il a besoin d'argent. Je le contacte. Il vient immédiatement me voir. Sans trop entrer dans le détail, je lui parle de voyages longs et lointains et je vois bien que cela le trouble, que quelque chose ne va pas. D'ailleurs, bien qu'intéressé, Wolf ne s'engage pas formellement. Je le pousse à se décider et il m'avoue :

– Je sais piloter les bateaux mais je n'ai aucun permis, aucun diplôme. Tant que je reste en Europe et sur des petits tonnages ça va, je me débrouille, mais mener un cargo outre-Atlantique sans papiers en règle...

Je n'avais pas prévu ce problème et pour le résoudre je pense immédiatement à mon ami Rudy Groning à Amsterdam. Je serais bien étonné qu'il n'ait pas une solution à me proposer.

Rudy a une énorme qualité : il ne pose pas de question et ne s'étonne jamais des problèmes, l'essentiel étant pour lui de les résoudre puis de fixer son prix, toujours dans les limites du raisonnable. Obtenir une fausse licence de capitaine au long cours pour Wolf lui paraît aussi naturel qu'installer un téléviseur dans son salon.

Je suis rassuré et Wolf me remercie dix fois pour ma proposition qui le sort d'une bien mauvaise passe. Je peux désormais me consacrer pleinement à mon voyage vers Dubai avec Brian Curt.

Là-bas, on nous accueille comme des princes. À la descente d'avion, nous sommes conduits par un chauffeur au Sheraton, où nous déposons nos bagages avant d'aller déjeuner dans un des plus luxueux restaurants de la ville. Un Afghan et trois Pakistanais nous attendent. Vêtus de costumes de la meilleure coupe ils sont souriants, aimables et tout à fait distingués. Si je ne connaissais leur commerce, je les croirais sortis d'une prestigieuse université anglaise. Aujourd'hui encore, je me demande d'ailleurs si ces hommes n'étaient pas mandatés, eux aussi, par quelque mouvement politique pour remplir les caisses d'organisations de résistance, ce qui expliquerait leur prestance.

Lorsque les discussions commencent, j'ai effectivement l'impression de converser avec des hommes d'affaires dans un restaurant de la City. On aligne des chiffres, on évoque des statistiques et des calculs de probabilité, on inclut des taux de déperdition dans des seuils de rentabilité et l'on se répartit pertes et bénéfices au mieux des intérêts de tous. Puis, au café, on se fixe un nouveau rendez-vous dans la soirée afin de laisser chacun réfléchir au contrat. Tout cela se passe entre parfaits gentlemen, le seul problème étant que le marché traité est parfaitement illégal et payé en argent aussi sale que celui qui sert à régler la rondelette addition.

Nous négocions ainsi pendant deux jours, et il est convenu que si nous faisons affaire je chargerai les quinze tonnes de cannabis en haute mer, au sud du Yémen. Mais, dans l'avion du retour, Brian Curt me fait part de ses réserves.

– Le problème avec eux, c'est qu'ils veulent que je paye pour enlever la drogue, alors que moi je souhaite que l'on me paye pour que je la convoie. C'est ce que l'on me propose à la Jamaïque. A priori le marché me convient donc mieux là-bas. Je dois encore réfléchir aux deux propositions et les comparer. De toute façon, avec les uns ou avec les autres, nous allons travailler. Tiens-toi prêt à partir. Tu as gardé les armes ?

– Oui, deux fusils à pompe et une carabine de gros calibre.

– Ce n'est pas assez. Renforce-toi. Je peux te fournir deux lance-roquettes.

Je n'ai pas le temps de m'occuper d'artillerie, mais pendant nos longues périodes d'inactivité aux Caraïbes j'ai découvert que notre cuisinier s'intéressait plus aux circuits des armes qu'à ceux de la viande. Je l'appelle donc à Toulon, où il réside, et lui demande de s'occuper de ma force de frappe. Mon ami Sylvain passera le voir et m'apportera ce qu'il aura trouvé.

Voyons maintenant où en sont les réparations du *Melor*. J'appelle le chantier de Gibraltar : on me dit que mon bateau est quasiment prêt et pourrait même prendre la mer tel quel en cas d'urgence.

Quelques jours plus tard, Curt me convie à venir prendre un café avec lui, le dimanche matin suivant, au bar du casino de Marbella. J'ignore totalement pourquoi il arrive en Andalousie, mais comme il ne juge pas utile de me le dire au téléphone je n'insiste pas.

Lorsque nous nous rencontrons, Brian entre directement dans le vif du sujet. Tout est réglé avec la Jamaïque et l'organisation sera moins lourde qu'aux Caraïbes, car le transbordement ne se fera pas en haute mer mais directement dans le port de Kingstown. Avant même de savoir si je suis d'accord ou non pour ce voyage, l'Anglais ouvre un sac de sport, en sort un téléphone portable Motorola gris qu'il me tend avec un chargeur.

– Dès que tu arrives à Kingstown, tu branches et quelqu'un t'appellera pour t'indiquer la marche à suivre. La livraison se fera bien au sud de l'Irlande. Tu peux partir quand ?

Pris de court, je ne peux me défiler :

– Le *Melor* sera prêt samedi prochain, les armes que j'ai commandées vont m'être livrées cette semaine, je serai donc opérationnel dans une dizaine de jours.

Pour la première fois depuis le début de notre entretien Curt sourit. Je fais de même, mais j'en profite pour glisser quelques observations qui risquent de le contrarier. Situé au nord-ouest des Caraïbes, au sud de Cuba, la Jamaïque est sous la surveillance permanente des garde-côtes américains et des agents de la Drug Enforcement Administration. Le port de Kingstown est une véritable souricière et le *Melor* n'a absolument aucune chance de passer inaperçu. Charger à quai dans ces conditions me paraît suicidaire et je fais part de mes craintes à Brian qui ne veut pas les entendre :

– L'opération est bien montée. Les gars sur place se sont entourés de toutes les précautions. Tout ira bien.

Je n'en suis pas du tout convaincu et ne peux m'empêcher d'y penser quand j'emmène Clara et les filles déjeuner dans un coquet restaurant de Mijas Pueblo, accroché sur une crête dominant le port de Fuengirola.

Cette histoire ne cesse de me préoccuper. Je me demande même si je ne suis pas en train de servir de chèvre, si les gens de l'IRA ne veulent pas attirer les policiers des stups américains vers le *Melor* et ses huit tonnes de cannabis pour passer tranquillement dix fois plus d'herbe ailleurs. N'y tenant plus, le lendemain, j'en parle à demi-mot à Ingrid qui, sous le sceau du secret, me livre quelques dessous de l'affaire.

Effectivement Brian Curt sait parfaitement que le *Melor* a de fortes chances de se faire « sauter », et c'est le cadet de ses soucis. Mais pas pour les raisons auxquelles je pensais. Je ne sers pas de chèvre, mais de victime expiatoire.

En fait le cartel colombien, qui dispose d'un lot de haschisch à Kingstown, s'impatiente. Il exige que la marchandise soit chargée rapidement car il a déjà remis trois cent mille livres à Curt pour cela. L'Anglais m'en a reversé cent mille pour mes frais et en donnera cent mille autres à Sean à titre d'avance. Mais maintenant il faut remplir le contrat à tout prix, quitte à faire capoter le coup. On peut expliquer un échec ; il est plus délicat de justifier un abandon de chantier. En ce qui me concerne je préfère nettement la seconde solution et j'appelle mon agent Mourot pour lui demander s'il voit un moyen de me sortir de ces sables mouvants dans lesquels je m'enfonce. Ses paroles chaleureuses me réconfortent, comme d'habitude.

– T'inquiète pas, on va y arriver, on va y arriver.

En attendant, Curt me téléphone trois fois par jour pour me demander où j'en suis. Je l'assure que tout va bien alors que je cherche désespérément des idées pour me décharger de cette commande assassine.

Je tourne et retourne encore tous les paramètres dans ma tête lorsque, une nuit, des coups sourds sont frappés à la porte du Saint-Georges. Je me précipite à la fenêtre avant que Clara se réveille et aperçois Sylvain, un gros sac posé à ses pieds.

En pleine forme, mon ami monte à l'appartement et se précipite sur le réfrigérateur en jetant négligemment au passage sa besace sur un canapé.

– J'arrive directement de Toulon. Je meurs de faim, parce qu'avec ça dans le coffre j'ai préféré ne pas m'arrêter en route.

« Ça », c'est ce qu'il y a dans le sac que je suis en train d'ouvrir. Sous du linge sale roulé en boule et des serviettes de toilette apparaissent deux pistolets-mitrailleurs Skorpio et des chargeurs de quinze et vingt-cinq balles, ainsi qu'un revolver 11-43 approvisionné, une arme de professionnel qui ne pardonne pas. Ça suffira, je ne veux surtout pas des lance-roquettes proposés par Curt.

Ces armes me ramènent à nouveau sur terre. Tout va tellement vite que j'en oublie la vie d'honnête homme et de respectable chef d'entreprise que je suis censé mener aux yeux de tous.

Clara s'adonne parfaitement à ses activités d'antiquaire mais pour un observateur, même peu attentif, il est évident que mes deux sociétés off shore ne sont pas les plus actives de Gibraltar et que mon chiffre d'affaires officiel ne pourrait en rien justifier mon train de vie.

Dès le lendemain je vais parler de tout cela avec Tintin le consul, qui est absolument ravi de me voir et s'imprègne de mes récits comme s'il se plongeait dans un excellent polar de vacances, au point que je suis obligé de m'interrompre pour lui rappeler que, précisément, ce n'est pas l'agent double qui frappe à sa porte, mais le citoyen au-dessus de tout soupçon.

Tintin s'excuse et me propose une anisade avant de parler d'affaires plus classiques.

Après un tour d'horizon économique vite restreint, nous convenons qu'avec l'aide et les appuis de Tintin je peux essayer de créer un service de fret régulier entre Casablanca et Valence. D'autres transporteurs assurent déjà cette liaison qui n'est pas des plus dynamiques ni des plus rentables, mais dans la mesure où la rentabilité n'est pas mon souci majeur dans ce domaine, Tintin va voir s'il peut au moins me procurer une activité de façade qui ne ferait pas grand tort à mes éventuels concurrents, ils peuvent en être assurés.

En sortant du consulat je descends Main Street sur ma gauche et me dirige à pied vers le port pour voir mon bateau. Les travaux sont pratiquement terminés. Je monte à bord pour une revue de détail et, en fouillant dans ma cabine, je tombe sur la balise Argos installée par Mourot que j'ai oublié de démonter avant les travaux, ce qui n'est pas très malin.

Je ne me reproche pas longtemps cette omission car elle me donne une idée de génie pour me sortir du piège de la Jamaïque.

Le soir même j'appelle Brian Curt à Londres pour lui

annoncer la nouvelle avec une horreur parfaitement feinte.

– Brian, mon bateau est repéré et piégé. J'ai découvert une balise cachée à bord, cet après-midi. Je n'ai touché à rien, je vais faire une sortie en mer pour voir si elle est activée et si l'on me suit. De toute façon, dans ces conditions il est hors de question que j'assure l'enlèvement de l'herbe à Kingstown, j'irais droit dans la gueule du loup. Je vais faire des photos de cette balise pour que tu les confies à des spécialistes si tu en connais. J'aimerais savoir quels services utilisent ce genre d'émetteur.

Brian se contente d'acquiescer, mais je sais qu'il comprend parfaitement que je freine des quatre fers devant cette expédition hasardeuse. Par ailleurs le patron d'un bar de Gibraltar m'appelle pour me proposer lui aussi une affaire. Il veut me présenter un affréteur que je ne connais pas. Le rendez-vous est fixé au lendemain dans un bar de Catalan Bay, dans le quartier de la Cala, sur la côte est du Rocher, celle que les touristes ignorent.

Lorsque j'entre dans l'établissement, en début d'après-midi, une seule table est occupée. Le patron du bar qui m'a contacté y est installé avec trois hommes. Je connais bien deux d'entre eux ; on me présente le troisième, Paolo, qui aimerait collaborer avec moi.

Beau gosse, élégant, raffiné, les mains manucurées, Paolo est italien, mais on devine chez lui du sang yougoslave qu'il ne revendique pas.

Sans entrer dans les détails, il me confirme qu'il peut me fournir de nombreux marchés à condition que mon bateau soit fiable. À mon tour, je lui décris le *Melor* et l'invite à venir le visiter puisqu'il est au port. Paolo est sensible à cette démarche – même s'il la décline – et me répond avec un large sourire :

– Il sera temps de monter à bord lorsque nous aurons fait affaire.

Le contact est bon et je sens que le courant passe bien entre Paolo et moi. Nous convenons de nous revoir le lendemain et, cette fois, l'Italien accepte de venir jusqu'au Saint-Georges pour mieux étudier notre éventuelle collaboration.

Satisfait, je repars pour Estepona où Clara, elle aussi, m'accueille avec enthousiasme dans son magasin d'antiquités.

– Un client est passé vers 17 heures, il est très intéressé par la petite table andalouse. Quand je lui ai annoncé le prix, près de huit mille francs, il n'a pas eu l'air de trouver ça cher. Il allait même me signer un chèque mais il s'est ravisé parce qu'il préfère revenir ce soir avec sa femme. Ils seront là vers 19 heures.

J'émets quelques doutes que Clara rejette.

– Il avait l'air vraiment séduit, je suis certaine qu'il va revenir.

Hélas, à 19 heures, le magasin est toujours désespérément vide et je m'installe tranquillement à mon bureau pour travailler tandis que Clara commence à préparer le dîner dans la cuisine. Nos deux filles sont dans leur chambre avec notre jeune bonne.

À 20 heures, une Renault 5 blanche se gare devant le Saint-Georges. Je regarde distraitement par la fenêtre et j'aperçois plusieurs silhouettes à l'intérieur. Je ne porte pas plus d'attention à la scène lorsqu'on frappe à la porte du magasin. C'est bien l'acheteur de l'après-midi qui revient et je le fais immédiatement entrer. Il a maintenant l'assentiment de sa femme pour acquérir la table andalouse mais il craint, me dit-il, de ne pouvoir lui faire franchir la porte de son appartement. En parfait vendeur, je lui explique alors que le plateau peut facilement se démonter et je me baisse pour lui montrer le mécanisme.

Tout va alors très vite. L'homme agrippe ma cravate et me tire violemment en avant. Je me retrouve plié en deux. Mon agresseur m'étrangle puis brusquement me met un énorme pistolet sous le nez. Je fixe le canon avant qu'il ne s'abatte d'un coup sec sur mon crâne. J'accuse le coup et parviens à crier :

– Que voulez-vous ?

Pour toute réponse l'homme me frappe à nouveau sur la tempe, avec la crosse de l'arme cette fois, et me traîne jusqu'à la porte qu'il ouvre à la volée à deux complices. L'un porte un bas sur le visage, le deuxième une cagoule. Mes yeux se brouillent, je ne vois même pas s'ils sont armés. C'est maintenant une rafale d'insultes qui me résonne dans la tête. Mon agresseur hurle en français :

– Saloperie, enculé ! Me regarde pas ou je te bute ! Couche-toi !

Je n'ai pas le choix, je m'exécute et vois les deux autres gangsters courir vers la cuisine juste comme Clara vient de passer la tête dans l'entrebâillement de la porte. Ils rattrapent ma femme qui cherche à atteindre l'arrière-boutique où est enfermé Kaiser, notre berger allemand.

Clara a un couteau de cuisine à la main, elle le fait virevolter autour d'elle et dans un premier temps les deux hommes reculent.

J'essaye de me relever mais je reçois une volée de coups de pied dans les côtes en même temps qu'un nouveau coup de crosse sur la tête qui me projette face contre terre.

Des hurlements proviennent de la cuisine. Clara est parvenue à saisir une bombe lacrymogène qu'elle avait cachée je ne sais où, mais ses agresseurs, cette fois, ont réussi à la ceinturer et ce sont eux qui l'aspergent de gaz. Les vapeurs âcres envahissent le magasin, piquent les yeux, ce qui irrite mon gardien. Il me le traduit par de nouvelles bourrades dans le bas-ventre et, me tirant soudain par les cheveux, il me crache au visage :

– Qui est là-haut ?

– La bonne...

Immédiatement l'un des hommes entraîne Clara dans l'escalier et découvre les enfants dans leur chambre avec la bonne. Poussant ma femme contre le mur il ordonne :

– Où est le coffre ? On sait qu'il y a du fric, ouvre-le ou on flingue les gosses.

Du pied de l'escalier mon gardien répète en me menaçant de son arme :

– Dis à ta connasse qu'elle ouvre. T'as entendu ce qu'on vient de dire ?

Je n'ai même pas le temps de répondre : j'entends déjà Clara se précipiter vers le coffre.

Quelques secondes plus tard, le truand redescend les marches et enfourne quarante mille livres (près de quatre cent mille francs) dans un sac en plastique. C'est ce qui me restait de l'argent que Curt m'avait donné pour les travaux du *Melor*. Les trois hommes me volent encore quelque dix-huit mille francs d'argent liquide que j'avais laissés dans mon bureau, puis ils arrachent les bijoux de Clara avant de nous ligoter avec du fil de fer.

À l'étage, la bonne s'est fait oublier et a refermé doucement la porte à clef. Elle calme Anna et Maria, qui sont terrorisées.

Alors qu'il s'apprête à franchir la porte, le chef du commando se retourne et crie une dernière fois :

– Fumier, la prochaine fois qu'on vient c'est pour te buter... T'as compris ?

Dès que j'entends la voiture démarrer, j'appelle la bonne qui vient délier nos liens et je m'assure que Clara n'est pas blessée. Reprenant lentement sa respiration, ma compagne me fait signe que tout va bien. Je me précipite au premier étage chercher l'un des pistolets-mitrailleurs que j'ai dissimulé dans un placard. Je saute dans ma voiture et me lance à la poursuite de nos agresseurs. Rapidement je repère une Renault 5 blanche. Je fonce. Les occupants ne sont pas ceux que je cherche. La chasse est terminée... Je rentre bredouille au Saint-Georges où Clara m'apprend que la bonne a appelé la police. Cela me dérange. J'aurais aimé réfléchir à cette agression avant de prendre cette décision. Je ne tiens pas trop à ce que le commissaire Mas vienne mettre son nez dans mes affaires, surtout lorsqu'elles sont mal rangées...

Trop tard. Une vieille Citroën de la Guardia Civil vient de s'arrêter devant la porte et deux policiers tout aussi poussifs que leur véhicule s'en extirpent.

L'un d'eux, en se curant négligemment une dent, fait le tour des lieux et constate qu'il y a des traces de sang dans la cuisine. Puis il s'assoit lourdement sur une chaise à l'arrivée d'un supérieur, l'adjoint du commissaire Roberto Mas.

Celui-ci ne me plaît pas plus que son chef. Je vois bien qu'il fouille dans tous les coins beaucoup plus par curiosité que pour rechercher des indices. Après avoir tourné quasiment en silence pendant une bonne demi-heure, il m'assure, dans un soupir de compassion qui me touche :

– Pauvre monsieur Fiévet, nous allons tout faire pour retrouver ces voyous. Nous y parviendrons, je vous l'assure. Passez demain au commissariat pour votre déposition, ce soir il vaut mieux que vous vous reposiez.

Au moment de sortir, il se ravise et revient sur ses pas.

– Au fait, je cherche aussi le « baron ». Vous le connaissez, je crois ? Vous ne savez pas où il est, en ce moment ?

Je connais effectivement le « baron », un trafiquant local, et je lui ai même communiqué tout récemment, contre quelques informations, une adresse au Maroc où se mettre au vert pendant quelque temps. Je suis persuadé que le policier le sait et je n'aime pas du tout ce troc. Je réponds sèchement :

– Je n'en ai aucune idée et j'ai d'autres soucis en ce moment.

– Bien sûr, bien sûr. Excusez-moi, à demain au commissariat.

Enfin seul je réfléchis. Ces voleurs ne sont pas venus chez moi par hasard. Non seulement ils savaient que j'avais de l'argent dans mon coffre, mais ils voulaient en plus me donner une leçon. J'en suis persuadé : ils remplissaient un contrat. Je fais alors le tour de ceux qui pourraient me mettre à l'amende et je pense immédiatement aux sbires de Migo, aux anciens du GAL, qui ont certainement compris que je travaillais pour les douanes depuis que j'ai fait tomber l'un des leurs.

Cette quasi-certitude acquise, j'appelle Brian Curt à Londres pour lui raconter ce qui vient de se passer. Je lui confesse que son argent est parti en fumée. J'y comptais pour payer la fin des travaux du *Melor*.

Curt m'écoute attentivement et, curieusement, lui aussi en arrive à suspecter les hommes de Migo, mais pour d'autres raisons que moi.

– C'est tout à fait leurs manières de faire piquer l'argent chez les collègues quand ils savent qu'il y en a. Et comme en plus tu ne travailles plus pour eux, ils n'ont aucune raison de se gêner. J'ai des hommes de main sur le secteur, est-ce que tu veux qu'ils viennent assurer ta protection ?

Je le remercie vivement mais je n'y tiens pas du tout.

En revanche, lorsqu'il me demande de venir le voir à Londres le vendredi suivant pour que l'on parle de tout cela et des travaux à terminer sur le *Melor*, je suis obligé d'accepter.

Je raccroche et reste pensif devant le téléphone. Le calme est enfin revenu. À ce moment seulement, j'entends s'élever la voix étonnamment calme de Clara.

– Marc, je veux quitter cette maison.

Je me retourne. Clara s'est pelotonnée au fond d'un canapé. Elle tremble légèrement. Je m'assois près d'elle et la serre dans mes bras.

Malgré l'heure tardive, j'appelle Mourot pour lui raconter ce qui vient de se produire. À la fin de mon récit, je le préviens :

– Il faut que j'arrête, ça devient trop dangereux. C'est ingérable !

– XI –

SOUS LA HAUTE PROTECTION DE L'ARMÉE

Le nez planté dans sa vieille machine à écrire déglinguée, le policier assis en face de moi m'énerve prodigieusement. Voilà déjà une heure qu'il a commencé à enregistrer ma déposition et j'ai l'impression que cela ne finira jamais. Il revient sans cesse sur les mêmes détails de l'agression que j'ai subie la veille au soir, fait mine de ne pas comprendre, réfléchit, puis se lance dans une rédaction hésitante en tapotant sur son clavier avec deux doigts. Depuis le début de mon audition je m'attends à ce qu'il me demande pourquoi j'entreposais tant d'argent liquide dans mon coffre, en petites coupures de dix livres de surcroît, et quelles en étaient l'origine et la destination. Il est certain que c'est la seule chose qui intéresse mon interlocuteur mais il tarde à aborder la question pour donner l'illusion qu'il entend mener son enquête avec diligence, et c'est presque avec détachement qu'il arrive enfin à ce point capital. Mon explication est prête depuis longtemps :

– Je suis armateur, j'avais prévu de faire caréner un navire au chantier Lopez de Málaga et le patron m'avait prévenu qu'il en avait assez des tracasseries bancaires lorsqu'il était payé avec un chèque tiré sur une banque de Gibraltar. Il m'avait donc prié de prévoir un règlement cash et j'avais sorti des fonds à cet effet.

Le policier hoche gravement la tête mais ne se contente pas de cette réponse. Il me demande plus de détails lorsque je lui coupe sèchement la parole :

– Je suis victime ou coupable ?

Surpris, l'inspecteur relit sa dernière phrase, bredouille quelques mots et passe à une autre question.

Dans une pièce voisine, Clara est soumise au même interrogatoire. Mais elle n'a pas à s'expliquer sur l'argent puisqu'elle n'était pas censée en connaître la présence dans le coffre.

Lorsque nous quittons enfin le commissariat, nous tombons nez à nez avec le commissaire Mas qui vient de garer sa BMW devant la porte. Je ne peux m'empêcher de lui faire remarquer qu'à mon avis nos voleurs étaient très bien renseignés. Il élargit un peu son éternel sourire, ne fait aucun commentaire et met un terme à la discussion.

En fin de matinée Paolo arrive, comme prévu, au Saint-Georges. Dès son entrée dans le magasin il met la main devant sa bouche en grimaçant, se dirige vers moi et me questionne :

– Ça sent le gaz lacrymogène. Que s'est-il passé ?

J'explique rapidement sans trop m'appesantir pour éviter des questions, puis je présente Clara en confiant à Paolo qu'elle ne souhaite plus rester dans cette maison. Il comprend parfaitement sa réaction et se propose de nous aider dans la recherche d'un logement. Après l'avoir remercié vivement, Clara nous laisse seuls.

Visiblement Paolo a réfléchi. Il est décidé à traiter avec

moi. Je demande donc plus de précisions sur ses activités et, surtout, je souhaite savoir ce qu'il attend de moi.

– J'ai de gros clients en Italie et en France que je dois approvisionner fréquemment, explique-t-il. Pour cela j'ai besoin d'un bateau discret d'assez fort tonnage et d'un équipage toujours disponible.

J'arrête l'Italien avant qu'il ne poursuive.

– S'il s'agit de transports fréquents, il faudra trouver une activité parallèle régulière et légale pour le *Melor*. Je suis prêt à transporter des petits cailloux, des choux de Bruxelles ou des pois chiches, mais je veux pouvoir justifier mes déplacements auprès des autorités.

Paolo est réellement surpris :

– Ah bon, tu ne travailles pas en pirate ? Tu respectes les règles ?

– Absolument. Partout où il passe, le *Melor* est en règle. Seul le chargement ne correspond pas toujours à l'ordre de mission. Il y a bien des années, j'ai transporté des armes à bord de camions. C'était parfaitement illégal, mais les papiers du véhicule et mon permis de conduire étaient toujours en conformité avec les lois. J'agis de même avec mes bateaux.

– C'est habile, mais il va falloir vite réfléchir à une organisation car j'ai déjà une commande à honorer dans les Pouilles. Il y a une tonne six de cannabis à enlever à Melilla, au Maroc, et à livrer à Tarente.

– Pour ce voyage-là, il y a peut-être une solution. Le *Melor* vient d'être révisé mais le carénage n'a pas été effectué et il a besoin d'un coup de peinture. Si un chantier de Tarente peut l'accueillir, il suffit qu'il nous envoie un devis et nous sommes couverts. Nous pouvons justifier le trajet pour des réparations...

– Parfait, je charge quelqu'un de s'occuper de cela sur place, ça ne posera pas de problème.

Ce premier obstacle contourné, Paolo m'initie au réseau téléphonique assez complexe qu'il utilise pour correspondre avec ses clients, associés ou hommes de main à travers le monde. Avant chaque opération, chacun reçoit un portable dont le numéro correspond à un propriétaire fictif, et qui ne sera utilisé que jusqu'à la livraison de la marchandise. Ensuite le téléphone disparaît et est remplacé par un autre. Ce turn-over laisse peu de temps aux policiers pour repérer les lignes et les surveiller. Il assure donc un maximum de sécurité, tout en permettant un contact constant entre les différentes équipes.

Cette organisation est un label de professionnalisme. J'ai la conviction que je viens encore de franchir un palier et que j'arrive dans la sphère des mafias de la drogue. C'est donc avec d'infinies précautions que je risque une question pourtant essentielle, surtout pour mes employeurs de la DNRED :

– Paolo, mon bateau et moi-même allons être engagés sur de grosses opérations. Je préférerais tout de même savoir avec qui je travaille. Pour l'instant, je ne connais que Paolo...

– Et c'est bien suffisant.

– Je ne peux pas en savoir plus ?

Paolo s'amuse.

– Tu veux que je te montre un vrai-faux passeport, ou un faux-vrai passeport ? Crois-moi, moins tu en sais, moins tu en dis... En revanche, je peux te dire que ma femme s'appelle Bianca, et je te la présenterai bientôt. Quand je suis absent, tu peux avoir affaire à elle.

Insister deviendrait déplacé et je m'en tiens là.

Satisfait, Paolo me serre la main et se dirige vers sa Ford Scorpio blanche garée sur le parking du Saint-Georges. J'avoue que sa visite, avec les perspectives qu'elle m'ouvre, m'a excité. J'ai hâte d'en rendre compte à Mourot. Les incidents de ces derniers jours m'incitent toutefois à la prudence, et je vais l'appeler depuis le téléphone public vert installé à quelques pas du Saint-Georges.

Philippe paraît d'humeur badine.

– Bonjour, NS-55. Quel lièvre as-tu levé ?

– Justement un très gros que j'aimerais que tu identifies.

Je raconte avec passion les derniers événements à Mourot en insistant bien sur la dimension du personnage qui vient de me recruter. Mon agent traitant me laisse parler et, lorsque je termine, presque essoufflé, il laisse passer un bref silence puis prend la parole.

– Très bien, très bien. Bon, tu n'as rien qui monte pour moi en ce moment ?

J'espère avoir mal compris.

– Qu'est-ce que tu veux dire ?

– Eh bien un petit bateau chargé qui monterait vers la Bretagne, une saisie bien ficelée, vite fait bien fait...

J'avais bien compris. La colère, le dépit et la honte m'étouffent. J'explose.

– Je t'apporte une énorme pointure, je te garantis les plus belles saisies jusqu'à ta retraite, je t'offre une dimension internationale, et tout ce que tu me demandes c'est une barque avec des Carambar de contrebande... J'ai l'impression que tu ne réalises pas bien la situation. D'ailleurs, j'en profite pour te dire que Clara ne veut plus rester au Saint-Georges, elle a peur et il va falloir qu'on déménage. Ce problème te concerne aussi car je te rappelle que nous sommes copropriétaires du fonds de commerce avec ton ami Lenain.

– Ça tombe très bien car je dois justement descendre voir Lenain la semaine prochaine. J'en profiterai pour passer chez toi à Estepona, nous parlerons de tout cela.

– Tu viens voir Lenain ? Tu veux dire qu'il est revenu sur mon secteur alors que je l'ai fait virer ?

– Eh oui, lui il est fonctionnaire et il a une mission précise à effectuer sur la Costa del Sol.

– Je peux savoir ?

– Je t'expliquerai la semaine prochaine. Allez, sois prudent...

J'ai envie d'arracher le fil du téléphone, de prendre le premier avion pour aller massacrer les gens de Nantes. Brusquement, ma colère tombe en regagnant le Saint-Georges. J'en ai vraiment assez de cette situation bâtarde qui m'entraîne vers l'abîme et que je maîtrise de moins en moins bien. Les propositions de Paolo vont me permettre d'empocher le jackpot et de filer avec ma famille loin de toutes ces magouilles aussi malsaines que dangereuses. Au diable Mourot, Petra, Paolo, Curt... je rafle la tirelire et je me retire.

En attendant ce jour béni, j'appelle mon agence de voyages et je réserve un billet pour Londres en business class.

Quarante-huit heures plus tard Brian Curt m'attend au terminal n° 2 de l'aéroport d'Heathrow, et nous filons vers un bar où nous avons prévu de régler nos affaires.

Je ne verrai même pas Londres, j'ai prévu de rentrer le jour même.

À peine assis, je réalise que je vis vraiment sur une poudrière et que je ne soupçonne pas la complexité des toiles d'araignée tissées par les narco-trafiquants. Avant même que je ne prononce un mot, Brian me donne au centime près la somme qui a été dérobée dans mon coffre. Comme je m'en étonne, il s'ouvre à moi :

– C'est mon argent qu'on a volé, alors j'ai mis du monde sur l'affaire. Les types qui ont fait le coup s'en sont vantés. Ce sont bien des proches de Migo, des Français qui ont coopéré avec le GAL. Pour l'instant je les laisse courir. Ils ont des appuis dans la police et je n'ai pas envie d'attirer l'attention sur moi. Je solderai les comptes plus tard.

Pour ma part, je n'ai pas trop envie non plus de m'aventurer sur ce chemin glissant. Je me sens déjà assez mal à l'aise lorsque Brian me demande :

– Mais pourquoi Migo s'est-il attaqué à toi ? Tu as eu des problèmes avec lui ?

Difficile d'avouer à Brian que j'ai fait tomber le bateau d'un des lieutenants de Migo et qu'il s'en doute... Alors, après avoir fouillé un petit moment dans ma mémoire qui me hurle la réponse, je mens effrontément.

– Non je ne vois pas, mais j'ai pu faire une gaffe sans m'en rendre compte. Ça arrive...

Brian n'insiste pas. Je comprends vite que d'autres soucis à la Jamaïque le préoccupent. Il m'informe qu'il viendra lui-même à Kingstown pour s'assurer que l'enlèvement du cannabis dans le port se déroule bien. Je sais qu'il ne se déplace que très rarement et j'en déduis que ses clients doivent vraiment commencer à montrer les dents, ce qui n'arrange pas du tout mes affaires. Heureusement, la présence de la balise à bord de mon bateau inquiète mon commanditaire.

– Tu as fait une sortie en mer, pour vérifier si elle est activée ?

– Non, pas encore. J'attendais de t'avoir vu pour savoir si le voyage était maintenu, si elle est en service ce n'est pas la peine de déranger les douaniers inutilement...

– Bon, tu peux y aller, maintenant il faut en avoir le cœur net. Fais également la photo, comme convenu, tu la remettras à Sean, il va venir te voir à La Linea pour te donner les consignes.

J'ai beau tout faire pour que ce voyage n'ait pas lieu, Curt se moque éperdument de mes états d'âme et ne me demande pas mon avis. Il déroule son plan comme si je l'avais avalisé de bonne grâce. Cela me choque mais j'estime que le moment est mal choisi pour regimber, et je ne suis pas mécontent quand je vois Curt consulter sa montre et m'annoncer qu'un autre rendez-vous en ville l'oblige à me quitter. Mon vol de retour sur Málaga est prévu à 21 heures : la perspective de rester seul me réjouit.

Sitôt Curt parti, je me rue sur le salon business class d'Iberia et m'effondre dans un large fauteuil. Quelques secondes plus tard, je m'endors profondément À mon réveil j'appelle Wolf, mon capitaine, dans le port de Gibraltar, pour lui demander de prévoir une sortie en mer avec le *Melor* le 10 février. Cela pour une série de contrôles techniques. Je lui annonce aussi que j'apporterai un pistolet-mitrailleur. Les mers sont mal fréquentées...

Lorsque j'arrive à bord le jour dit avec un Skorpio caché dans un sac, Wolf me présente son équipage. Il y a là mon ancien mécanicien – qui va maintenant faire office de cuisinier – et un nouveau mécano. C'est un jeune et solide Anglais au corps d'éphèbe, et je m'aperçois très vite que Wolf ne l'a pas seulement engagé pour sa virtuosité dans le maniement de la clé à molette. Un peu de tendresse dans cet univers d'hommes rudes me fait plutôt sourire... Après tout, tant que le bateau avance, le reste ne me regarde pas.

Avant d'appareiller, je me glisse dans la salle des machines pour une rapide inspection et retrouve avec plaisir l'odeur particulière de l'huile chaude. Tout me paraît en ordre, donc je donne le signal du départ pour une virée en mer d'Alboran – au large de la baie d'Algésiras – en priant mon capitaine de mettre le cap au 165, vers les côtes marocaines de la Méditerranée. Je trouve Wolf un peu hésitant dans ses manœuvres et ses réglages mais je mets cela sur le compte de la découverte du bateau.

Après trois heures de navigation, je suis seul dans ma cabine et j'en profite pour faire des photos de la balise installée par Mourot (que je sais parfaitement inerte puisque c'est moi qui l'ai déconnectée) lorsque le mécanicien m'appelle pour me signaler qu'un hélicoptère survole le bateau.

Je monte immédiatement sur la passerelle et reconnais le Messerschmitt 530 appartenant à mes amis des douanes espagnoles. Je me garde de les saluer et joue mon rôle à la perfection, ordonnant immédiatement à Wolf de mettre le cap au 80 afin que les gabelous ne suspectent pas un chargement au Maroc.

– C'est bon, nous rentrons.

Véritable coup de chance ! Car je n'avais pas prévenu Serdos, le chef des douanes, de ma sortie. C'est par pure routine, ou fortuitement, que l'hélicoptère nous a survolés. Si bien que l'équipage, s'il est interrogé, pourra confirmer que nous avons bien été suivis. Je ne suis pas mécontent...

Debout à l'avant du bateau, nez au vent, fière et triomphante figure de proue, je respire à pleins poumons, j'avale, je me gonfle. Ah oui, Brian Curt, je me gonfle !

Certain d'avoir trouvé la faille, je rentre guilleret au Saint-Georges. Clara est contente de me voir arriver.

– Voilà trois fois que Curt t'appelle. Que ce soit Mourot ou lui, c'est fou ce que ces gens peuvent être mal élevés quand ils sont impatients.

Et bien sûr, à mon tour, je n'arrive pas à joindre Brian. Je le déniche finalement chez sa sœur, fleuriste à Piccadilly. Je lui raconte la sortie en mer puis il m'annonce la venue de Sean le lundi suivant. À 11 heures je devrai être à La Linea et marcher lentement dans le parc public qui fait face au poste frontière de Gibraltar. Même scénario qu'à Dublin.

Ma bonne humeur s'envole instantanément. Je ne suis pas encore sorti des griffes de l'IRA mais je n'ai pas le temps de penser à ce problème. À peine raccroché, le téléphone sonne à nouveau et, cette fois, c'est Paolo qui m'invite à déjeuner le lendemain pour me présenter sa femme Bianca. Je suis emporté dans un tourbillon démoniaque.

Le lendemain, j'arrive à 13 h 30 à la pizzeria All'incontro de Torremolinos où Paolo est déjà attablé avec Bianca. Je m'installe et pendant tout le déjeuner la jeune femme me saoule de questions sur ma vie privée. Sous couvert de pure curiosité féminine, elle travaille à la perfection pour Paolo et remplit méthodiquement les cases encore vides de mon curriculum vitae. D'ailleurs son mari se garde bien de l'interrompre, et ce n'est que lorsqu'elle arrive à la fin du questionnaire qu'il aborde nos projets. Là, il m'annonce qu'il emmènera Wolf à Melilla le samedi 13 février pour repérer avec lui les lieux de chargement du cannabis à livrer en Italie. Officiellement le *Melor* se rendra dans un chantier naval de Brindisi pour y être repeint. Paolo a rempli la condition que j'avais exigée.

À la fin du repas, un homme de main de Paolo – un colosse croate – nous rejoint et m'apporte deux téléphones qui nous permettront de rester en liaison pendant l'opération. L'un est pour moi, l'autre sera installé sur le *Melor*. Les choses se précisent. Nous entrons désormais en phase active et, au plus fort de ces préparatifs, je ne peux m'empêcher de penser à ma retraite, ce qui prouve bien qu'il est grand temps que je raccroche.

Le samedi matin, j'accompagne Wolf à l'aéroport de Málaga et, dès qu'il a embarqué avec Paolo dans le petit Twin Other assurant la liaison avec l'enclave espagnole de Melilla, je me précipite vers un téléphone et appelle Philippe Mourot chez lui, car il me semble que nous tenons une occasion unique d'identifier Paolo.

– Philippe, mon Italien inconnu, Paolo, vient d'embarquer sur le vol Málaga-Melilla. Est-ce que tu peux faire sortir la liste des passagers ? Ils ne sont que douze à bord et Paolo a été enregistré en même temps que mon capitaine, Wolf Knap. On va enfin savoir sous quel nom il voyage !

Je sens alors une extrême lassitude dans la voix de mon officier traitant.

– Marc, nous sommes samedi, tous nos services sont fermés. Tu penses bien que personne ne va s'occuper de ça aujourd'hui. Nous verrons ça la semaine prochaine. Je te confirme que je passerai te voir au Saint-Georges mercredi. Allez, bon week-end, je vais faire un jogging !

Une vague de découragement m'envahit. Je ressens un profond mépris pour ces fonctionnaires qui ne pensent qu'à leurs notes de frais, leurs points de retraite et leurs congés pendant que je me démène pour leur livrer des trafiquants sur un plateau. Les truands travaillent même le week-end, moi aussi, et ça ne change rien à mes points de retraite...

Le dimanche soir, je récupère Wolf à l'aéroport. Il rentre seul ; Paolo est resté sur place pour régler, je présume, les aspects financiers de l'enlèvement et de la livraison. Mon capitaine m'assure que tout s'est bien passé, que les expéditeurs marocains sont charmants et que le chargement ne posera aucun problème. Je le conduis à un hôtel d'Estepona puisque, le lendemain matin, je dois me rendre moi aussi à Gibraltar pour rencontrer Sean l'Irlandais – ce que Wolf ne sait pas, bien sûr.

Le lundi matin, je dépose Wolf devant le poste frontière de Gibraltar afin qu'il regagne le port, et je le suis du regard jusqu'au moment où il monte dans un taxi pour m'assurer qu'il ne revient pas sur ses pas. Je ne tiens pas à ce qu'il me surprenne avec l'Irlandais. Certain de son départ, je vais garer ma voiture dans un parking et reviens à pied vers la guérite des gabelous.

À 11 heures, le parc où j'ai rendez-vous avec Sean est désert. Seuls quelques petits dealers terminent leur nuit affalés sur les bancs. Supermarché de la drogue et de la contrebande, l'endroit n'est pas très fréquentable et l'on y ramasse plus souvent des seringues abandonnées que des hochets égarés.

Je marche depuis un bon moment de long en large lorsque Sean arrive à mes côtés. Je reconnais que je ne l'ai pas vu arriver ; ce garçon est parfaitement rompu aux règles et impératifs de la clandestinité. Avant même de me saluer, il me questionne :

– Qui était avec toi, dans la voiture ?

Heureusement, je n'ai aucun mal à fournir l'identité et la fonction de mon passager, ni à expliquer sa présence à mes côtés. Du coup Sean se détend en s'excusant.

– Je suis désolé, explique-t-il, mais le 6 mars 1988 trois de mes amis de l'IRA ont été abattus froidement à Gibraltar par des SAS britanniques qui les pistaient depuis un bon moment. C'est difficile à oublier et cela incite à la prudence.

Je lui donne entièrement raison et lui tends immédiatement la photo de la balise installée sur le *Melor*. J'attends avec impatience que l'on annule l'expédition vers la Jamaïque. Je lui confirme que la balise est activée puisque j'ai été filé par un hélicoptère lors de ma sortie en mer. Et Sean en convient alors :

– C'est certain. Dans ces conditions, nous ne pouvons

pas utiliser le *Melor*. Même si nous retirons la balise, il sera repéré.

J'attends la suite avant de me réjouir.

– Il faut donc trouver une autre solution, enchaîne Sean. Nous avons absolument besoin d'argent. C'est vital pour l'organisation et nous ne pouvons en aucun cas renoncer à l'enlèvement de cette drogue à la Jamaïque. On ne change pas de monture au milieu du gué. Il faut que tu cherches un autre bateau à louer, le plus vite possible.

Avant même que j'aie pu esquisser une réponse, Sean s'est déjà écarté. Planté sur une pelouse pelée, les mains enfoncées dans les poches, je le vois déjà disparaître à grands pas dans les allées du parc en direction du centre ville. Je maudis la Terre entière.

Le mercredi suivant, vers 21 heures, Mourot se fait déposer au Saint-Georges par son collègue Lenain qui reprend la route aussitôt. Enfin il daigne s'intéresser à l'opération en cours avec Paolo, que je lui relate dans le détail. Un seul élément me manque : je ne sais pas à quel endroit exact le cannabis sera livré. Le point précis sera communiqué à Wolf par radiotéléphone au dernier moment. Mourot en est un peu contrarié.

– Dis à ton capitaine de rester dans les eaux internationales. Je ne préviens pas les Italiens.

L'ordre du jour étant épuisé, je rappelle à Philippe que je veux absolument déménager et qu'il faut soit vendre le Saint-Georges, soit trouver quelqu'un pour m'y remplacer. Clara ne se prive pas de venir confirmer mes propos. Je sens brusquement Mourot très mal à l'aise, car il n'a pas le début d'une solution à nous proposer. Prétextant l'heure tardive, il me demande de le reconduire chez Lenain, où il va passer la nuit avant de repartir pour Nantes.

Le samedi, Paolo organise une « réunion de travail » à la terrasse du bar La Frontera, face au poste frontière de Gibraltar. Il m'a prié d'y convier Wolf afin de lui communiquer les dernières directives. Le départ pour Melilla puis l'Italie est prévu pour le soir même.

Un garde du corps de Paolo s'est installé à une table voisine et je devine à la bosse qui déforme sa veste sous l'aisselle qu'il est prêt à toute éventualité. En revanche il ne bouge absolument pas lorsqu'un inconnu s'approche de son patron. Ce dernier me présente aussitôt le nouvel arrivant.

– Voici Philippe, mon *« cargo-man »*, mon homme de confiance. Il va embarquer sur le *Melor* pour superviser les opérations et veiller sur la marchandise. La navigation sera l'affaire de Wolf et le fret celle de Philippe. Je pense que c'est clair ?

Tout le monde hoche la tête et Paolo poursuit :

– Puisque tout est réglé, le bateau peut appareiller.

Philippe se lève le premier et jette un sac de sport par-dessus son épaule tout en extirpant de sa poche le passeport belge qu'il va présenter dans quelques minutes aux douaniers espagnols puis gibraltariens. En apercevant ce document je dévisage Philippe – un homme d'une cinquantaine d'années au teint buriné, aux rides creusées par le soleil – et je ne peux évidemment pas m'empêcher de rire. D'abord surpris il me fixe, puis regarde son passeport et rit à son tour : pour un Belge, Philippe parle avec un accent de Marseille à faire frissonner d'aise la sardine du Vieux-Port. Ainsi se construit l'Europe...

Philippe et Wolf partent vers le Rocher en devisant comme deux vieux amis. Avec presque de la tendresse dans la voix, Paolo me dit :

– J'aimerais voir le *Melor* sortir du port.

À 19 heures, nous sommes installés derrière la baie vitrée d'un *« chiringuito »*, un petit restaurant de plage, en attendant la sortie de mon bateau. Je montre à Paolo une embarcation pouilleuse qui s'approche de la côte en se balançant de droite à gauche en des sursauts désordonnés.

– Encore une *« patera »*, un transport de clandestins. Elle va larguer sa cargaison quelque part dans une crique au-delà d'Algésiras. Tout le monde le sait...

– Ici, Marc, tout le monde sait tout. Mais quand tu paies, personne ne sait plus rien...

Et Paolo, décidément très disert ce soir, de me confier :

– Tu vois, par exemple, je ne suis absolument pas inquiet pour le chargement de ce soir. Non seulement les gars seront tranquilles, mais ils pourront même prendre leur temps. Ils seront protégés par les militaires marocains.

J'apprends alors que Paolo traite ce soir avec un riche homme d'affaires marocain, Ahmed Lamdani, président d'un grand club sportif et ami intime d'un militaire de haut rang, également président d'une fédération sportive. Lamdani contrôle pratiquement tous les enlèvements sur la côte méditerranéenne et – à l'occasion –, pour dissuader des concurrents qui pourraient avoir de vilaines idées, il n'hésite pas à demander le concours de l'armée à son puissant ami pour sécuriser les chargements. Du dernier des bidasses aux plus hauts généraux, tout le monde trouve bien sûr son compte dans l'affaire.

J'écoute les révélations de Paolo avec consternation et mesure le chemin qui reste à parcourir pour débarrasser la planète du fléau de la drogue lorsque j'aperçois l'étrave du *Melor* dans l'axe de la pointe de l'Europe, au pied du majestueux rocher de Gibraltar dont la blancheur irréelle se détache dans la nuit tombante. Je tends des jumelles à Paolo. Il paraît réellement heureux de voir mon cargo se lancer vers la tonne six de cannabis qui l'attend de l'autre côté du détroit. Comme un gosse, le trafiquant salue le navire de la main en souriant. Puis il paye et nous sortons.

À 4 heures du matin, le « téléphone de campagne » du Saint-Georges me tire de mon sommeil. C'est Paolo qui m'appelle pour me dire que le chargement s'est bien déroulé, ce qui ne me surprend pas après ce qu'il m'a confié. Pourtant, mon capitaine a affiché un curieux comportement, faisant même des difficultés pour immobiliser le navire lors du transbordement... Je promets de m'en occuper mais, sitôt le combiné raccroché, je vais reprendre ma nuit là où je l'avais laissée.

Ce n'est qu'à 8 heures que je joins le *Melor* et, effectivement, je sens que Wolf est embarrassé. J'exige qu'il me passe Philippe, dont l'accent marseillais me défonce les tympans.

– Il est complètement sénile, ton capitaine ! Il ne voulait pas arrêter le bateau pendant le chargement, il voulait continuer à avancer ! J'ai vraiment dû me fâcher ! En plus, il voyait des flics partout, alors que je lui expliquais en long et en large qu'on était protégés par l'armée... Marc, dis bien à ce charlot qu'il s'occupe de sa navigation et pas de mes affaires, parce que s'il m'emmerde, je te jure que je le passe par-dessus bord et que ton tas de ferraille c'est moi qui l'emmène en Italie !

Je transmets le message à Wolf, en édulcorant quelque peu le discours, mais lui rappelle tout de même fermement qu'il n'a pas à discuter les ordres de Philippe qui représente notre client à bord. Puis je consulte ma montre et appelle la DNRED de Nantes pour annoncer à Mourot que le bateau est parti mais que je ne sais toujours pas où il va exactement, sinon dans le sud de l'Italie.

Vers 11 heures, Paolo passe me prendre en voiture et me conduit dans une superbe villa qu'il me dit avoir louée à Calahonda. À peine entré, je remarque tout de suite qu'elle est équipée d'un puissant émetteur-récepteur BLU permettant de communiquer avec les bateaux, mais je ne pose pas de question. Un Français – Daniel – nous rejoint rapidement dans le salon. Paolo me présente comme son associé. J'en suis assez surpris mais, là encore, je ne fais aucune remarque et, mis en confiance, l'homme me raconte qu'un de ses bateaux de pêche est en perdition au large du Cap-Vert avec quarante tonnes d'excellent cannabis afghan à bord. Paolo a déjà envoyé un chalutier de soixante pieds sur place. Il a pu récupérer onze tonnes de drogue qui voguent actuellement vers la Cornouaille. Sur le ton tout à fait badin du professionnel de la mer, je me fais communiquer les données techniques de ce bâtiment pour les transmettre à la DNRED.

Paolo cherche maintenant à affréter un autre bateau, au départ du Sénégal, pour aller récupérer les quelque vingt-neuf tonnes de cannabis encore à bord avant que tous les poissons de la région ne succombent à une overdose. Daniel lui donne carte blanche pour organiser le sauvetage et nous salue.

Aussitôt Paolo me confie le volant de sa voiture, s'installe à mon côté et m'invite à faire des allers et retours sur l'autoroute qui relie Calahonda à Málaga afin de téléphoner tous azimuts, en évitant d'éventuels scanners de la police. Puis il se lance dans une série de coups de téléphone internationaux. Ce n'est plus une voiture, c'est l'annexe ambulante de Wall Street. J'entends des séries de chiffres faramineux accolées à des noms de bateaux, et après plus d'une heure de manège autoroutier Paolo m'annonce enfin :

– J'ai trouvé un bateau prêt à appareiller à Dakar mais le capitaine exige d'être payé avant de partir. Il faut que j'envoie quelqu'un tout de suite à Rome chercher cent mille dollars pour les porter au Sénégal. Daniel ira les réceptionner. Le problème, c'est que je n'ai personne qui puisse aller en Italie.

Qu'à cela ne tienne, mon copain Sylvain fera l'affaire, il a l'habitude de jouer les télégraphistes. Je n'aime pas trop le mêler à ces affaires dangereuses et malsaines, mais d'un autre côté lui a terriblement envie de s'impliquer avec moi et au moins, pendant qu'il collabore, je sais où il est et ce qu'il fait. Profondément attaché à ce vieil ami, je sais que s'il reste seul il peut basculer à tout moment dans le vagabondage ou la délinquance alors que mes affaires, elles, sont toujours sous le contrôle des douanes.

Heureux que tout cela soit réglé, je roule gaiement avec Paolo vers Estepona lorsque mon téléphone sonne.

C'est Philippe... mon officier traitant.

Je bredouille quelques mots et bêtement l'appelle Philippe. Paolo pense instantanément que c'est « son » Philippe, celui qui est sur le *Melor*, et il veut le prendre en ligne. Je protège mon combiné et parviens à clore la conversation.

Paolo m'interroge. Il veut savoir qui appelait. Jouant les caïds avertis, je souris :

– J'avais des clients avant de te connaître...

Paolo, à mon grand soulagement, se contente de cette réponse. Je respire mieux.

Arrivé au Saint-Georges je téléphone à Mourot. Je lui parle du Cap-Vert et lui donne les paramètres techniques du bateau qui vogue vers la Cornouaille pour que les spécialistes du Bureau aéronaval, le BAN, puissent prévoir sa route, puis je le supplie :

– Surtout, Philippe, ne m'appelle plus jamais sur mon portable...

– XII –

DANS LE PIÈGE DE MALTE

Le voyage du *Melor* vers l'Italie se révèle beaucoup plus mouvementé que prévu. Les événements des Balkans enflamment le sud de l'Europe et un embargo vient d'être décrété par l'ONU, si bien que tous les bateaux qui remontent l'Adriatique vont être contrôlés. Paolo, si serein le soir du départ, devient de plus en plus irritable et me confie qu'il comptait faire décharger la cargaison de cannabis sur le chantier même où le *Melor* devait être repeint, à Brindisi. Mais avec ces visites inopinées, tous ses plans sont bouleversés. Il faut maintenant organiser un transbordement en haute mer, ce qui est nettement plus complexe. Je me garde bien de lui dire que pour ma part je préfère cette solution (puisque Mourot exigeait que mon capitaine reste dans les eaux internationales) et je maudis à mon tour cet embargo si malvenu.

Les véritables ennuis commencent pour moi lorsque mon téléphone opérationnel sonne. J'hésite à décrocher. J'ai une étrange prémonition. Malheureusement, elle se confirme très vite. C'est Philippe, le faux Belge. Il est ivre de rage et hurle dans le téléphone.

– Enfin j'ai la liaison ! Ça fait des heures que j'essaye

de t'appeler ! Ton capitaine est devenu complètement dingue, il nous menace avec une sulfateuse et nous oblige à balancer la came par-dessus bord ! Tu réalises ? On est en train de foutre toute la cargaison à la flotte... On va y laisser des millions de francs et je te préviens tout de suite, tu te démerderas avec Paolo. Moi je ne peux rien faire, il a complètement pété les plombs et il serait foutu de me buter... Mais pourquoi t'a filé un P-M à ce furieux ?

Totalement abasourdi, je hurle à mon tour :

– Parce que je savais pas que c'était un furieux ! Qu'est-ce qui lui arrive, qu'est-ce qui s'est passé ?

Se calmant à peine, le souffle court, s'étranglant à chaque phrase du récit, Philippe me raconte...

La veille au soir, une vedette de la Guardia di Finanza a arraisonné le *Melor* pour un contrôle. En proie à une rage de dents, Wolf s'était enfermé dans sa cabine. Et c'est Philippe qui avait reçu les douaniers, ce qui était finalement préférable ! Vieux routier du milieu et vieux renard du trafic, le Belge de Marseille avait su dissimuler parfaitement le cannabis dans les sacs de sable servant de ballast au navire. Les fonctionnaires des douanes n'avaient rien trouvé et avaient alors demandé au capitaine du navire quel était le but de cette liaison Gibraltar-Italie.

En geignant et en se lamentant, Wolf avait sorti mon ordre de mission l'enjoignant de livrer le bateau dans un chantier de Brindisi pour travaux de réfection, puis il avait montré le télex de confirmation du rendez-vous expédié par le patron de ce chantier. Philippe avait ensuite accompagné les douaniers dans la cale pour leur montrer les pots de peinture entreposés en vue des travaux. Tout était parfaitement en règle et, sur ce point, Paolo pouvait me remercier : ma stratégie de la transparence avait payé car les gabelous ont repris la mer sans pousser leurs investigations plus loin.

C'est après leur départ que les choses se sont gâtées. Totalement pris de panique, Wolf a surgi sur le pont le Skorpio à la main et a ordonné à l'équipage de débarrasser le bateau de sa cargaison.

– C'était hallucinant, me raconte Philippe en hoquetant. J'avais l'impression qu'il était saoul, ou shooté, et d'ailleurs je me demande si ce n'était pas le cas. On a essayé de gagner du temps, mais il s'énervait de plus en plus et on n'a pas eu le choix. Et ça continue...

– Combien en avez-vous jeté ?

– Déjà six cents kilos.

Le chiffre me glace le sang. J'imagine la réaction de Paolo. Il faut que j'arrête le désastre.

– Philippe, peux-tu me passer Wolf ?

– J'espère qu'il va venir...

Quelques secondes plus tard j'ai mon capitaine en ligne. Je lui envoie une volée d'injonctions.

– Vous êtes complètement fou, mon vieux ? Vous vous rendez compte de ce que vous faites ?

Redevenu étrangement calme, et avec une petite voix d'enfant pris en faute, Wolf tente de se justifier.

– Mais c'est pour protéger votre bateau que je fais ça, je ne veux pas qu'il soit saisi s'ils reviennent...

– Ne vous occupez pas de mon bateau, vous rangez votre Skorpio, vous vous mettez aux ordres du Français et vous faites votre boulot, c'est tout. Nous ferons les comptes à votre retour. Est-ce que c'est clair ?

– Oui, Marc.

Je raccroche et, en me retournant, je vois Clara plantée derrière moi.

– Que se passe-t-il ? Je suis certaine qu'on t'entendait crier jusqu'à la plage...

– Wolf a fait une grosse connerie. Il va falloir réparer. Mais ne t'inquiète pas, c'est fini...

À l'instant même où je prononce ces mots, je sais parfaitement qu'au contraire tout ne fait que commencer. Car il est évident que Paolo va me demander un dédommagement que je suis bien incapable de lui fournir.

Avant même que j'aie pu réfléchir à la situation, un coup de téléphone de mon commanditaire confirme mes craintes.

– Oui, je sais, Paolo. Wolf a disjoncté et j'en assume la responsabilité.

– Très bien, rejoins-moi à 9 h 30 à la brocante de Fuengirola, sur le parking du supermarché. Je t'attendrai à la cafétéria.

Le ton est sec et je reçois la convocation comme un coup de trique. On est très loin des moments chaleureux où j'étais présenté comme associé. Là, j'ai clairement le sentiment que nous allons faire comptes à part, et je m'y prépare.

Sur la route qui me mène à Fuengirola, je réfléchis à toutes sortes de solutions et n'en vois qu'une d'acceptable : donner le Saint-Georges à Paolo en compensation de la marchandise perdue.

Quelques minutes plus tard, je m'assieds face à lui. Son visage est dur, fermé. Il triture nerveusement sa petite cuiller en me regardant tirer une chaise. D'emblée je lui suggère ma proposition. Il paraît surpris puis, très vite, il se détend et se jette en arrière sur sa chaise.

– Pourquoi pas ? J'accepte et je suis heureux que tu

réagisses ainsi. Je m'attendais à ce que tu refuses de couvrir ton capitaine. Ce qui aurait nui à notre relation, je ne te le cache pas. Je suis soulagé, nous sommes vraiment associés.

Avec des gestes parfaitement calculés, Paolo se dresse lentement devant moi et me serre dans ses bras avec emphase. J'en suis gêné et regarde si des voisins nous observent. J'ai l'impression que je viens de décrocher un petit rôle pour jouer dans *Le Parrain.*

Je regagne ce qui bientôt ne sera plus ma propriété puisque Paolo va charger son avocat de trouver des acheteurs. Je suis malgré tout soulagé de m'être sorti de ce mauvais pas. Reste maintenant à annoncer à Mourot, mon copropriétaire, qu'il va devoir cohabiter et partager les charges avec un narco. Le chasseur et le gibier sous le même toit, ce n'est tout de même pas banal.

J'appelle Nantes dès mon arrivée au Saint-Georges. Mon chef ne m'en veut pas de l'avoir ainsi spolié.

– Marc, tu fais ce que tu veux avec le Saint-Georges. Tiens, hier, j'ai rencontré ton ministre dans une réunion. Il m'a demandé de tes nouvelles. Maintenant, dis-moi où en est ton opération en Italie...

Voilà, je ne suis plus propriétaire, et Clara ne sera bientôt plus antiquaire, tout cela parce qu'un marin que je croyais solide a démâté au premier coup de vent. Ce mauvais choix me coûte cher mais dans ce milieu il vaut mieux payer cash. Quand je pense que je comptais sur cette livraison pour prendre ma retraite, ce sera pour une autre fois...

Et l'autre fois se profile déjà à l'horizon. Paolo me rappelle alors que je viens de le quitter. Il veut me faire rencontrer des « amis » à Barcelone. Départ dès demain.

Le rendez-vous est fixé dans un Parador au sud de la ville. Cet hôtel d'État superbe – un ancien château flanqué d'une tour de guet – domine toute la capitale catalane, et je me réjouis du retard de nos partenaires qui me permet de profiter amplement du spectacle. Je suis encore plongé dans ma contemplation lorsqu'un maître d'hôtel vient nous avertir de l'arrivée de nos compagnons dans un salon privé. Ce sont deux Français, Jean et Dominique, dont l'accent trahit d'emblée les origines corses. Avant d'aborder les affaires, ils parlent de la France avec Paolo. J'apprends à cette occasion que mon « associé » s'est évadé d'une prison du sud de l'Hexagone avant de s'installer en Espagne. Un élément essentiel pour l'identifier, si Mourot veut bien s'en donner la peine.

Mais Jean et Dominique n'ont pas fait le voyage pour évoquer le passé ni comparer les mérites de la Santé par rapport aux Baumettes. Ils en viennent au fait. Ils ont investi beaucoup d'argent dans l'enlèvement de quatre-vingts tonnes de cannabis afghan de haute qualité (du « Black Bombay » précisent-ils en claquant la langue et en détachant bien les syllabes comme s'ils ânonnaient leur premier cours d'anglais) et ils cherchent un transporteur sûr. Paolo assure qu'il pourrait être celui-là, en précisant tout de suite que ce genre d'opération coûte cher. Après deux heures de négociations serrées, Paolo obtient la garantie d'une avance de trois cent mille francs. Un accord de principe est conclu. Une fois de plus, dans l'avion qui me reconduit vers Málaga alors que Paolo s'est endormi, je sors ma calculette et rêve de mes rentes...

Arrivé à l'aéroport, je récupère ma voiture quand mon téléphone sonne. Je reconnais tout de suite la voix de Wolf qui sanglote comme s'il était à l'article de la mort. Je m'attends au pire.

– La mer est mauvaise. Nous sommes tous très malades. J'ai jeté l'ancre au large de Malte, mais j'aimerais entrer dans le port pour faire une halte maintenant que le bateau est déchargé. D'autant que j'ai des problèmes avec le système de refroidissement du moteur...

Je manque de m'étrangler. Assis à côté de moi, Paolo sursaute sur son siège en m'entendant hurler :

– Mais qu'est-ce que vous foutez à Malte ? Je vous interdis formellement d'entrer dans ce port, vous rentrez directement sur Gibraltar et...

Je ne peux en dire plus, Wolf a raccroché.

La nuit suivante, Philippe me réveille à 2 heures du matin et me confirme que Wolf a accosté sur un quai de La Valette.

– Il y avait effectivement un problème avec le circuit de refroidissement, mais c'était juste une vanne qui avait été fermée malencontreusement et qu'il suffisait de rouvrir. Je soupçonne Wolf d'avoir manigancé tout ça pour se donner un prétexte.

– Moi je ne le soupçonne pas, j'en suis sûr.

– Bon. Cela dit, maintenant, nous sommes tranquilles et nous ne sommes plus pressés : la livraison est effectuée. T'inquiète pas, Marc, je te promets que je le ramènerai, ton tas de ferraille, même si je dois mettre le capitaine aux fers...

Cette idée amuse beaucoup Philippe. Moi beaucoup

moins... J'écourte la conversation et reste pensif. Avec un tel équipage, tant que le *Melor* ne sera pas rentré à Gibraltar je ne vivrai pas.

Le lendemain, les ennuis recommencent. Un télex en provenance de Malte est tombé dans la nuit. Un fonctionnaire du port a dû flairer que le *Melor* cachait son jeu. Il tente de me soutirer une provision de deux mille dollars sous prétexte que le bateau ne paraît pas en bon état et qu'il ne pourra pas quitter le port sans avoir été soumis au préalable à une visite technique.

Je l'envoie au diable. Je suis persuadé que cet homme est un escroc et qu'il arrondit ses fins de mois en exerçant régulièrement ce genre de chantage auquel je n'ai vraiment pas envie de céder. Wolf va me coûter vraiment très cher. J'ai déjà donné mon ex-restaurant, il ne manquerait plus qu'on me saisisse mon cargo.

J'appelle immédiatement Nantes afin que Mourot me sorte de ce traquenard. Une heure plus tard, celui-ci m'informe que le *Melor* et son équipage ont été expulsés de Malte et font route vers l'Espagne. Pour une fois, je suis impressionné par tant de célérité.

– Comment as-tu fait ?

– Notre représentant à l'ambassade de France de Madrid est intervenu. Il a expliqué que nous soupçonnions ce bateau d'importants trafics, que nous étions en train de le filer et qu'il serait regrettable d'interrompre notre opération en le retenant au port. Les autorités ont tout de suite accédé à sa requête. Tu n'as plus de soucis à te faire.

– Tant mieux, parce que ces jours-ci j'ai ma dose...

J'ignore, hélas, qu'au moment où les policiers de Malte

libèrent mon navire, ils envoient dans le même temps ce message au siège d'Interpol à Lyon :

« Navire suspect. Motor/ship *Melor* enregistré à Saint-Vincent-et-Grenadines. Le propriétaire est la compagnie Rio Plata limited de Gibraltar. Le dirigeant est Marc François Fiévet, ressortissant français résidant à Gibraltar, dont l'activité principale est consacrée au transport de cigarettes, d'armes, et de drogue. Information à diffuser. Fin de message. »

Alors que je me crois sorti d'affaire grâce à mes employeurs des douanes, Interpol me colle sur le dos une étiquette de mafioso qui va me suivre à vie dans le monde entier et rendre tous mes bateaux suspects. Flic d'un côté, voyou de l'autre, je me retrouve sous la double menace des truands que je désigne et des policiers qui me suspectent.

Dans une telle confusion, une telle urgence, le fait que je n'aie pas envisagé la démarche tout à fait légitime et conforme aux réglementations internationales des douaniers de Malte se conçoit. En revanche, que les professionnels de la DNRED ne s'en soient pas préoccupés pour arrêter la procédure en expliquant la situation m'afflige.

Il faut dire que ce jour-là, dans les états-majors comme dans les plus petites antennes du bout du monde, on est bien plus préoccupé par l'arrivée d'un nouveau directeur à la tête de la Direction nationale du renseignement et des enquêtes douanières que par les va-et-vient des trafiquants. À Nantes comme ailleurs, les soucis des aviseurs ne sont pas à l'ordre du jour : tous les regards sont tournés vers la rue de Cambacérès, à Paris, au siège de la direction générale. Un nouveau responsable succède au Para.

Ce passage de témoin est diversement apprécié. Mais en dehors des querelles de chapelles, tout le monde reconnaît que le nouveau venu n'a ni l'envergure ni l'esprit de décision de l'ancien. À un meneur d'hommes taillant son chemin à la hache sans s'occuper des éclats succède un funambule de la procédure, un orfèvre de la compromission. Pour les douaniers, qui privilégient encore la promotion à l'avancement, il y a là de quoi être d'autant plus inquiet que le promu arrive en fin de carrière et qu'il ne va même pas rester un an à ce poste. Il est évident que quelqu'un lui offre son bâton de maréchal pour services rendus. Autrement dit il ne faut pas compter sur lui pour des projets d'avenir, mais il peut profiter de ce court passage pour imposer de nouvelles méthodes favorisant la bureaucratie plus que le terrain, l'idéologie plus que la réalité.

Mon officier traitant se range dans le camp des pessimistes et, bien qu'il reste très évasif sur le sujet, je comprends que les aviseurs ne vont pas être les enfants gâtés d'une nouvelle direction puritaine plus apte à ouvrir les parapluies que les esprits.

Un déménagement ajoute un peu plus de confusion à ce chambardement. La direction de DNRED quitte les locaux vétustes de la rue du Louvre pour s'installer dans de nouveaux bureaux plus spacieux, plus confortables et plus fonctionnels rue de Charonne, dans le quartier de la Bastille.

Ces turbulences me laissent un peu de répit. Je sais que pendant quelques jours, à Nantes comme à Paris, on va beaucoup plus parler plans de carrière que plans d'action, et que l'on va me laisser souffler.

Ce n'est pas le cas, malheureusement, de Paolo. S'il n'était gangrené par le génie du mal, cet homme serait un remarquable chef d'entreprise.

Comme il ne me parlait plus du Saint-Georges, je pensais que – pour lui – cette affaire n'était pas une priorité. Eh bien pas du tout. Le 5 mars 1993 au matin, Paolo me prie de le rejoindre au Don Pepe, un luxueux hôtel de Marbella, et là il me présente son avocat qui vient visiter les locaux du Saint-Georges en vue de l'achat. Ses propres cousins semblent déjà intéressés. Paolo mène l'affaire tambour battant, ne laisse rien au hasard, pense à tout et me fait remarquer – pendant que son conseil fait l'inventaire des lieux :

– Tu quittes le Saint-Georges, mais as-tu prévu un autre logement ?

Je dois reconnaître que non, et Paolo s'en étonne.

– Je ne comprends pas qu'à ton âge, avec ton activité, tu n'aies pas acheté une jolie villa pour y abriter ta famille...

J'essaye de me justifier :

– J'ai préféré placer mes fonds dans mes sociétés offshore et mon cargo pour assurer l'avenir.

– Oui, c'est bien aussi, mais dans l'immédiat il te faut un toit. Cet après-midi je t'emmène visiter des villas.

– Mais je n'ai pas d'argent, puisque le Saint-Georges est à toi !

– Nous pourrons trouver un arrangement.

Le débat est clos et Paolo m'annonce :

– Ce soir nous dînons chez Julio, à Torremolinos, avec mon avocat.

Formulée de cette façon, l'invitation ressemble fort à un ordre, mais je me garde de m'en offusquer. L'heure n'est pas à la préséance. Je m'étonne en revanche que

Paolo, généralement galant, courtois et prévenant avec Clara, ne la convie pas à ce dîner.

En arrivant le soir chez Julio, je comprends pourquoi. Ce dîner n'est pas du tout une simple formalité, loin de là : c'est un conseil de famille, et quelle famille ! Paolo, qui s'était bien gardé de me prévenir, n'est pas mécontent de deviner ma surprise.

Une dizaine d'hommes sont réunis autour d'une vaste table ronde. Leurs vêtements et leurs cravates fleuries sont d'un affligeant mauvais goût. La vulgarité et même la bestialité transpirent de leurs mines sinistres. Ils m'observent avec toute la sympathie d'un bourreau pour son condamné. Ces gens font peur. Venus des Pouilles, de Calabre, de Campanie, de Lombardie, de Vénétie, ils représentent toutes les grandes mafias italiennes, la Nuova Sacra Corona Unita, la 'Ndrangheta, la Camorra... Paolo me présente comme son associé puis m'invite à prendre place dans ce conseil de guerre. La conversation démarre immédiatement en italien. Je ne peux donc pas y participer. Heureusement mon voisin de droite parle quelques mots de français et me confie, avec un clin d'œil appuyé parfaitement ridicule :

– J'ai fait mes études à Paris.

Pour la forme, je fais semblant d'y croire.

– Où ?

– À la Santé.

Désopilant.

La soirée traîne en longueur jusqu'à 23 heures et je m'ennuie ferme devant ma troisième *grappa* lorsque, enfin, Paolo donne le signal du départ. Tous les parrains se lèvent dans un bruit de chaises épouvantable et se dirigent lentement vers la sortie le verbe haut, la démarche hésitante.

En traversant la salle du restaurant, je me sens observé. Assis à une table en compagnie d'une somptueuse hôtesse du Play-Boy, le club du Paseo Maritimo de San Pedro, le commissaire Roberto Mas m'accompagne du regard, son éternel sourire plus présent que jamais au coin des lèvres. L'un comme l'autre nous feignons de ne pas nous voir. J'apprendrai par la suite qu'aussitôt après mon départ le policier a téléphoné à son ami Alfredo Migo en son luxueux club (l'El Imperator) à San Pedro de Alcantara, pour qu'il tâche d'identifier la ribambelle de mafieux qui m'accompagnait et savoir pourquoi ils étaient là.

Le lendemain matin, Paolo m'inflige un débriefing sur la soirée de la veille. Il sait déjà que Migo a demandé des renseignements sur « les hommes qui accompagnaient le Français » et s'étonne que « le Grand » me porte tant d'intérêt. Je m'en étonne aussi, tout en expliquant que dans le passé j'ai travaillé pour certains de ses hommes et que sa curiosité à mon égard peut venir de là. Paolo hoche la tête et, apparemment, n'attache pas plus d'importance à cette anecdote. Je n'en suis pas mécontent.

Nous abordons alors des problèmes plus sérieux. Paolo me révèle que le dîner a été fructueux pour lui, que son carnet de commandes est plein et qu'il s'agit de très gros tonnages. Si gros qu'il faut songer à changer de bateau. Le *Melor* ne suffit plus. J'en suis un peu surpris. Mon cargo n'est tout de même pas un dériveur ! Mais Paolo insiste et précise :

– Nous avons besoin d'un très très gros cargo. Quelque chose de sérieux, d'ambitieux, qui puisse laisser croire qu'il s'agit vraiment d'un navire de commerce et de rien d'autre.

Devant cette démesure je ris et risque un gag :

– Il y a quelque temps, lorsque je voulais faire du *Melor* un fleuron de la marine marchande, Rudy Groning m'avait montré un superbe bâtiment à vendre dans le port de Rotterdam en m'affirmant « avec tous les aménagements que tu veux faire sur ton rafiot tu ferais mieux d'acheter ça ». C'était un ancien navire hôpital de l'armée allemande, le *Poséidon.* Quatre-vingts mètres de long, une chambre de décompression, trente-cinq cabines pour l'équipage, dix cabines pour les officiers. Un vrai transatlantique, exactement ce qu'il nous faut...

À cette idée j'éclate de rire. En me dirigeant vers le bar pour me servir un apéritif, je m'imagine en capitaine au long cours et espère que Paolo ne m'en veut pas de plaisanter un peu. Je tends la main vers une bouteille de whisky lorsque la réponse claque dans mon dos et me pétrifie :

– Oui.

Il me faut un long moment avant de me retourner. Paolo est assis, jambes croisées, parfaitement détendu. Il ne plaisante absolument pas.

– Tu penses que ce navire est toujours en vente ?

– C'est possible, un bâtiment de cette taille ne part pas comme une Twingo. Je peux demander à Groning qu'il se renseigne. Jusqu'à quel prix comptes-tu aller ?

– Deux millions. Pas plus.

Dans la soirée, Rudy Groning me confirme que le *Poséidon* est toujours à vendre. Aussitôt je lui confie une nouvelle mission.

– Peux-tu prendre contact avec les vendeurs, leur signifier que nous sommes des acheteurs potentiels et me faire parvenir les plans détaillés du bateau ?

– Oui, bien sûr. Je m'en occupe demain.

Seul dans mon bureau, je vais à la fenêtre et regarde la mer. Ce soir elle est étale, lisse, calme. J'aimerais tant qu'elle me prenne, qu'elle me porte, qu'elle m'emmène très loin... Je ne sais pas où mon aventure m'entraîne, mais je crains que tout n'explose. Je suis bien loin des seize mètres cinquante de mon *Windarra*...

J'aimerais m'évader dans mes réflexions mais le téléphone me ramène déjà à la réalité. Ayant digéré la nomination de son nouveau supérieur, Philippe Mourot vient faire le point et m'annonce sa prochaine venue en Espagne.

– Je serai le 11 mars, dans cinq jours, à Barcelone avec Petra. Pourrait-on se voir ?

– Ce serait plus simple à Málaga.

– Oui mais les petites économies commencent. Il faut limiter les billets d'avion, le kérosène, et tout justifier dans le détail. Alors, comme je descends dans le sud de la France avec Charles, nous pouvons pousser jusqu'à Barcelone.

– Ce ne sera pas facile de travailler dans ces conditions. Nous verrons. Pour le 11, le plus simple serait que vous m'attendiez à l'aéroport.

Le lendemain, je reçois Wolf. L'entrevue est beaucoup plus houleuse que les mers qu'il a parcourues pour livrer son cannabis en Italie. Il s'attendait à être licencié ; il n'est donc pas du tout surpris lorsque je lui signifie la fin de notre collaboration. En revanche, la discussion se gâte quand je lui stipule que je n'entends pas lui verser un centime et que, pour solde de tout compte, je lui saisis même son quatre-quatre.

Wolf hurle d'abord au voleur, à l'escroquerie, et me menace des pires représailles. À mon tour je le mets en garde et lui apprends que j'ai perdu le Saint-Georges à cause de lui, et que mes amis le savent. Je suggère donc à Wolf de disparaître sans demander son reste s'il veut s'éviter de très graves ennuis. Pour le principe l'Allemand profère encore quelques injures, mais il a parfaitement compris la situation et sort en me jetant un ultime mauvais sort. Je ne le reverrai plus jamais.

Malheureusement, je n'ai pas menti à Wolf en lui dépeignant la situation financière catastrophique dans laquelle il m'a placé. L'après-midi même, je suis obligé d'en parler à Paolo lorsqu'il vient me chercher pour me faire visiter d'autres villas. Car j'ai un problème immédiat : le *Melor* a, cette fois, réellement besoin d'un ravalement. Je l'ai confié aux chantiers Lopez à Málaga, lesquels m'ont juré qu'ils s'en tiendraient à une « mise en classe hellénique », c'est-à-dire à l'extrême limite de la légalité. Il faudra tout de même débourser beaucoup d'argent, et je n'en ai pas.

Sans broncher, sans poser la moindre question, Paolo sort cent mille francs en liquide d'une mallette et les dépose sur mon bureau en précisant qu'éventuellement, pour régler les factures, il fera venir le complément d'Italie. Puis nous partons à la recherche d'un nid douillet comme un couple de jeunes mariés.

Le 11 mars, j'appelle très tôt au domicile de Paolo – depuis l'aéroport –, sachant très bien qu'à une heure aussi matinale c'est sa femme qui décrochera. Je prie alors son épouse de le prévenir que je dois partir en urgence à Madrid pour traiter une affaire et qu'il ne pourra donc me joindre de la journée. En revanche, je serais ravi s'il pouvait venir me chercher le soir à l'aéroport.

Puis j'embarque dans l'avion pour Barcelone. J'en arrive à un tel degré de paranoïa que je brouille les pistes à loisir. Je ne tiens pas à être « attendu » à Barcelone par un homme de main de Paolo, et si je demande à ce dernier de venir m'attendre à l'aéroport au retour, c'est pour lui prouver que je n'ai rien à lui cacher. Cela m'oblige cependant à faire un détour par Madrid pour rentrer. Je vais avoir du mal à expliquer cela au nouveau responsable de la DNRED lorsque je ferai mes notes de frais, même si j'ai voulu éviter de faire repérer ma rencontre avec Philippe Mourot et Charles Petra.

Ceux-ci sont ponctuels et m'attendent à l'arrivée de mon avion. Nous partons immédiatement pour une petite station balnéaire au sud de Barcelone où nous pourrons deviser tranquillement avant de déjeuner.

J'ai quelques mises au point à effectuer, quelques dysfonctionnements à souligner, aussi Charles Petra décide-t-il d'enregistrer mes propos en me jurant qu'il fera parvenir la cassette à la direction. Je n'en crois pas un mot, mais je vide tout de même mon sac en rappelant d'abord que je cherche toujours un appartement et que ma femme est terrorisée depuis notre agression. Mourot lève les bras :

– Je ne peux vraiment rien faire. Surtout avec le changement de direction !

Puis j'expose la situation nouvelle à laquelle je vais être confronté si Paolo achète le *Poséidon*. À quel niveau dois-je apparaître, jusqu'où dois-je m'investir ? J'ai apporté les plans que Groning m'a envoyés et, en les dépliant, Mourot émet un sifflement d'admiration.

– Eh bien, dis donc, il y a de quoi en cacher, de la came !

– Oui, justement, et c'est moi qui vais la transporter, alors j'aimerais avoir quelques garanties...

– T'inquiète pas, on va y arriver.

Je ne supporte plus cette phrase qu'emploie Philippe quand il ne sait pas quoi dire, ce qui lui arrive souvent.

– On va y arriver, on va y arriver, mais en attendant vous ne me payez même pas ce que vous me devez !

– Tu sais très bien que nous sommes pauvres et que nous ne pouvons t'assumer à ta juste valeur.

Là, Mourot se fout franchement de moi.

Je préfère passer à table, en précisant bien que je n'ai pas l'intention « d'assumer » l'addition.

Paolo a bien reçu mon message et m'attend à l'aéroport de Málaga. Évidemment, il me demande les raisons de cet aller-retour à Madrid et se satisfait de mon explication :

– Je voulais prévenir d'anciens commanditaires que je ne pouvais plus effectuer d'enlèvements pour eux.

– C'est bien, et c'est vrai. Si nous achetons le *Poséidon*, nous allons avoir beaucoup de travail. D'ailleurs il va falloir ouvrir un vrai bureau commercial à Gibraltar pour légaliser cet achat.

Nous parlons encore affaires lorsque nous arrivons au Saint-Georges. Clara nous accueille, je la sens tendue. Je lui demande ce qui ne va pas, mais elle ne dit rien et semble embarrassée par la présence de Paolo. J'insiste et elle lâche :

– Brian Curt a téléphoné trois fois. Il est furieux.

Je n'ai plus le choix et c'est mieux ainsi. J'explique à Paolo qui est Brian Curt et pourquoi je refuse d'aller charger à la Jamaïque. Paolo me donne mille fois raison et ajoute même :

– Si tu avais accepté un voyage à si hauts risques, j'aurais été convaincu que tu travaillais pour la DEA, parce qu'il est impossible, dans ces conditions, d'aller charger là-bas sans tomber dans leurs filets.

Pauvre Paolo, si tu savais...

Mais Paolo ne sait pas et le mafieux renaît :

– Ton Brian Curt, tu veux que je m'en occupe ?

Ah non ! Après Curt qui voulait s'occuper de Migo et du GAL, voilà que Paolo veut s'occuper de Curt !

– Non, non, Paolo. Je te remercie. Je vais régler ce problème moi-même. Ne t'inquiète pas.

En disant cela je suis mort d'inquiétude, car je sais bien que ça ne sera pas simple...

– XIII –

GUERRE DES GANGS À GIBRALTAR

À chaque fois que le téléphone sonne, ma main se crispe sur le combiné. Brian Curt n'a plus rappelé et je me garde bien de le relancer. Il sera toujours temps de lui expliquer que ma décision de ne pas aller en Jamaïque est irrévocable et qu'il devient inutile d'en reparler. C'est ce que j'ai prévu de dire, mais je serais très étonné qu'il accepte aussi facilement de se passer de mes services. Mais le téléphone retentit à nouveau. Avant de décrocher, j'inspire profondément :

– Allô, Marc ? C'est Sylvain. Je suis à Dakar, tout s'est bien passé, j'ai remis les cent mille dollars à Daniel, je visite un peu la ville et je prends l'avion demain pour Madrid.

Dans cette tourmente, j'avais presque oublié que mon copain était en « mission » au Sénégal, où il apportait de l'argent frais au capitaine d'un bateau. Je me confonds en félicitations et gentillesses en tous genres. Sylvain n'est pas habitué à ces avalanches de compliments qui l'étonnent un peu. Je ne peux lui expliquer que je craignais un appel de Curt, et que je suis vraiment heureux de recevoir enfin une bonne nouvelle. Afin de rester sur cette note positive, je m'enfuis du Saint-Georges avant un nouvel appel et me précipite vers Gibraltar où je dois mettre en place ma nouvelle société, la BICI (Business Investment Company International limited), et ouvrir mes bureaux.

Je mène rondement mon affaire.

J'ai d'abord pris rendez-vous avec le cadre que j'avais envoyé au Guatemala. Je compte le nommer directeur. Nous nous retrouvons devant l'immuable poste frontière de Gibraltar et pénétrons peu après dans mon quartier général, le bar de La Rotonde.

Une heure me suffit pour convaincre mon ami d'accepter ce poste. Je suis tout à fait à l'aise dans mes propositions car je ne lui demande rien d'illégal. Il devra décrocher des contrats de chargement parfaitement licites pour le *Melor* et peut-être, bientôt, le *Poséidon*, mais encore mettre en œuvre d'autres activités commerciales off shore. C'est pour cela que nous avons besoin de lui. Il ne connaîtra jamais l'existence d'un commerce parallèle. C'est mieux ainsi. Aura-t-il des doutes ? C'est possible car l'homme n'est pas sot, mais – pudiquement – nous n'aborderons jamais cette question et chacun restera à sa place.

L'accord de mon nouveau directeur obtenu, je remonte Main Street avec lui jusqu'au consulat de France où je lui présente Tintin que je mets immédiatement, lui aussi, à contribution. J'ai besoin de son aide pour trouver des bureaux et il m'assure que cela ne posera aucun problème. Il me donne d'ailleurs sur-le-champ des adresses de locaux inoccupés que je peux aller visiter. Il apporte également une première affaire : un de ses amis cherche à acquérir une énorme quantité d'un kérosène bien précis, l'équivalent de la consommation annuelle de la Hollande, et toutes les sociétés pétrolières traditionnelles refusent de la lui livrer. Je m'en étonne, car ce n'est pas dans leurs habitudes. Tintin sourit :

– Les embargos sont faits pour être contournés...

Décidément rien ne peut se faire proprement à Gibraltar. Je n'ai pas encore déposé les statuts de ma société, je la souhaite irréprochable (tout au moins en façade), et voilà que le premier contrat que l'on me propose est une magouille. Je remercie le consul mais je refuse tout net sa proposition, ce qui rassure mon directeur. Celui-ci m'apprend alors qu'il possède de nombreux contacts dans le milieu pétrolier – où il a travaillé – et qu'il pourra certainement trouver des marchés tout à fait légaux.

Tintin ne se vexe pas de mon refus (il trouvera bien quelqu'un d'autre), et nous prenons congé pour filer chez mon avocat. Je le charge de la rédaction et du dépôt des statuts, puis je fais une dernière halte à la banque où j'avertis mon banquier de la création de cette société, le priant d'ouvrir un nouveau compte dès qu'elle sera enregistrée.

À la fin de la journée j'annonce à Paolo que j'ai quasiment réglé tous les problèmes administratifs. J'en profite pour l'informer du retour prochain de Sylvain. Dès lors il tient à le rencontrer dès son arrivée pour lui poser quelques questions sur le déroulement des opérations au Cap-Vert. En attendant, Paolo me propose pour le lendemain une partie de pêche que je refuse poliment.

– Je suis un peu fatigué.

– Fatigué ? Mais tout va bien, on va y arriver...

Je l'interromps brutalement :

– Paolo, s'il te plaît, ne prononce plus jamais cette phrase.

– Mais pourquoi ?

– Ça me rappelle un ami qui m'a beaucoup déçu.

– Ah ! Si c'est sentimental...

Sylvain arrive à l'aéroport de Málaga deux jours plus tard, et je préviens Paolo qui nous rejoint dès que nous sommes à Estepona. Ne laissant même pas le temps à mon ami de défaire sa valise, celui-ci lui pose immédiatement mille questions et obtient une information qui le fait saliver : le couple qui convoyait le chalutier ayant fait naufrage a réussi à sauver huit cents kilos de cannabis et les a cachés sur l'une des îles du Cap-Vert. L'homme cherche maintenant un bateau pour aller les récupérer et vient avec sa femme sur la Costa del Sol pour prospecter. En apprenant cela, Paolo m'interroge du regard, attendant visiblement que je lui propose une solution.

En faisant ma tournée des ports j'ai repéré le bateau d'Olivier, mon premier voisin de Marina Bay, en stand-by à Benalmádena. On pourrait proposer la balade au skipper, apparemment désœuvré...

Contacté, Olivier accepte immédiatement et établit sa facture à cent mille francs. Paolo charge Sylvain de lui porter la somme, et nous prenons en charge les naufragés dès leur arrivée en Espagne pour préparer sans attendre leur voyage de retour vers l'île au trésor.

Satisfait de cette opération, Paolo félicite chaudement Sylvain pour sa vigilance et lui propose de le prendre à son service. Cette perspective me déplaît mais je ne peux m'y opposer. Je me reproche d'avoir attiré mon ami dans ce cercle malsain, mais il est trop tard. Sans même me demander mon avis, Paolo tend déjà à Sylvain les clés d'une villa qu'il loue à Calahonda. Si mon vieux camarade avait encore quelques réticences elles s'envolent immédiatement, emportées par le souffle lourd et fétide du luxe et de la facilité. Impuissant, anesthésié par cette idée fixe de quitter ce milieu en empochant un pactole qui mettrait ma famille à l'abri du besoin, je me demande jusqu'où cet engrenage diabolique va me broyer, et si je vais trouver la force de lui échapper. Une fois de plus, je n'ai pas le temps de répondre à cette question. Paolo m'annonce déjà :

– Nous partons après-demain pour Madrid. Dominique et Jean ont des propositions à nous faire.

Le rendez-vous est fixé à la terrasse du restaurant de la gare d'Atocha, terminus du TGV espagnol, l'AVE (Alta Velocidad Española). Installé dans un jardin tropical dessiné pour l'Exposition universelle de Séville, l'endroit est superbe et je me demande qui conseille ces deux truands français dans leur choix. Il est impossible que ces Laurel et Hardy du crime aient découvert seuls le château-hôtel de Barcelone où je les ai rencontrés pour la première fois il y a quelques semaines, et aujourd'hui ce restaurant de gare chargé d'exotisme. Je refuse l'idée que ces deux mollusques venimeux et visqueux puissent être sensibles à l'art et à l'esthétique. Dès que je les aperçois, déjà attablés, leur simple présence en ces lieux m'apparaît comme un mal blanc sur le sein d'Aphrodite.

Comme à Barcelone c'est Dominique qui parle, Jean se contentant d'approuver et de ponctuer. Malgré le sérieux de la discussion je ne peux m'empêcher d'imaginer un clown blanc et son auguste. Une façon comme une autre de m'évader, de m'aérer. Je dois faire un effort pour suivre la conversation pourtant riche d'enseignements. Malgré ma présence, les trois hommes sont entrés dans le détail des opérations, et j'apprends par le menu les mécanismes compliqués du paiement.

Les quatre-vingts tonnes d'afghan que je devrai charger en mer, au sud du Pakistan, seront payées cash aux fournisseurs. Ensuite, Paolo et moi serons réglés en fonction de la progression du navire et de ses lieux de passage géographiques : 25 % au travers de Madagascar ; 25 % en passant le cap de Bonne-Espérance ; 10 % au large du Cap-Vert et les 40 % restants lors de la livraison en haute mer. J'ai l'impression de m'engager dans une course autour du monde avec obligation de virer des balises pour valider le passage.

L'aspect financier étant classé, les trois hommes s'attaquent à la partie technique de l'affaire. Là je m'oblige à entrer dans la conversation, car mes compagnons abordent les problèmes de navigation avec la compétence et les certitudes d'un camionneur de Rungis.

Je dois d'abord intervenir sur le choix de la date du chargement. Paolo propose début juillet. Je le mets en garde :

– Nous serons en pleine mousson, les conditions atmosphériques seront épouvantables : pluies violentes, tempêtes... Nous risquons de gros pépins pendant le chargement ; il faudrait même envisager l'obligation de le différer, voire de l'annuler purement et simplement.

À cette seule évocation Dominique lève les bras au ciel et Paolo me fusille du regard, persuadé que je vais lui faire manquer son marché. Pour le rassurer, j'enchaîne immédiatement :

– Il faut aller plus vite. Mon bateau, le *Melor*, sera opérationnel dans quelques jours, début avril. Le temps de constituer l'équipage et de fixer une date pour le franchissement du canal de Suez, et je pense que nous pouvons être sur place fin mai si tout va bien, à la mi-juin au plus tard.

Paolo et ses interlocuteurs sont apaisés. J'en profite pour lever un autre lièvre : le temps nécessaire au chargement, puis au déchargement de la drogue. Je sais par expérience qu'il faut environ huit minutes par tonne sans lambiner, et il y aura quatre-vingts tonnes à enlever, soit une opération de bien plus de dix heures. C'est impensable pour un produit illicite. Il faudra donc prévoir une logistique exceptionnelle et vraisemblablement l'embarquement de matériel lourd, ce qui risque de gonfler l'addition. Dominique, Jean et Paolo consentent à l'effort financier que je promets de chiffrer le plus vite possible. Afin qu'il n'y ait aucune ambiguïté, mon associé invite nos clients à venir visiter le *Melor* avant l'appareillage – ce qu'ils acceptent volontiers – et, de leur côté, ils nous avertissent qu'un de leurs lieutenants descendra sur la Costa del Sol pour contrôler l'avancement des travaux d'équipement et le respect du calendrier.

L'accord étant réalisé, nous nous séparons en nous étreignant longuement, ce qui me donne la nausée. Comme je ne puis vraiment pas me faire à ces démonstrations d'amitié surfaites et factices, j'entraîne Paolo au plus vite jusqu'à une station de taxis pour filer vers l'aéroport.

Je suis bien aise d'arriver dans la soirée à Estepona. Afin de me vider l'esprit, je propose à Clara d'aller faire les courses pour le dîner au supermarché Hypersol, situé à deux pas du Saint-Georges. Ce n'est pas un lieu de promenade idéal, mais après une telle journée il me convient tout à fait. Je me concentre sur le choix du meilleur rioja lorsque Ingrid pousse son Caddie à côté du mien :

– Marc, tu tombes bien. J'allais t'appeler ce soir. Brian Curt est furieux après toi. Il ne cesse de me demander ce que tu fais et il sait que tu viens d'effectuer un convoyage pour un autre commanditaire. Il exige que tu travailles pour lui et il va t'envoyer un de ses hommes pour te le signifier. Je crois que tu ferais bien de le rencontrer. Fais attention, Marc...

– Merci, Ingrid. Tiens-moi au courant.

J'espérais une soirée de détente avec Clara et mes filles et voilà qu'Ingrid remet la pression. D'un côté Curt ne désarme pas et de l'autre j'avance en aveugle à grandes enjambées avec Paolo. Une formidable partie se prépare, les enjeux sont colossaux et je ne sais rien de mes partenaires, je ne connais même pas l'identité de celui qui se présente comme mon associé. Excédé, j'appelle Philippe Mourot à son domicile de Nantes pour faire le point et savoir s'il peut me fournir des réponses aux questions que je lui ai posées :

– Sais-tu enfin qui sont réellement Paolo, et Dominique, et Lucien, et Daniel, le type du Cap-Vert ?

– Non Marc, ce n'est pas simple et nous avançons prudemment car nous ne savons pas qui se cache derrière eux.

– Tout de même, depuis le temps que je vous ai fourni

les renseignements vous auriez pu progresser. Et avez-vous localisé le chalutier qui remonte du Cap-Vert vers la Cornouaille, l'*Ara-III* ?

– Non, mais on travaille dessus...

– Bien sûr. Et il va vous passer sous le nez, comme d'habitude...

Totalement écœuré, je préfère en rester là et me consacrer à ma famille. J'ai le sentiment de me lancer dans un impossible numéro de trapèze sans filet, et cela me donne le vertige. Je souris à Clara, caresse les cheveux de mes deux petites princesses. Mon cerveau s'affole pour détourner à temps les mots qui me viennent aux lèvres : « Papa va se fracasser. »

Seulement voilà, papa ne peut plus reculer, il est seul sur sa plate-forme au-dessus du vide. On a ôté l'échelle, il lui faut plonger, virevolter, assurer, enchaîner les sauts trop périlleux sans penser au danger, surtout sans y penser.

Après quelques jours de calme, l'émissaire annoncé par Dominique et Jean débarque à Málaga pour visiter le *Melor*. Accompagné de Paolo, je lui fais faire le tour du propriétaire ; il se montre très impressionné par l'équipement. Je ne le contredis pas et vante sans vergogne la haute technologie des instruments embarqués à bord. Je peux mentir effrontément car je constate très vite que mon invité ne fait guère de différence entre le gouvernail ou la porte du buffet de la cuisine et qu'il applaudit à l'un comme à l'autre, ce qui m'arrange bien. Car, comme Paolo, je sais parfaitement que nous avons dû verser discrètement dix mille dollars à un inspecteur du registre de la marine déniché par Rudy Groning et venu spécialement de Rotterdam pour que notre navire obtienne sans problème tous ses certificats de navigation. Mais ce détail ne regarde que nous...

En revanche, la constitution de l'équipage me préoccupe beaucoup plus. Malgré mes contacts, mes relations, je ne trouve pas de capitaine disponible pour cette longue opération que je n'ai aucune envie de réaliser moi-même. Je m'en ouvre à Paolo qui me rassure :

– J'ai parlé de cela avec le responsable des quais de Sheppard's Marina, il pense avoir trouvé quelqu'un, un skipper allemand. Pas de souci de ce côté.

Heureusement, car une avalanche de soucis déferle par ailleurs.

Premier coup de téléphone. Daniel est complètement effondré. Son chalutier, qui flottait encore tant bien que mal entre deux eaux au large du Cap-Vert avec près de trente tonnes de cannabis à bord, a définitivement coulé. Le bateau de secours affrété par Paolo à grands frais au départ de Dakar n'a pu arriver à temps. Seule consolation pour Paolo, Daniel lui dit que son commanditaire, Grohill, un Australien, propose de prendre à sa charge une partie des cent mille dollars qu'il avait engagés dans l'opération de sauvetage et qu'il souhaiterait même rencontrer Paolo en vue d'autres affaires. C'est toujours ça de pris, mais l'addition reste tout de même lourde et Paolo la digère très mal.

Nouvel appel en provenance de Milford Haven, dans le sud du pays de Galles. Cette fois, c'est le capitaine de l'*Ara-III* qui remonte vers la Cornouaille avec les onze tonnes de cannabis sauvées des eaux qui téléphone :

– Les pêcheurs qui devaient récupérer la cargaison en

mer n'étaient pas au rendez-vous. Je les ai attendus le plus longtemps possible et je suis tombé en panne de carburant. Mon bateau n'était plus gouvernable et j'ai dû demander du secours. La vedette des douanes a capté l'appel et annoncé son arrivée sur zone. Alors j'ai fait jeter la came à la mer en catastrophe...

Paolo ne dit pas un mot et devient livide. Son visage se décompose. Puis, brusquement, il explose et insulte son correspondant avec une violence inouïe, lui promettant – entre autres – de l'envoyer rejoindre sa marchandise par le fond après l'avoir privé d'une virilité devenue inutile. Je n'avais encore jamais vu l'Italien dans cet état. Je mesure soudain toute la barbarie, la cruauté contenues dans le personnage et soigneusement dissimulées sous les bonnes manières, les costumes Cerruti et les cravates Kenzo. Sa colère, impressionnante, retombe aussi vite qu'elle est montée. Paolo annonce au capitaine qu'il va lui envoyer de l'argent pour assurer le rapatriement du bateau sur Cadix, son port d'attache.

Je trouve cela assez généreux et suis content que mon associé ait retrouvé son calme lorsqu'il m'apprend enfin :

– Marc, tu vas leur porter l'argent, et en même temps tu vérifieras si cette histoire est vraie. Je n'aimerais pas que ce capitaine ait déchargé pour son compte...

Avant de faire ma valise, j'appelle encore Mourot.

– Bravo, comme prévu vous avez laissé passer le chalutier que je vous avais donné, l'*Ara-III*. Je suppose que les avions étaient en révision ? Tu m'as déjà dit ça une fois pour une affaire manquée en Méditerranée, alors que les appareils étaient sur le tarmac de l'aéroport de Nice et que les pilotes assistaient au Grand Prix de Monaco de F1...

Mourot ne cherche pas à se justifier. Il préfère me parler très vite de politique. Le gouvernement a changé et « notre » ministre n'est plus ministre. Je perds mon plus solide appui et ses projets de statut pour les aviseurs risquent de passer à la trappe, Mourot me le fait bien sentir. Je ne l'écoute même plus et précise :

– Tu ferais bien de prévenir les Anglais de ma visite sur l'*Ara-III*, je n'ai pas envie qu'ils me cherchent des histoires en me voyant rôder près de ce bateau s'il est signalé.

– D'accord, j'alerte ton ami Jim Hoolon, mais je ne sais pas si c'est utile parce que les « perfides » ne te portent vraiment pas dans leur cœur... et s'ils peuvent te faire un turbin ils ne s'en priveront pas.

C'est toujours agréable de constater la belle harmonie de la coopération européenne.

L'équipage de l'*Ara-III*, composé uniquement de Cap-Verdiens, est heureux de me voir arriver... et les patrons des pubs où les marins ont déjà laissé de copieuses ardoises aussi. Je règle les factures, paye les soldes, vérifie l'authenticité du récit, prépare le retour du bateau vers l'Espagne puis reprends l'avion pour Málaga.

De retour à Estepona, j'apprends que l'achat du *Poséidon* est conclu pour deux millions de francs. Le propriétaire a chargé Rudy Groning de nous transmettre son accord. La somme est rondelette, mais le bateau ne l'est pas moins. Paolo me charge d'aller prendre l'argent auprès d'un correspondant dans un hôtel de Zurich pour l'apporter à Amsterdam. En attendant de réunir les fonds, ce qui nécessite quelques jours, Paolo me présente le capitaine qu'il a recruté pour piloter le *Melor* vers le Pakistan. En fait ce n'est pas un mais deux capitaines, deux Allemands, Helmut et Eddy, que nous engageons. Ils refusent de se séparer et estiment, à juste titre, qu'ils ne seront pas trop de deux pour mener à bien une telle opération. Enlever quatre-vingts tonnes de cannabis en haute mer exige des manœuvres lourdes, délicates et fatigantes, j'en suis tout à fait conscient.

C'est avec plaisir que je rejoins Helmut, Eddy et Paolo. Les trois hommes sont installés à une table du Canon-Bar, à Gibraltar, un endroit que j'apprécie parce qu'il se différencie des pubs et me rappelle nos petits cafés français. Après quelques minutes d'entretien, les deux marins me paraissent compétents et je suis rassuré sur leurs capacités. Côté navigation tout va bien. Reste l'autre volet, le plus sensible et le plus aléatoire parce qu'aucune école ne l'enseigne : l'aptitude au chargement de la drogue. C'est Paolo qui questionne les deux hommes sur leur expérience :

– Vous avez déjà travaillé pour de gros commanditaires ?

– Oui, et notamment pour un Anglais assez exigeant et toujours pressé.

– Je le connais peut-être. Son nom est secret ?

Les deux compères s'interrogent du regard puis Helmut répond :

– Non. Il travaille quelquefois sur le secteur, c'est Brian Curt.

Je manque de renverser ma tasse de café sur l'élégante chemise bleue siglée YSL de Paolo qui, lui, reste maître de lui. Les Allemands ne prêtent pas trop attention à ma réaction. Seul Eddy, plus proche de moi, me demande, un peu surpris :

– Vous le connaissez ?

– Oui, un peu, de nom bien sûr.

Paolo a déjà enchaîné et, pendant que je remets de l'ordre dans mes idées et dissimule mon désarroi, il parle salaire et commissions avec Helmut, lui proposant une enveloppe de trois cent mille dollars pour l'opération. Le délai de réflexion est fixé à trois jours.

En regagnant ma voiture en compagnie de Paolo, je m'étonne qu'il ait donné autant de précisions aux deux Allemands sur les lieux et les quantités alors qu'ils n'ont pas encore donné leur accord définitif pour coopérer avec nous. L'Italien s'amuse de ma prudence.

– Je sais par quelle filière je les ai recrutés. Et eux savent exactement qui je suis. Crois-moi, même s'ils renoncent au contrat, ils resteront discrets. Ils sont encore jeunes, ils aiment trop la vie.

Par une curieuse association d'idées, comme s'il voulait me prouver qu'il ne fanfaronne pas, Paolo poursuit :

– Accompagne-moi à ma voiture avant de reprendre la tienne, je suis passé à bord du *Melor* récupérer le Skorpio, ce n'est pas la peine de le laisser traîner, je vais te le rendre. D'ailleurs c'est une arme de voyou indigne de toi, je t'offrirai un 357-Magnum, c'est une autre dimension.

Je me confonds en remerciements, mais j'en appelle au Seigneur et à feu mon oncle Georges pour n'avoir jamais à m'en servir.

Lorsque j'arrive au Saint-Georges, Clara s'affaire en cuisine. Je reconnais tous les ingrédients d'une paella posés sur son plan de travail et je me doute que nous recevons des invités.

– Oui, Ingrid a téléphoné, elle te cherchait, et comme elle était seule ce soir je lui ai dit de venir dîner.

Je félicite Clara alors que je sais très bien ce que cette visite annonce. De toute façon je ne pourrai échapper indéfiniment à cette rencontre avec Curt, ses sbires ou ceux de l'IRA, alors autant crever l'abcès le plus vite possible.

Rudy Groning me distrait de ces sombres pensées en m'appelant d'Amsterdam. Cet homme est un délice, il est toujours de bonne humeur et semble né pour démêler les situations les plus complexes avec la patience, le calme et l'application d'une Pénélope.

– Marc, nous avons rendez-vous le 7 avril au chantier de Schiedam pour finaliser l'achat du *Poséidon* avec le propriétaire. Je vous félicite : pour deux millions de francs, c'est vraiment une très belle affaire. Et quel bateau... J'ai également trouvé un capitaine. Un vrai. Karl Ziegel. Il travaille actuellement sur un cargo pour une compagnie hollandaise et vogue vers Dublin, mais je l'ai contacté en mer, il est ravi de notre proposition et nous rejoindra dès sa mission terminée. Il ne met qu'une condition : il veut amener son mécanicien avec lui.

– A priori, c'est encore mieux. Où est le problème ?

– C'est sa femme...

– Encore un homosexuel ?

– Pas du tout, sa femme s'appelle Greta, elle a été metteur au point pendant vingt ans chez le motoriste MaK.

J'aurai tout vu, tout entendu. J'ai presque envie de rire. Va pour Greta, je ne suis vraiment plus à cela près... En plus, une femme mécanicien, cela me met plutôt en confiance.

Ingrid arrive au moment où je raccroche et ne sait trop quelle attitude adopter. Pour ne pas gâcher toute la soirée, je la mets à l'aise en lui posant la question essentielle alors que Clara termine de préparer le dîner :

– C'est le rendez-vous avec Curt ?

– Pas lui. Il envoie un de ses hommes lundi, chez moi, à midi.

– D'accord. Tu connais ce type ?

– Un peu, c'est un colosse de cent trente kilos assez antipathique mais pas méchant. Je ne sais pas trop ce qu'il fait...

– Il fait peur...

Ingrid n'ose pas rire et nous parlons d'autre chose.

Quelques jours plus tard, confortablement installé dans un fauteuil au bar du Novotel-Sud de Zurich, j'attends un émissaire de Paolo qui doit me remettre les liquidités nécessaires à l'achat du *Poséidon*. Je ne sais pourquoi j'ai la désagréable impression d'avoir oublié de faire quelque chose, mais j'ai beau chercher je ne trouve pas quoi. Ce doit être nerveux, car bientôt l'homme que je guette se présente et entrouvre devant moi une mallette contenant des liasses de lires italiennes cerclées par les bandelettes en papier d'une banque suisse. Je n'estime pas nécessaire de recompter. L'émissaire s'éclipse aussitôt et je récupère ma valise pour me rendre à l'aéroport, direction Amsterdam. Rudy m'y accueille pour m'emmener dîner dans un nouveau restaurant superbe, m'a-t-il dit, ouvert dans les anciens entrepôts d'une compagnie maritime et décoré à la manière d'un ancien transatlantique.

Un peu de rêve et de bonne humeur me font du bien mais le sentiment d'avoir oublié quelque chose me tenaille toujours, au point que j'en parle à Rudy qui relativise immédiatement et m'affirme que si c'était grave je le saurais déjà. Je me range enfin à sa sagesse.

Le lendemain matin, 7 avril 1993, je retrouve Rudy dans le bureau d'une banque qu'il m'a conseillée. Je dépose mon argent sur un compte que j'ouvre au nom d'une nouvelle compagnie, dont les statuts ont été préalablement déposés.

Alors que je signe différents papiers, le jeune directeur de l'établissement vient se soucier de la provenance de cette somme considérable d'argent liquide. Pour toute explication je lui signifie qu'il s'agit des bénéfices d'une de mes sociétés basée à Zurich et que je n'ai pas à lui en dire plus. Pleinement rassuré, il s'en va presque en s'excusant :

– Vous comprenez bien qu'avec un nouveau client inconnu il est de mon devoir de m'assurer que l'argent ne provient pas de trafic de drogue.

– Bien sûr, je comprends tout à fait cela.

L'argent enregistré, je me rends deux heures plus tard au chantier naval De Vries de Schiedam et je signe le protocole de vente du *Poséidon* en remettant un chèque de deux cent mille florins. Le solde de quatre cent cinquante mille florins devra être versé le 25 avril après mise à sec du bateau dans un radoub pour tester l'épaisseur des tôles des œuvres vives, puis essais en mer.

Le navire est enregistré à Monaco sous le pavillon de Saint-Vincent-et-Grenadines par le représentant de ce pays. Cet achat parfaitement surréaliste étant réglé, Rudy me raccompagne à l'aéroport où j'embarque, par chance, sur un vol pour Madrid avec correspondance le soir même pour Málaga.

L'appareil décolle, je me détends enfin... Quand me revient en mémoire ce maudit oubli ! Il est de taille : non seulement j'ai manqué mon rendez-vous avec l'envoyé spécial de Brian Curt, mais je n'ai même pas songé à prévenir Ingrid pour m'excuser.

À ce stade ce n'est plus une bourde, c'est de la provocation. Je m'attends à de très sérieuses complications. Mon Dieu, mais quand tout cela s'arrêtera-t-il ?

Comme je m'y attendais, Ingrid tambourine à ma porte dès le lendemain de mon retour.

– Marc, où étais-tu passé ? Ça va très très mal. Brian est dans une rage folle, il se dit humilié. Il a rappelé son colosse à Londres immédiatement après le rendez-vous manqué. Je ne sais pas ce qu'ils ont décidé mais j'ai peur pour toi. Je te tiendrai au courant, mais surtout, si tu bouges, dis-moi où tu vas.

– Promis.

En fait, Brian Curt se manifeste une semaine plus tard en m'appelant directement au Saint-Georges. Sans me demander l'ombre d'une explication, il m'ordonne de me rendre l'après-midi même à la station centrale des autobus d'Estepona. Un de ses hommes, Ted, m'y attendra. C'est le fils d'un restaurateur de Mijas-Costa et Curt sait que je le connais, il me l'a présenté lors d'un voyage à Londres. D'un ton menaçant, Curt conclut :

– Écoute attentivement ce qu'il va te dire.

L'entretien avec Ted est glacial et terriblement tendu. Le jeune Anglais ne propose pas, il impose et parle au nom de l'IRA.

– Ils ont d'abord un chargement de près de quatre tonnes de cocaïne à enlever au large du Portugal. Il faut y aller tout de suite avec le *Melor*. Ensuite tu dois impérativement partir pour la Jamaïque parce que là-bas ça commence à chauffer.

Ted n'entre pas dans le détail mais je comprends que Brian Curt est coincé entre les fournisseurs colombiens, qui exigent qu'il enlève la marchandise, et ses clients de l'IRA qui l'obligent à remplir son contrat et à les livrer. Et comme on ne plaisante ni d'un côté ni de l'autre, il doit effectivement trouver une solution. Ce n'est pourtant pas mon problème. C'est ce que je tente d'expliquer à Ted.

– J'ai déjà dit à Brian que le *Melor* était repéré, qu'une balise avait été placée à bord par les douanes ou les flics. Je ne peux pas prendre le risque de travailler avec, surtout sur le Portugal – où je suis connu – ou la Jamaïque, qui est placée sous l'œil de la DEA. Ils ont des radars, des observateurs et des agents infiltrés partout. Ce serait de la folie, je ne passerais jamais. Je ne suis pas le seul skipper sur Gibraltar, vous pouvez quand même trouver quelqu'un d'autre !

– Nous avions quelqu'un d'autre : deux skippers allemands qui travaillaient pour nous. Ils ne sont pas disponibles non plus. On dit à Gibraltar qu'ils sont sur le *Melor* et qu'ils préparent un long voyage. Tu en as entendu parler ?

Je suis piégé. Inutile de polémiquer, il faut clore l'entretien :

– Je refuse de charger pour vous. Appelle Brian et organise un rendez-vous le plus vite possible à Gibraltar, au Rock Hôtel. Il faut régler ce problème une fois pour toutes. Vous n'avez pas de contrat d'exclusivité. Au revoir, Ted.

La gare des bus d'Estepona n'est qu'à une poignée de minutes de mon appartement, et pourtant je pousse à peine la porte que Ted m'appelle déjà :

– Brian sera demain à 19 heures dans un salon de réception du Rock Hôtel. Tu as noté ?

– J'ai noté, c'est d'accord.

Cette fois la machine s'emballe, je ne maîtrise plus le mécanisme, les rênes me glissent entre les doigts, le char devient fou et ce n'est surtout pas Mourot qu'il faut appeler à l'aide pour l'entendre lâcher son sempiternel : « Je ne peux rien faire, mais ne t'inquiète pas, on va y arriver ! »

Il y a pourtant urgence. Je finis par appeler Paolo pour lui expliquer la situation, lui raconter mon entrevue de l'après-midi.

– C'était qui, l'Anglais ?

– Ted, tu ne dois pas connaître, le fils d'un restaurateur de...

– Ted Boor. Oh si, je connais ! C'est du sérieux. Je vais avec toi demain au Rock Hôtel et je fais le nécessaire.

– C'est quoi, le nécessaire ?
– Les marins ne peuvent pas comprendre ces choses-là.

À 23 heures, je suis dans notre chambre avec Clara lorsque l'on frappe des coups répétés contre la porte avec le heurtoir en bronze. Je me précipite à la fenêtre. C'est Paolo avec l'un de ses hommes de main, Maurizio. Je descends immédiatement leur ouvrir.

Maurizio est la caricature même du tueur à gages : sourire carnassier, cheveux gominés, il ne lui manque que les souliers vernis à languettes blanches. Il ne dit pas un mot et reste en faction derrière la porte, laissant Paolo justifier cette visite nocturne.

– Maurizio n'a que deux armes disponibles à Gibraltar, ce n'est pas assez. Donne-lui un de tes pistolets-mitrailleurs Skorpio avec deux chargeurs et une boîte de balles, il va confier tout ça cette nuit à un trafiquant de cigarettes qui rentre après livraison. Les douaniers ne contrôlent jamais au retour.

En remettant le P-M à Paolo je suis terriblement inquiet et ne peux m'empêcher de demander des précisions sur le dispositif prévu pour le lendemain au Rock Hôtel.

– Je vais envoyer deux hommes dès le début de l'après-midi pour baliser le terrain autour de l'hôtel et observer ce qui se met en place. Maurizio, lui, sera à l'intérieur.

Imaginant le pire, j'essaye de calmer le jeu :

– Ce n'est pas la guerre, on va négocier...

Paolo m'interrompt et donne le signal du départ à Maurizio.

– Ne t'inquiète pas, tu ne verras même pas mes

hommes. Mais crois-moi, ça peut mal tourner et il vaut mieux être prudent.

La porte refermée, je reste planté au milieu de la pièce, les bras ballants. Me voilà maintenant plongé en pleine guerre des gangs. J'étouffe, je cherche de l'air, je vis un véritable cauchemar, je veux me réveiller...

Le lendemain, Paolo vient me prendre au Saint-Georges à 17 heures et nous roulons en silence jusqu'à Gibraltar. Ce n'est qu'au moment où il aborde très lentement la petite rue qui grimpe vers le palace des années trente dominant la baie d'Algésiras que Paolo desserre enfin les lèvres.

– Regarde bien si tu ne vois rien d'anormal, s'il n'y a pas des types dans des voitures en stationnement...

L'horreur absolue. Je pense à Clara, Anna et Maria quand la voix rauque de Paolo me ramène sur terre.

– Tu viens ? On est arrivés...

Flanqué de Ted, Brian Curt m'attend dans un petit salon rétro, une sorte de bonbonnière rose aux murs tendus d'un tissu à fleurs parfaitement incongru pour cette réunion. Je vois que Curt se crispe en apercevant Paolo qu'il ne connaît pas. Il pensait visiblement que je viendrais seul et il m'interroge du regard.

Je fais brièvement les présentations et nous en venons aux faits. Curt est déterminé à m'envoyer à tout prix à la Jamaïque. Il se heurte d'entrée à Paolo qui ne veut pas en entendre parler. Un véritable bras de fer s'engage entre les deux hommes. L'Italien propose à l'Anglais de le dédommager en lui versant une commission sur le premier chargement du *Poséidon*. Curt refuse tout net. Paolo lui demande s'il a autre chose à proposer. Brian se redresse d'un bond et lance :

– Oui, il charge pour moi demain.

Paolo se lève, repousse violemment sa chaise.

– C'est hors de question. Viens Fiévet, nous partons.

La guerre est déclarée, mais j'ignore quelle forme elle va prendre. En claquant la portière de la voiture, Paolo dit seulement :

– Je vais te faire protéger.

Je ne réponds même pas.

En rentrant chez moi, je me laisse aller dans un fauteuil et réfléchis à la situation. Cette fois elle est vraiment très grave et je ne vais pas tarder à en avoir confirmation.

Dès le lendemain, en effet, Ingrid me téléphone en fin de matinée. Elle est complètement affolée.

– Marc, c'est horrible, Brian sort de chez moi, il veut enlever tes enfants. Il vient de me demander de lui fournir leur emploi du temps exact ainsi que celui de Clara. Il veut savoir où elles vont à l'école, où elles jouent... Je ne sais plus quoi faire...

– Merci, Ingrid. Je me débrouille, merci.

J'appelle immédiatement Paolo et le mets au courant.

– J'arrive tout de suite. Ne bouge pas de chez toi. Où sont tes filles ?

– À l'école, elles vont rentrer déjeuner.

– Tu les enfermes à double tour avec Clara.

Paolo arrive une heure plus tard et nous prenons immédiatement les décisions qui s'imposent. D'abord quitter ce maudit Saint-Georges.

Ma pauvre Clara ne comprend rien à ce qui se passe et

je lui promets de le lui expliquer plus tard. Mais dans l'immédiat, je lui demande de préparer quelques affaires pour elle-même et les petites : nous partons pour une semaine ou deux. Dans un premier temps, nous allons nous installer dans un hôtel confortable et discret de Mijas, le Biblos. Après, nous aviserons.

En quelques minutes les bagages sont chargés dans la voiture de Paolo et je ferme la maison. Puis nous nous arrêtons chez le concessionnaire Mercedes de Marbella, où je mets ma 300-SE en vente. Paolo a déjà réservé une Clio pour Clara chez un loueur ami. Je prendrai moi aussi un véhicule chez lui. Mais je laisse passer quelques jours, afin de m'assurer que personne ne m'a localisé.

Je n'ai même pas pris le temps de prévenir Mourot. Qu'aurait-il fait ?

Les circonstances et l'urgence me poussent dans les bras de celui que j'espionne. Je me sens de plus en plus mal dans la peau de Judas.

– XIV –

OPÉRATION « DASH »

Fiché sur le trottoir, je ne sais quelle attitude adopter pendant que le taxi fait demi-tour. J'ai l'impression que tout le quartier m'observe alors que personne ne se soucie de ma présence, et surtout pas mon chauffeur qui file déjà vers sa prochaine course. La situation est si grotesque que je n'arrive pas à la vivre simplement. Nous habitons désormais une très jolie villa de location qui domine la mer, sur les hauteurs de Calahonda, proche de celle où réside Sylvain. Par précaution, je ne me fais jamais déposer devant la porte, au cas où je serais suivi. Ce jour-là je redescends lentement à pied vers notre maison en observant soigneusement les parages. Tout est calme. Je me décide enfin à pousser la porte.

Clara s'est totalement investie dans la décoration de notre demeure. Elle en a fait un espace chaleureux et gai où les couleurs claquent et jouent avec le soleil. Nos filles sont ravies et piaffent d'impatience devant la piscine car il fait encore trop frais pour qu'elles puissent s'y baigner. Nous devrions être heureux. Nous devrions...

Ce n'est pourtant pas le cas. Clara est triste et elle m'a mis en garde :

– Paolo est dangereux. Fais attention, je ne sais pas où il va t'entraîner, mais j'ai peur.

J'essaie de la rassurer de mon mieux, mais je ne suis guère plus tranquille. Seul point positif pour l'instant : la tension a baissé d'un cran entre Paolo et Brian Curt. L'Italien a fait appel à un médiateur, le restaurateur Boor, pour calmer le jeu et trouver des compromis. Des arrangements semblent en bonne voie mais Paolo ne m'en donne pas le détail. En revanche il m'a chargé d'engager Ingrid comme secrétaire de ma société, la BICI, et elle a accepté, ce qui m'inquiète. J'imagine que Curt ne doit pas apprécier de la voir changer de camp mais j'évite de poser des questions. Paolo m'a juste spécifié, sans paraître inquiet :

– Je préfère la savoir avec nous. Elle a besoin d'un salaire, donc maintenant elle nous est redevable.

Moi, je vais même plus loin dans la séduction. La jeune femme m'ayant confié peu après son engagement que son petit ami Chris Hear, l'homme de main de Curt, était sorti de prison et qu'elle aimerait le rejoindre à Newhaven pour le week-end mais qu'elle n'en avait pas les moyens, je lui offre son billet d'avion. Je dois bien ça à Chris, c'est moi qui l'ai fait arrêter...

Ce geste m'honore, mais je le regretterai amèrement quelques mois plus tard.

Pour l'heure, je suis loin d'imaginer que ce week-end d'amoureux va me coûter cher : j'ai assez à faire avec le quotidien. Je constate chaque jour un peu plus que je gère les différents trafics comme un véritable chef d'entreprise et pas du tout comme un truand. C'est hallucinant. Si le produit traité n'était pas illicite, je me prendrais pour un P-DG tout à fait honorable.

Ainsi, ce matin, Paolo m'appelle et me tient un discours digne des meilleurs décideurs.

– Dominique me presse pour que nous partions charger son « afghan » au Pakistan. Où en est le *Melor* ?

– C'est bon, il peut partir pour Suez, je viens de recevoir un télex d'Anvers : tout est en règle pour son transit par le canal.

– Bien, mais il ne va pas monter à vide. Il faut prévenir Helmut et Eddy qu'ils prendront deux tonnes cinq cents de hasch à Melilla en partant et les livreront en mer au large de Cagliari, en Sardaigne. Après, ils continueront sur Suez.

– D'accord, je le leur dis et après je pars sur Barcelone. J'ai rendez-vous au Plaza Hôtel avec Grohill, l'Australien. Il a des propositions à nous faire.

– OK. Et le *Poséidon* ?

– Rudy surveille l'installation de l'Inmarsat et de l'air conditionné. Les travaux devraient être terminés dans la semaine. J'ai prévenu le capitaine, Karl Ziegel, que son navire était destiné à des croisières incluant des stages de plongée sous-marine, puisqu'il y a une chambre de décompression à bord, mais qu'il devrait toujours rester dans les eaux internationales.

– Très bien, les affaires avancent.

Quelques heures plus tard, à Barcelone, mon carnet de commandes se remplit encore : Grohill m'informe qu'il a un lot de plusieurs dizaines de tonnes de cannabis à transporter en Atlantique Nord. Il pourra me donner plus de précisions d'ici deux-trois jours et nous fixons un nouveau rendez-vous à Paris cette fois, à l'hôtel Meurice.

De retour à Estepona, j'appelle Paolo et dis en plaisantant :

– Si ça continue comme ça, il va falloir agrandir la flotte...

– J'y pense.

J'aurais dû m'en douter...

Je profite enfin d'un moment de calme pour appeler Mourot et l'informer de la multinationale qui se met en place.

– Tu réalises ? Grohill parle en dizaines de tonnes et les deux Français, Dominique et Jean, assurent qu'ils tournent à deux ou trois tonnes de marchandises expédiées, au minimum, chaque semaine...

Je ne sens pas Philippe emballé pour autant et, même si je suis habitué à son peu d'enthousiasme, je m'en étonne. Il finit par m'expliquer :

– Le nouveau directeur est allé se présenter aux Anglais. À son retour, il m'a convoqué : ils se sont plaints de nous. Surtout de toi. Ils n'apprécient pas nos méthodes. Du coup le boss m'a reproché de ne pas faire assez de résultats...

Je ne peux laisser passer ça.

– Comment, pas assez de résultats, avec ce que je vous donne ?

– Oui, mais ça c'est du long terme.

– C'est ça, vous préférez toujours piquer vos petits shiteux soixante-huitards ?

– Ça gonfle les statistiques.

Je sens que je vais encore m'énerver et je préfère avertir simplement Mourot de mon prochain rendez-vous avec Grohill à l'hôtel Meurice.

– C'est bien, j'enverrai des gens de Nantes pour les

photographier, parce que si je demande des hommes à Paris notre directeur risque de l'apprendre, et s'il sait que ça vient de toi, il peut tout annuler.

– À ce point ?

– Je le crains.

En raccrochant le combiné, je reste songeur. Non seulement je suis en danger permanent, mais en plus je dérange ceux que je suis censé servir. Tout cela devient ahurissant et parfaitement décourageant. J'attends chaque jour avec plus d'impatience la super-prime qui me permettra de décrocher en me mettant financièrement à l'abri. Mais d'ici-là, il faut continuer.

Paolo m'appelle presque aussitôt et lui non plus n'a pas le moral : Olivier est arrivé sur la petite île du Cap-Vert où il devait récupérer huit cents kilos de cannabis, mais il n'a rien trouvé. Il est rentré bredouille. Mon « associé » a également appris que l'*Ara-III* avait sombré au large de Cadix. Il me livre l'information. Heureusement pour lui, il n'est pas concerné financièrement. Puis Paolo m'invite à le rejoindre dans la soirée à l'hôtel Don Pepe de Marbella où il veut me présenter un de ses grands amis qui arrive d'Italie.

J'ai été échaudé et me méfie de ce genre de présentations. Je m'attends à tout et me rends à l'hôtel avec une certaine prudence. Cette fois, à ma grande surprise, Paolo me présente un homme d'une soixantaine d'années à l'élégance discrète, souriant, avenant et distingué. Étonné même que Paolo le compte dans le cercle de ses amis, je suis curieux d'en savoir plus. Je ne suis pas déçu.

– Marc, voici l'un de mes amis les plus précieux,

Angelo Botari, qui est juge en Italie. Il est des nôtres et son aide est capitale...

Je n'en doute pas une seconde.

Je m'attends à dîner avec le magistrat mais Paolo se dirige vers l'un de ses sbires que je n'avais pas remarqué, lui remet une impressionnante liasse de billets et les deux hommes sortent, le juge suivant le truand à pas pressés. Paolo leur fait un signe de la main puis se retourne vers moi.

– Angelo s'ennuie. Sa femme n'est pas très drôle. Alors quelquefois il vient se détendre parmi nous. Je lui fournis un guide et ils vont s'amuser ensemble. Passons à table, Marc, nous devons faire le point...

Faire le point était inutile car dès le lendemain matin toutes les données de la veille se trouvent chamboulées. Le *Melor* a essuyé une grosse tempête au large de la Sardaigne. Pendant le transbordement, une chaloupe a chaviré et une tonne de marchandise a été offerte aux poissons. Paolo est furieux contre l'équipage car il estime qu'il fallait sécuriser l'opération avec l'un des Zodiacs du bord. Toujours est-il que la manœuvre a dû être interrompue et que Helmut s'est rapproché de la côte pour jeter l'ancre. Mais il y avait trop de fond et les cent quatre-vingts mètres de chaîne se sont déroulés dans le vide. En arrivant à bout de course, les cinq tonnes de fonte ont arraché le guindeau et une partie du pont avant de disparaître à jamais dans les profondeurs. Je ne peux pas jeter la pierre au capitaine, une mésaventure semblable m'était arrivée au large de l'Andalousie avec le *Windarra*. Et moi aussi j'avais dû me résigner à demander du secours.

Avec toutefois une nuance de taille : mon bateau était vide, alors qu'il reste une tonne et demie de cannabis à bord du *Melor*.

Un remorqueur a réussi à ramener le navire à Cagliari où il est maintenant en sécurité. En revanche, vu la cargaison sur laquelle il est assis, l'équipage a de quoi se faire du souci. Philippe, le faux Belge de Marseille qui se trouvait à bord et qui est sous le coup d'un mandat d'arrêt international, a préféré s'éclipser discrètement. Retranché dans un hôtel du port, c'est lui qui me tient au courant de la suite des opérations.

Conformément aux règlements, un carabinier est monté à bord pour vérifier les identités des membres de l'équipage. Simple contrôle de routine, a priori. Hélas notre cuisinier, un jeune Milanais, était recherché suite à une condamnation à deux ans de prison qu'il n'avait jamais effectués, ce que j'ignorais. Le carabinier l'a immédiatement menotté avant de prévenir ses supérieurs à Rome en donnant, bien sûr, le nom du bateau. Alerte générale ! La fiche d'Interpol que le *Melor* traîne derrière lui depuis Malte est remontée à la surface : « Bateau suspecté de tous les trafics... »

Cinquante carabiniers ont immédiatement embarqué pour Cagliari à l'aéroport de Rome-Fiumicino à bord d'un ATR-42 spécialement affrété. Pendant qu'ils volaient vers la Sardaigne, Helmut s'est fait arrêter et conduire dans les locaux de la PJ pour être interrogé. Le *Melor* s'est retrouvé isolé par un cordon de policiers, les membres d'équipage ont été consignés à bord. Les forces de l'ordre ont très vite constaté qu'il manquait une personne à l'appel, mais Helmut a juré qu'il s'agissait d'une erreur et que cet homme ne s'est jamais présenté à l'embarquement.

De son poste d'observation, Philippe le Belge a vu douze véhicules de police arriver, toutes sirènes hurlantes, et les carabiniers investir le navire au pas de charge. Il m'a immédiatement appelé pour me dire que la drogue était bien cachée mais que devant ce déploiement de forces inhabituel il y avait tout de même danger.

Les policiers sont restés quatre heures à bord du cargo, fouillant tout de la cale aux cabines, dérobant bon nombre de petites choses et de l'argent au passage, mais ils n'ont pas découvert le cannabis caché dans de faux réservoirs de fuel. Et pourtant, ils sont passés dix fois devant des boulons tout neufs oubliés près des réservoirs lors de leur installation, et parfaitement incongrus dans ce tas de rouille.

En quittant le bord, les enquêteurs, furieux, s'acharnent sur Helmut qui ne craque pas.

Moi, je vois brusquement l'occasion d'en finir, et j'appelle Mourot à Nantes pour lui dépeindre la situation :

– C'est le moment, je t'en prie, fais sauter le *Melor*, fais tomber Paolo, appelle les Italiens et dis-leur où est la drogue, explique-leur que je travaille pour vous. J'en ai assez...

La réponse me revient tel un boomerang :

– Ce n'est plus possible. Les douaniers italiens viennent de m'appeler, j'ai dit que nous ne te connaissions pas. Je ne peux pas revenir en arrière.

Je comprends immédiatement que si les carabiniers finissent par trouver la drogue ils vont instantanément lancer un mandat d'arrêt contre moi ; je suis propriétaire du bateau. Ma situation s'améliore de jour en jour... Moi qui voulais tout faire exploser, je prie maintenant pour qu'Helmut tienne bon.

Et il tient.

De son côté, Paolo a appelé son avocat italien, qui vole déjà vers Cagliari, et a prévenu le juge Angelo Botari. Celui-ci va rentrer à Bari de toute urgence afin d'avoir accès aux différentes pièces du dossier.

Pour l'instant maîtres du jeu, nous menons la contre-attaque. Les Italiens n'ayant rien à me reprocher, je téléphone à la capitainerie du port pour demander des explications. J'ai immédiatement le directeur en ligne. Je le sens perturbé par cet appel. Il pensait sûrement que j'allais chercher à disparaître. Je m'étonne que mon capitaine soit toujours retenu dans les locaux de la police, puis je le prie de bien vouloir faciliter le travail du technicien que je vais dépêcher à Cagliari pour s'occuper des réparations à effectuer sur le *Melor* après son avarie.

Cette démarche accomplie, j'appelle Rudy Groning à Amsterdam pour qu'il descende le plus vite possible en Sardaigne afin de remettre le navire en état. Je ne tiens pas à le voir s'éterniser dans ce port. Toujours aussi disponible et efficace, le Batave prépare immédiatement sa valise.

Ayant fait chou blanc sur le *Melor* et malgré les consignes pressantes de Rome, les carabiniers sont bien obligés de relâcher Helmut après quarante-huit heures de garde à vue, n'ayant rien trouvé à lui reprocher. L'Allemand se précipite dans une cabine de téléphone publique et appelle Paolo :

– Il faut absolument décharger cette nuit dans le port, je suis certain que les flics n'auront pas le temps de mettre une surveillance en place maintenant, mais ils le feront dès demain.

– Tu as raison. J'ai quelqu'un sur place. Un type très

grand, très maigre, avec une balafre sur la joue gauche, tu ne pourras pas te tromper. Je vais lui dire d'organiser ça vers minuit. Suis exactement ses instructions et ne t'inquiète pas si elles te paraissent étranges : il contrôle le port.

Le lendemain matin, Helmut m'appelle. Il est jovial.

– Nous avons déchargé sans problème cette nuit et le sous-marin des carabiniers vient de se mettre en place, une camionnette banalisée ; on ne voit qu'elle sur le port. Groning est arrivé aussi. Il pense que dans huit jours nous pourrons repartir.

Tout semble s'arranger et des « amis » de Paolo ont pu exfiltrer Philippe sans peine. Il rentre sur l'Espagne.

Je profite de l'accalmie pour me rendre à Gibraltar. Il faut de temps en temps que je m'occupe de mes affaires légales. Alors que je gare ma voiture près du consulat, j'aperçois mon avocat qui se dirige immédiatement vers moi, l'air embarrassé.

– Monsieur Fiévet, je suis content de vous voir, je voulais vous prévenir : des douaniers de Gibraltar m'ont demandé des renseignements sur vous et sur vos sociétés. Ils ne m'ont pas dit pourquoi.

Je m'étonne de cette démarche et certifie ne pas en comprendre le sens.

– Je vous remercie de me le dire, je vais en parler au consul de France, j'allais justement le saluer.

Cette nouvelle ne me plaît pas du tout. Il est évident que cela vient des douaniers italiens qui rongent toujours leur os et qui ont trouvé une oreille attentive ici.

Quelques minutes plus tard, quand je reviens à mon

bureau, mon directeur, le chevalier blanc de ce cloaque, m'annonce sa démission pour raisons familiales. Sa femme ne supporte plus ni Gibraltar ni l'Andalousie et veut rentrer à Perpignan, seule s'il le faut. Mon collaborateur veut sauver son couple et me présente ses excuses. J'en suis réellement désolé, mais je ne peux le retenir et j'en informe Paolo, qui suggère qu'Ingrid prenne sa succession. Je m'incline, sachant très bien qu'elle ne servira, au mieux, que de boîte aux lettres. De toute façon, je sais très bien que le départ de mon directeur sonne le glas de ma respectabilité commerciale et je ne me sens pas la force de chercher un remplaçant de cette trempe. Une énorme lassitude m'envahit. Même avec la meilleure volonté du monde, je n'aurais pas le temps de m'occuper personnellement d'une entreprise légale, toute mon énergie étant consommée par l'organisation des convoyages de drogue qui se multiplient et s'étendent à travers le monde. Je ne suis plus un simple aviseur. Me voilà propulsé à la haute direction d'une formidable organisation mafieuse internationale, et j'essaye désespérément de le faire comprendre à mon agent traitant qui s'en fout, parce qu'il est aveuglé par ses bilans fonctionnarisés et ses affaires à la petite semaine. Depuis des mois je tire la sonnette d'alarme, j'appelle à l'aide, je réclame l'artillerie et l'aviation en soutien et on me laisse m'enfoncer toujours plus avant, toujours plus loin de mes lignes, parfaitement seul, effroyablement seul.

Écœuré, désabusé, surchargé de travail – mais oui –, pendant plusieurs semaines je n'aurai quasiment plus le temps de tenir Mourot au courant de mes activités qui s'emballent. Les rendez-vous se multiplient, les commandes s'accélèrent, les tonnages augmentent sans cesse ; je suis emporté dans une folle sarabande autour du monde.

Je vais d'abord au Caire, puis à Port-Saïd pour m'assurer que le *Melor*, en route vers la mer Rouge, va franchir le canal de Suez sans encombre. À mon retour je suis mis en contact avec un trafiquant cubain, Carlos Soarez, qui commerce avec des cartels colombiens et nous propose de charger plusieurs tonnes de cocaïne à livrer dans l'Atlantique Nord. Paolo se frotte les mains puis il disparaît brusquement pendant trois jours. J'ignore où il est jusqu'au moment où le téléphone sonne :

– Je suis à l'hôtel Eurobuilding de Caracas avec Bianca. Je t'ai réservé et payé un billet d'avion pour demain. Tu me rejoins avec tes cartes marines.

Le temps d'enfourner cinq chemises dans une valise et je traverse l'Atlantique pour faire la connaissance de deux narcos colombiens de Cali parfaitement odieux et à demi fous, Dopo et Garcia. Ils nous proposent « d'enlever » pour eux autour du Costa Rica puis de Saint-Domingue. Nous étudions le secteur, décrivons et vantons les mérites du *Melor* et, surtout, ceux de notre tout nouveau *Poséidon*. En attendant qu'un accord définitif soit conclu, je regagne l'Espagne.

En arrivant à Estepona j'apprends que le rendez-vous avec Grohill est fixé le lendemain à l'hôtel Meurice, à Paris. Je refais ma valise, préviens Mourot et m'envole pour la France en espérant que les limiers de Nantes auront le temps de réagir et de se mettre en place.

Deux jours plus tard, assis dans le hall du Meurice, j'attends comme convenu que l'on vienne me chercher tout en essayant, en vain, de repérer mes amis des douanes. Je sais qu'ils sont là et je reconnais qu'ils sont discrets.

Quelques minutes se sont écoulées quand un homme de Grohill se dirige vers moi et me fait discrètement signe de le suivre. Il m'entraîne alors dans un véritable jeu de piste à travers couloirs et escaliers avant d'arriver dans une chambre où, enfin, il me salue. L'endroit est vide mais, après une courte pause, nous le quittons pour déambuler à nouveau dans le dédale des couloirs, empruntant tour à tour escaliers et ascenseurs, revenant sur nos pas et poussant finalement la porte d'une suite dans laquelle demeure Grohill. Je trouve ces mesures de sécurité quelque peu excessives, voire puériles, mais je me garde du moindre commentaire. Je m'assieds à l'invitation de l'Australien qui entre immédiatement dans le vif du sujet, détaille ses besoins et définit ses attentes. Avec l'application et la compétence d'un parfait ingénieur commercial, je propose les produits correspondant à son attente et j'apporte les réponses à ses questions. Notre entretien est court mais fructueux ; les grandes lignes d'une coopération sont définies.

Je repars seul vers l'ascenseur lorsque, arrivé sur le palier, je me ravise et souhaite poser une dernière question à Grohill. Je retourne sur mes pas : la suite est déjà vide.

Je retrouve les photographes des douanes dans un café voisin. Dépités, ils m'annoncent qu'ils n'ont rien pu faire : trop compliqué à suivre. Les précautions déployées par Grohill n'étaient peut-être pas si puériles que ça...

De retour à Estepona, j'espère profiter de l'absence de Paolo pour me poser un peu et accorder, enfin, quelques instants à Clara et à mes filles. J'admire ma femme pour son calme, sa sagesse, sa patience. Je sais qu'elle tremble en permanence, qu'elle en a assez de cette vie incertaine, mais elle ne laisse jamais transparaître ses craintes ni ses angoisses. Elle m'a mis en garde une fois, m'a dit qu'elle avait peur ; elle n'y revient pas.

Ma vie peut paraître à certains paradisiaque : je voyage en business, quand ce n'est pas en first class, je descends dans les plus grands palaces, me régale aux meilleurs tables. Oui, mais avec qui ? Et pour parler de quoi ? De trafics sordides avec des voyous de la plus basse espèce. Je me suis enfermé moi-même dans un piège doré et je ne trouve plus la clé pour m'en échapper. Au départ, ma collaboration avec les douanes ne devait être qu'une activité accessoire me permettant de boucler mes fins de mois tout en luttant contre un fléau que j'exècre. Je dois reconnaître aussi que les risques encourus m'excitaient et me confortaient dans mes certitudes d'aventurier. C'est mon côté ambigu de bourgeois baroudeur tiraillé entre famille et indépendance, entre lois et arrangements avec le Seigneur. Seulement je me suis piqué au jeu, j'ai transformé l'accessoire en essentiel, je me suis accoutumé au poison et je ne dépends plus que de lui. Seul l'argent pourrait constituer un antidote efficace. J'attends cette prime majeure, je rêve de cette saisie record qui me permettra de me libérer et de renaître loin, très loin.

Je songe à ce moment tant espéré en me reposant une poignée de jours au côté de Clara. J'expédie les affaires courantes et suis surtout la progression du *Melor* qui ne va pas tarder à charger son cannabis afghan en mer d'Oman.

Lorsque Paolo revient, je suis à nouveau projeté dans le tourbillon infernal. J'embarque pour Saint-Domingue et me retrouve installé sur une superbe terrasse au bord de la piscine du Plaza San Miguel, un cinq étoiles lustré et astiqué à longueur de journée. Je partage mon repas avec Carlos Soarez, une brute mal dégrossie qui se pavane en me racontant le meilleur de sa vie. Comme il avait rendu beaucoup de services à la CIA lors de l'arrivée au pouvoir à Cuba de Castro et de Che Guevara, les Américains, reconnaissants, lui avaient confié la responsabilité de la lutte anti-drogue au Costa Rica, le nommant colonel d'une vague section spéciale. En fait son rôle consistait à racketter les petits trafiquants pour emplir sa cassette personnelle, et à faciliter à l'inverse le passage de certains avions qui ravitaillaient la Floride en stupéfiants pour le compte de la CIA, afin de financer les mouvements de résistance anti-castristes.

Il finit le récit de ce glorieux épisode lorsque arrive l'un de ses amis que nous attendions. Celui-ci me propose un stock de plusieurs tonnes de cocaïne mais en demande deux mille dollars le kilo alors que Paolo m'a interdit de dépasser mille huit cents dollars : « Au-delà nous bouffons les bénéfices », m'a-t-il expliqué.

Le marché ne sera pas conclu. Des milliers de kilomètres pour rien !

En parfait homme d'affaires, Paolo compte bien rentabiliser ses bateaux au maximum pour couvrir tous ces frais de gestion. À mon retour, il me confie :

– Nous allons essayer de grouper les commandes. Nos bateaux, surtout le *Poséidon*, sont assez grands pour ça, et si ça marche nous achèterons d'autres navires...

– Tu vas prévenir les clients ?

– Certainement pas, ils ont horreur de partager et ils ne comprennent rien à la grande distribution.

– S'il y a un pépin, il faudra justifier.

– Donc il ne faut pas de pépin.

En écoutant Paolo, je pense à Philippe Mourot, car nous allons atteindre des tonnages faramineux. Va-t-il enfin le réaliser, réagir en conséquence ? J'en doute. J'ai calculé qu'actuellement nous « bougions » quelque dix tonnes de drogue par mois, principalement expédiée vers l'Italie, et malgré cela, lorsque j'appelle Nantes, mes correspondants me demandent inlassablement : « Tu n'as rien qui monte vers nous, en ce moment ? »

Quelquefois je les imagine assis sur des pliants sur un quai de Saint-Nazaire, attendant qu'un minable voilier chargé de quelques grammes de hasch passe à leur portée. Cette idée me révolte ! J'ai vraiment le sentiment de me battre et de m'investir en pure perte.

Paolo est nettement plus efficace que mon agent traitant. C'est certain. En plus de ses multiples voyages et de ses invraisemblables montages financiers, il a trouvé le temps de relancer le Saint-Georges. De nouveaux gérants sont arrivés d'Italie. Ils ont deux grands fils et ont déjà rebaptisé les lieux Il Piccolo Giorgio. C'est un couple presque sans histoire, lui fait parfois du transport de fonds pour Paolo mais ne touche absolument pas au trafic, ce qui lui permet de passer les frontières en toute quiétude, bardé de billets de banque.

L'inauguration officielle du Piccolo Giorgio est prévue pour le 17 juin. Une jolie fête est organisée à cette occasion et l'une de mes filles, Bruna, sera de la partie : elle arrive demain pour quelques jours de vacances. Paolo m'a promis qu'il me laisserait en paix afin que je profite de sa présence. Mais je doute que ce tyran stakhanoviste tienne parole. Il est incapable de rester inactif et ne supporte pas que sa cour batifole pendant qu'il échafaude ses projets les plus fous. Je viens encore d'avoir la preuve de son génie diabolique en apprenant qu'il offrait une somptueuse villa sur la côte italienne au juge Botari. Comme je trouvais ce cadeau royal un peu excessif, Paolo m'a expliqué en souriant :

– Il y a deux très grands garages dans cette maison. Nous pourrons y stocker la drogue qui va arriver sur le *Poséidon* et que Dominique et Jean envisagent de livrer en Corse par petites doses pour ne pas casser les prix. Il y aura d'autres livraisons et cette villa fera un entrepôt idéal. Personne ne va aller suspecter un magistrat. Je t'assure que le prix de la maison sera vite amorti.

Le lendemain, j'accueille Bruna à Málaga et je l'installe au bord de la piscine de notre villa de Calahonda. Elle ne va guère en bouger pendant tout son séjour. C'est donc sans trop de scrupules que je me résigne à accompagner Paolo à Madrid pour un rendez-vous programmé à l'hôtel Cuzco, à deux pas du mythique stade Bernabéu, avec le « correspondant » espagnol des Colombiens Dopo et Garcia. Nous l'informons du projet d'enlèvement d'une tonne de cocaïne au large du Venezuela puisque c'est lui qui sera désormais notre interlocuteur en Europe.

Sitôt l'entretien terminé, Paolo pianote sur son portable et appelle Carlos Soarez pour le convier à déjeuner dans une pizzeria en face du stade. Pendant le repas, il lui propose une date pour enlever la tonne de cocaïne qui attend au Costa Rica.

Admiratif, je comprends que Paolo est en train de réaliser son premier « groupage » et qu'il va charger pour deux clients sur un même voyage à bord du *Poséidon.*

Une bouffée d'espoir m'envahit brusquement : je tiens enfin la grosse affaire qui va me permettre de tout plaquer, de disparaître pour aller vivre normalement avec ma famille loin de ce monde pourri qui me ronge. Paolo remarque ma soudaine bonne humeur dans le taxi qui nous reconduit vers l'aéroport de Madrid et s'en réjouit. Il m'est délicat de lui en expliquer la vraie raison, alors je mens :

– Je suis content que ma fille soit là, il y a longtemps que je ne l'avais pas vue.

Paolo approuve aussitôt.

– Je te comprends. Elle est vraiment très jolie et très agréable, ta fille, c'est un bonheur de la voir.

Je le remercie poliment et ne prête pas plus d'attention à son commentaire.

Le 17 juin arrive. Je reconnais que le Piccolo Giorgio a fière allure en ce jour d'ouverture officielle. Ses nouveaux gérants l'ont joliment décoré et je retrouve avec plaisir la vaste salle du restaurant. Clara, elle, a longuement hésité avant de m'accompagner. Elle ne parvient pas à effacer l'agression de sa mémoire. J'essaye de la distraire en l'entraînant dans la danse dès que les gérants ouvrent le bal au son d'un paso-doble ringard qu'ils croient incontournable au pays des corridas.

Très entourée, parfaitement reposée, bronzée, radieuse, épanouie, Bruna semble énormément s'amuser. En parfait gentleman, Paolo l'invite régulièrement à danser, puisqu'elle est la seule femme célibataire de l'assistance avec Ingrid. Je reconnais là le côté charmeur de l'Italien, incapable de croiser une jolie femme sans faire la roue, et m'en amuse en le faisant remarquer à Clara.

Après quelques coupes de champagne, je propose à ma femme d'écourter cette soirée qui lui pèse. Paolo invite Bruna à rester encore un peu avec les invités, proposant de la raccompagner plus tard. Elle ne rentrera que fort tard dans la nuit.

Les jours qui suivent, Paolo semble vraiment apprécier la compagnie de Bruna qu'il invite plusieurs fois à déjeuner ou à dîner avant son retour pour la France. Il tient même à l'accompagner à l'aéroport de Málaga.

Ma fille partie, Paolo m'apprend qu'il m'a trouvé une villa à acheter à Mijas-Costa, et nous nous rendons le 1er juillet à l'agence immobilière Pryca de Fuengirola pour finaliser cet achat. Je suis vraiment devenu le jouet de l'Italien qui choisit, décide, organise pour moi. Ainsi, la première fois que je rencontre l'agent immobilier, celui-ci me propose de régler la villa d'un million et demi de francs en trois versements. Paolo s'est porté garant de ces règlements échelonnés. Je n'ai plus qu'à signer et à prendre les clés de cette maison que je n'ai même pas vue. Quant à l'argent nécessaire pour régler les trois traites, Paolo m'assure en sortant qu'il s'agit de ma part sur les opérations en cours.

Il est vrai que je m'implique dans ces opérations qui

finissent par me tenir à cœur et m'absorbent totalement. Nous avons de nouveau quelques problèmes en mer d'Oman qu'il faut régler. L'intervention américaine en Somalie perturbe nos plans. Des avions de l'US Air Force ne cessent de survoler la zone où le cannabis afghan enlevé dans la région de Gwadar, sur la côte ouest du Pakistan, devait être transféré à bord du *Melor*, entre l'extrême est du Yémen et le nord de l'île de Socotra. Le cargo iranien qui avait chargé pour nous dans le port pakistanais n'a pu attendre le *Melor* et a improvisé en transférant cinquante tonnes de cannabis à bord d'un cargo de passage qui faisait route vers les Seychelles. Les trente-deux tonnes restantes ont été placées à bord d'un discret boutre local qui attend sagement mon navire dans la zone d'Obock, au nord-est de Djibouti, sans attirer l'attention des pilotes américains.

D'un saut d'avion, je vais rejoindre mon équipage en escale à Djibouti avant l'opération de chargement, et je m'assure que tout est en ordre. Le transbordement s'effectuera le 14 juillet sans problème.

Mon vol retour prévoyant une brève escale à Roissy, j'ai rendez-vous à l'aéroport avec des agents de la DNRED que je ne connais pas encore pour faire le point sur les opérations en cours.

Je m'installe avec eux dans un coin tranquille d'une cafétéria, et je constate qu'ils ont à la main le bilan de mes activités, pour me situer. Je demande à le voir. Ils renâclent un peu, puis l'un d'eux me tend sa feuille. Je suis horrifié, humilié, et je comprends brusquement pourquoi la haute direction des douanes se fait tirer l'oreille pour me payer : les quelques lignes du rapport que je lis ne mentionnent que des saisies mineures. Rien sur les prises d'importance déjà faites, rien sur les opérations projetées avec Dominique et Jean, rien sur Carlos Soarez ni sur Grohill, puisque la planque du Meurice a été un fiasco, rien sur le *Poséidon*... Je n'en crois pas mes yeux et je demande en secouant ce bout de papier ridicule :

– Mais vous n'avez vraiment que ça ?

Surpris, les trois compères me jurent que oui et s'étonnent.

– Il manque quelque chose ?

Je n'arrive même pas à être en colère :

– Mais il manque tout. Tout...

Sans un mot de politesse, je les laisse le cul sur leur chaise et je m'en vais.

– Mon avion va partir. Je vous écrirai. De toute façon, pour ce que vous faites de mes renseignements... C'est affligeant.

De retour à Calahonda, je constate que Clara prépare déjà notre nouveau déménagement, bien qu'elle ait horreur de cela. Après ce que j'ai vu et lu à Roissy, je n'ose même pas lui parler de mon espoir de voir tout cela s'arrêter bientôt. Elle ne me croirait plus.

Paolo est au Canada où il réalise des investissements immobiliers. Il m'appelle dans la soirée pour m'annoncer que Chris Hear souhaite travailler pour nous et me prie d'organiser un rendez-vous avec lui à Londres à l'hôtel Four Seasons, sur Hamilton Place, le lundi suivant. Il s'y rendra directement en rentrant du Québec.

Je téléphone à Chris pour le prévenir.

Le restaurant du Four Seasons où nous dînons tous les trois comme convenu est remarquable. Seul reproche : le service est un peu long. C'est ce que je fais remarquer au maître d'hôtel lorsque nous quittons la table. Il s'en excuse onctueusement.

J'ignore à ce moment qu'il a reçu des ordres pour nous faire rester le plus longtemps possible à table.

En fait, les douaniers anglais ont mis en marche une mystérieuse opération « Dash » dirigée contre moi.

Dash, en français anéantir. Tout un programme...

Je suis déjà condamné. Je vais payer pour tous ceux que j'ai dénoncés, pour tous ceux que j'ai dérangés.

– XV –

LES CANADIENS ATTAQUENT

Ce matin du 9 août 1993, je dois accompagner Paolo à Gibraltar pour régler quelques affaires. Il m'attend au bar du Piccolo Giorgio à Estepona lorsque le téléphone sonne. La nouvelle gérante décroche et je peux aujourd'hui parfaitement reconstituer la scène :

– Non, Marc n'est toujours pas arrivé, nous l'attendons. Oui, oui, je lui dis de rappeler Philippe. Je sais, c'est urgent.

En entendant parler de Philippe, Paolo lève le nez de son journal. Il pense que c'est « le sien », le faux Belge, qui vit actuellement dans un hôtel à Tanger où il prépare un chargement, et cet appel l'intrigue :

– C'est Philippe ? Qu'est-ce qu'il veut ?

– Que Marc le rappelle dès qu'il sera là.

– Mais pourquoi ?

– Ça je ne sais pas.

Paolo prend son portable et appelle Tanger où Philippe lui assure qu'il n'a pas cherché pas à me joindre. En revanche, puisque l'on parle de moi, il en profite pour signaler à Paolo qu'un de ses amis français de Tanger, Alphonse, lui a raconté que je n'avais pas été très net dans une affaire sur Lyon, il y a quelques années, et que j'avais dû venir m'expliquer à Tanger après l'arrestation de deux narcos anglais et la saisie d'une bonne quantité de drogue par les douanes de Lyon. Philippe précise même à Paolo que c'est l'Alphonse en question qui m'avait fait relâcher au bénéfice du doute, mais que depuis je restais tout de même trouble à ses yeux.

En apprenant cela, Paolo ne fait aucun commentaire mais, lorsque je pousse la porte du restaurant, je vois qu'il est préoccupé à sa façon de replier son journal et de quitter son tabouret. D'ailleurs il me salue à peine et s'installe tout de suite dans la voiture.

À la sortie du bourg, il me dit calmement :

– Un certain Philippe t'a appelé trois fois au restaurant. Qui est-ce ?

– Je te l'ai dit, un type pour qui je travaillais avant de te rencontrer. Il voudrait que je continue à charger pour lui mais je ne peux vraiment plus. Il doit avoir une urgence.

Je maudis Mourot et réalise qu'à un souffle près Paolo aurait pu le prendre en ligne. Je m'attends à d'autres questions, mais non, mon passager se satisfait de cette explication et tourne la page. Il me demande des nouvelles du *Melor*. Un peu étonné, mais trop heureux de m'en tirer à si bon compte, je me vautre dans un luxe de détails sur l'opération en cours.

– Ils ont été retardés par une grosse tempête qui les a fait tourner en rond en mer d'Oman, mais maintenant ils progressent vite vers le cap de Bonne-Espérance. Ensuite ils remonteront l'Atlantique et transborderont à bord de deux autres bateaux de pêche. Les rendez-vous en haute mer seront fixés au dernier moment.

– Très bien. Et le *Poséidon* ?

– On termine les derniers aménagements. Il sera bientôt prêt.

– On va l'utiliser pour amener dix tonnes de coke de Colombie en Corse. C'est Soarez qui fournira pour Dominique et Jean. Il faudra que tu vois tout ça dans le détail.

La journée est épuisante et je suis ravi de ramener enfin Paolo à sa voiture, à Estepona, en fin d'après-midi.

Je m'assure qu'il prend bien la direction de Málaga puis je m'engouffre dans une cabine téléphonique et appelle Mourot.

– Tu es complètement fou de me chercher au Saint-Georges. Je n'ai plus rien à y faire, tu sais bien qu'il n'est plus à moi. En revanche, quand tu as appelé, Paolo était là. Tu imagines bien qu'il m'a posé des questions. Qu'y avait-il de si urgent ?

– Deux Anglais ont débarqué ce matin chez le directeur, un officier et un inspecteur. Ils veulent savoir ce que tu fais exactement chez nous. Ils affirment avoir trouvé des papiers compromettants dans ta sacoche, récemment, dans un hôtel de Londres où tu étais avec Paolo, fiché chez eux comme trafiquant notoire. Ils ont demandé si nous étions au courant de ce déplacement.

Brusquement je comprends pourquoi le dîner avec Paolo et Chris Hear au Four Seasons avait tant traîné en longueur. Le maître d'hôtel ralentissait le service pour laisser le temps aux douaniers d'inspecter mes affaires.

– Les fumiers ont fouillé ma chambre à Londres... Bon, le directeur leur a-t-il dit que je vous avais prévenus ?

– Non, et le Vieux n'a pas du tout apprécié la démarche des Anglais. Mais c'est après toi qu'il est furieux. Il estime que tu es une source d'emmerdes et m'a demandé de te le dire. Et les Britishs ont demandé à te voir.

– Il n'en est pas question.

– Fais comme tu veux, mais tu as peut-être tort.

J'apprendrai la suite près d'un an plus tard... Trois jours après cette visite à Paris, un responsable des douanes anglaises réunit plusieurs de ses collaborateurs pour les lancer sur ma piste. Parmi eux se trouve Jim Hoolon, l'agent qui a conduit ma voiture de location, qui m'a guidé lorsque j'ai fait des repérages en vue d'un déchargement en Écosse. Nous avons dîné ensemble, bu ensemble, plaisanté ensemble pendant trois jours, et aujourd'hui il ne cherche même pas à me défendre. Au contraire, il va participer activement à la traque. L'opération Dash se poursuit. En fait, sans le savoir, c'est Chris Hear qui en est l'instigateur. Les douaniers avaient caché des micros dans sa chambre d'hôtel de Newhaven lorsqu'il y avait invité Ingrid pour fêter sa sortie de prison. La jeune femme, que je venais d'engager, lui avait conseillé de travailler pour Paolo et moi, et les deux amants avaient longuement parlé de nos activités. Les enregistrements de leur conversation ont décidé les Anglais à se mettre sur ma piste. Peu après, les douaniers de Gibraltar se renseignaient sur mon compte et plaçaient la ligne téléphonique de mon bureau sur écoute.

En ce mois d'août 1993 j'ignore bien sûr tout cela, et je poursuis mes activités sans plus m'inquiéter de cette haine que me vouent les Anglais. Je ne réfléchis plus : j'avance machinalement parce que tout s'écroule derrière moi.

Au début du mois de septembre, je pars pour la Corse afin de préparer le déchargement des dix tonnes de cocaïne colombienne que le *Poséidon* apportera dès qu'il sera en état de naviguer. C'est pour bientôt et je dois donc repérer les lieux afin que nous ne perdions pas de temps.

Avant de prendre mon avion pour Marseille, je rencontre Philippe Mourot au Parador de Málaga. Il y a bien longtemps qu'il ne s'était pas dérangé pour me voir, aussi suis-je un peu surpris de cette brève visite. Philippe m'en révèle très vite la raison. Triomphant, il sort d'un porte-documents des photos anthropométriques de Paolo et d'autres – plus souriantes – de Bianca, sa femme.

– Nous l'avons identifié, ton Italien : il s'appelle Sylvio Mercatone. C'est un gros bonnet des stups.

Je crois rêver. Si Mourot attend des compliments, cette fois c'est lui qui est déçu.

– Il vous a fallu sept mois pour en arriver là... Bravo.

Je suis assez pressé et nous avons tout juste le temps d'évoquer les affaires en cours. J'indique notamment l'endroit où les dix tonnes de coke seront déchargées, au large de Propriano, dans le sud de la Corse, et je demande des cartes marines de ce secteur, sachant que je ne les trouverai pas en Andalousie.

– Petra te les enverra. Et pour les Anglais ?

– Ne me parle plus des Anglais.

– Oui, mais eux, ils parlent pas mal de toi...

Je ne veux pas le savoir. Je suis fatigué et je pars prendre mon avion.

Mon transfert en voiture de Marseille à Nice, où je dois embarquer à bord d'un ferry pour Ajaccio, est assez rocambolesque. Mon chauffeur simule d'abord une crevaison sur l'autoroute pour vérifier qu'il n'est pas suivi.

Puis il s'arrête sur un parking et me fait traverser les quatre voies en courant pour rejoindre un autre parking situé de l'autre côté de l'autoroute où une voiture relais m'attend. Elle démarre en trombe pendant que mon nouveau chauffeur se présente vaguement. Je suis plongé en plein polar.

Le lendemain, je suis accueilli par Dominique et Jean au Sofitel de Porticcio. Dans la soirée nous nous rendons à Propriano où j'assiste à une répétition du déchargement prévu.

À 22 heures le spectacle commence et je l'interromps immédiatement :

– Mais les lieux ne sont absolument pas sécurisés ! Je vous ai bien dit que le *Poséidon* est un navire de quatre-vingts mètres. On ne va voir que lui !

Les Corses me regardent, interloqués.

– Mais qui va le voir ? Les opérateurs de ce déchargement sont des fonctionnaires. Ce soir-là, ils enverront les patrouilles du côté de Cargèse. Toi, avec ton *Poséidon*, tu remonteras à l'ouest de la Sardaigne en restant bien au large de la petite île d'Asinara, puis tu piqueras sur Propriano. En passant ici tu jetteras à l'eau les colis étanches reliés entre eux par un cordage. Tu n'auras même pas à t'arrêter, un autre bateau viendra tout ramasser et portera la cargaison sur une vedette basée dans la marina d'Ajaccio, dans une zone d'ombre bien précise qui échappe à la surveillance radar. Tu vois, c'est simple.

Afin de rester en liaison avec moi pendant le déroulement de la manœuvre, Dominique et Jean me remettent un portable et m'en donnent le numéro : il est normalement attribué à une administration. Je n'ose même pas demander qui va payer les communications...

De retour à Calahonda, j'apprends que le *Poséidon* effectue un galop d'essai en mer et vogue vers les îles de la Grande Canarie. Karl Ziegel est à la barre et Rudy Groning a prévu de rejoindre le navire dès son arrivée dans le port de Las Palmas pour procéder aux derniers réglages avant le voyage. Le Hollandais souhaite que je sois également là, au cas où des travaux importants s'imposeraient, et je réussis à convaincre Paolo de m'accompagner. En fait Paolo a vraiment envie de voir son navire refait à neuf, au point de monter à bord à Las Palmas, ce qui est contraire à ses habitudes, sécurité oblige. Ce jour-là, dans l'euphorie, il m'aide même à porter les cartes marines et les livres de navigation, laissant au passage ses empreintes digitales sur ces documents.

Le soir, autour d'une bouteille de champagne, Paolo m'informe qu'il a chargé Rudy d'acheter un nouveau navire repéré à Gdansk, l'*Eve Pacific*, qui deviendra le *Pacifico*. Pendant le dîner Groning nous en présente le futur capitaine, un solide Allemand.

Par précaution nous ne lui parlons pas du *Poséidon* qui, déclaré bon pour le service après d'ultimes retouches, prend la mer le 25 octobre en direction du Maroc où il doit charger six tonnes de cannabis marocain à destination du Canada. Paolo veut tenter une expérience là-bas : amener au cannabis marocain les accros canadiens, qui préfèrent l'afghan. Pour améliorer la production marocaine, beaucoup plus rentable pour lui, il l'allonge d'huile de cannabis.

Ce premier test grandeur nature sera déterminant.

Revenus sur la Costa del Sol après cette escapade aux Canaries, nous recevons de bonnes nouvelles du *Melor* qui remonte tranquillement vers l'Espagne après s'être délesté de ses trente-deux tonnes d'afghan transbordées en haute mer sur deux bateaux de pêche comme prévu.

Quelques jours plus tard, le *Poséidon* arrive en vue des côtes marocaines et charge son cannabis sans le moindre problème. Pour rentabiliser son investissement, Paolo a également prévu que le navire enlèverait au passage, dans les Caraïbes, quatre tonnes de cocaïne destinées au marché américain, mais qui transiteront par le territoire canadien. Au retour le *Poséidon* chargera les dix tonnes de cocaïne destinées à la Corse. Trois tonnes seront stockées à Bari chez le juge Botari.

Le 29 octobre au soir, installé dans un fauteuil de mon salon, Paolo sirote un whisky et se frotte les mains en suivant la progression de sa flotte sur un planisphère. Son plaisir est de courte durée : je reçois un message du *Poséidon*. Un marin croate est gravement malade, il a les reins bloqués. Plusieurs médecins contactés par radio affirment qu'il faut l'évacuer, mais Karl Ziegel refuse d'entrer dans les eaux territoriales espagnoles en s'approchant de Ténériffe avec une telle cargaison à bord. Paolo lui donne entièrement raison et suggère de passer le malade par-dessus bord s'il a l'indélicatesse de trépasser.

Je m'oppose formellement à cette issue et je rappelle que, le bateau étant enregistré dans une de mes sociétés off shore, je pourrais être jugé responsable d'un tel acte. Patauger dans l'immonde me suffit. Je ne serai pas un assassin. Paolo n'insiste pas et me laisse opérer à ma guise. Je m'attelle au problème avec l'aide d'Ingrid.

Depuis Londres, son petit ami Chris Hear nous propose une solution : lors de son séjour à la prison de High

Down, il a sympathisé avec un codétenu, aujourd'hui libéré, qui possède un bateau de pêche et se dit tout à fait disposé à aller à la rencontre du *Poséidon* pour évacuer le malade vers l'Angleterre.

Aussitôt Ingrid envoie un télex signé de mon nom à Ziegel pour lui indiquer son nouveau cap : 49° N-11° W.

Hélas ! Hear est maudit. Il ne le sait pas mais son ami pêcheur est un agent infiltré des douanes anglaises. Celles-ci sont immédiatement prévenues et leurs fonctionnaires ne cherchent pas longtemps pourquoi un motor-yacht préfère se dérouter vers un bateau de pêche pour déposer un malade plutôt que d'entrer dans un port. Quelques minutes plus tard les douaniers ont une seconde raison de se réjouir. En consultant les registres maritimes ils viennent de découvrir le nom du propriétaire du navire : Marc Fiévet. Le piège se referme petit à petit.

Trois jours plus tard, un agent infiltré de la Gendarmerie royale du Canada rentre au port de Clarenville-Saint-John's, au Nouveau-Brunswick. Son bateau a chargé vingt-sept tonnes de cannabis afghan en eaux internationales. Il le signale aussitôt à la Royal Canadian Mounted Police qui saisit la cargaison et note, sur les indications de l'aviseur, que cette drogue a été chargée par le *Melor* dans la région de Djibouti.

Le *Melor*, Interpol connaît.

Le 3 novembre, un bateau de pêche est arraisonné par les douanes anglaises à Bideford, en Cornouailles. Il y a cinq tonnes de cannabis afghan à bord, et onze marins dont Daniel, l'homme du Cap-Vert. Les matelots arrêtés reconnaissent dans leurs dépositions que la drogue saisie à bord a été enlevée au large de Djibouti par le *Melor*.

Mon dossier s'épaissit. Je suis bien loin de m'en douter.

Pendant ce temps, je profite de l'un de mes multiples voyages pour faire escale à Paris où je dîne près de la place des Ternes avec le divisionnaire de la DNRED de Nantes et la secrétaire de notre service, qui l'a accompagné pour une réunion dans la capitale.

Au cours de ce dîner, je fais allusion au peu de considération que l'on me porte globalement et, croyant peut-être me réconforter, le divisionnaire m'achève en m'assurant que si on ne m'appréciait pas dans le service il serait facile de se débarrasser de moi. Un simple coup de fil à mes relations professionnelles locales mettrait un terme irrémédiable à ma collaboration...

Je dois devenir paranoïaque car je vois dans cette déclaration plus un avertissement qu'un compliment.

Le lendemain, à sa demande, je rencontre mon nouveau directeur à l'hôtel Concorde-Lafayette, en présence de mon officier traitant. Cet entretien est devenu indispensable. Nous devons envisager sous quelle forme je vais quitter la nébuleuse de Paolo et cet univers de la drogue et du renseignement que je ne supporte plus.

La réunion débute fort mal. En guise de présentations, le patron de la DNRED m'attaque sur le choix de mon hôtel.

– Pourquoi êtes-vous descendu ici ? Cet établissement est totalement contrôlé par les flics.

Je ne vois pas en quoi cela devrait me gêner, mais il n'est pas utile d'ouvrir le débat et nous passons aux choses sérieuses sans que Mourot ait eu le temps d'ouvrir la bouche. Il est clair qu'il préférerait être ailleurs.

J'expose alors les affaires en cours et je fais remarquer qu'elles pourraient me rapporter quelque treize millions de francs si elles allaient à leur terme. Comme ce ne sera pas le cas puisque de vastes opérations anti-drogue vont être déclenchées grâce à moi, je demande à mon directeur si les douanes peuvent m'assurer l'équivalent en dédommagement. À ma grande surprise et alors que j'attends une réponse du genre « elles pourraient aussi vous assurer dix ans de prison », sans même discuter le patron de la DNRED répond que ce défraiement ne lui pose pas de problème et que ses services savent assumer ce genre de dédommagement.

Je suis un peu interloqué, d'autant que le ton s'est nettement radouci. J'en comprends très vite la raison : mon interlocuteur a besoin d'un service.

– Pouvez-vous faire accélérer la livraison des dix tonnes de cocaïne sur Ajaccio ? Je pars à la retraite à la fin de l'année et j'aimerais que cette jolie saisie intervienne avant mon départ. D'ailleurs, si vous pouviez faire livrer plutôt sur Marseille, ce serait mieux. Nous disposons de plus de matériel d'intervention sur cette zone.

À quelle adresse ? Dois-je vous faire un paquet cadeau ?

Tout est dit. Je ressens vraiment un profond dégoût pour ce personnage et je m'efforce d'oublier sa présence pour me concentrer sur le seul point positif de notre rendez-vous : la perspective du gros chèque qui me permettra de me retirer. J'ai hâte de clore l'entretien pour rentrer en Espagne et commencer à ranger mes tiroirs.

La réunion terminée, je raccompagne Mourot jusqu'au parking. En me serrant longuement la main, il me dit :

– Ne t'approche pas de l'Angleterre.

Je le remercie de ce conseil et grimpe dans ma chambre boucler ma valise.

Vingt-quatre heures plus tard, une réunion d'affaires tout aussi importante se tient à Gibraltar, dans le cabinet de mon avocat où je me rends après avoir déposé à la banque un million de dollars, premiers bénéfices des différentes opérations en cours.

Paolo est déjà installé dans le bureau de mon conseil lorsque j'arrive. Il est accompagné lui aussi de son avocat, venu spécialement d'Italie pour superviser le montage financier que nous envisageons.

Je vais vendre toutes mes sociétés off shore à Paolo qui va les transférer à Zagreb et les regrouper en une seule compagnie, société financière créée quelques mois auparavant dont le gérant est un Italien. Paolo m'a imposé cette décision sans la moindre concertation. Je crois qu'il n'a même pas envisagé la possibilité d'un refus de ma part. En temps normal je n'aurais jamais accepté ce diktat, mais la perspective de me dégager de ce commerce douteux va tout à fait dans le sens souhaité et je fais donc profil bas. De même je n'émets aucune remarque lorsque Paolo m'annonce qu'il a fait acheter l'*Eve Pacific* à Gdansk par le biais de l'une de mes ex-sociétés et que Rudy Groning est déjà à bord.

Au contraire, un formidable espoir m'envahit, j'entrevois le bout du tunnel, je commence à rendre mes outils.

J'ignore qu'au même moment, en plein Atlantique, à

quatre cents milles à l'ouest du Portugal et huit cents milles au sud de l'Angleterre, un navire de la Royal Navy s'oriente face au vent pour faciliter le décollage d'un hélicoptère. Des agents des douanes britanniques sont hélitreuillés à bord du *Poséidon*. Le chef de ce commando tombé du ciel est mon ami Jim Hoolon. Quelques minutes plus tard il met au jour six tonnes de cannabis marocain, une cargaison que j'ai signalée depuis longtemps aux douaniers français. L'information a sûrement cheminé jusqu'à Londres. Les Anglais ont été plus prompts à réagir que leurs collègues nantais, intervenant même dans les eaux internationales, ce qui est interdit. Ils ajoutent ainsi une pierre à l'opération Dash.

Le juge Botari prévient Paolo de l'arraisonnement du *Poséidon*. Il est tombé sur un télex par hasard et a tout de suite réagi. Il nous conseille vivement de nous mettre immédiatement au vert car mon nom est cité en tant que propriétaire du bateau.

À 21 h 30, Paolo et moi partons sur Séville munis de faux passeports que l'Italien a sorti de je ne sais où.

Dès le lendemain, Paolo loue deux appartements à Madrid. Furieux, il décide d'accélérer la mise à la mer de l'*Eve Pacific* rebaptisé *Pacifico*, qui doit suppléer immédiatement le *Poséidon* pour aller enlever en Colombie les dix tonnes de cocaïne destinées à la Corse. *The show must go on*... Pas question de baisser les bras après la perte d'un yacht, au contraire, il faut tout de suite renflouer les caisses.

De mon côté, dès que je suis seul, j'appelle Mourot.

– Si tu veux que je fasse cadeau de dix tonnes de

cocaïne à ton patron avant sa retraite, il conviendrait peut-être de me foutre la paix. Alors si tu pouvais dire à tes amis anglais de m'oublier un peu, ça m'arrangerait. Rappelle-leur que je travaille pour toi, j'ai l'impression qu'ils l'ont complètement oublié, ils ne me ménagent pas.

Occupé par d'autres tâches, Philippe Mourot oubliera de transmettre ce message.

En attendant, je me retrouve en cavale sous une fausse identité. Mais je n'ai vraiment pas le temps de m'appesantir sur mon sort. Paolo fait feu de tout bois et m'envoie à Palma, aux Baléares, pour acheter un autre bateau en plus du *Pacifico*, le *Sea Harmony*, un yacht de trente mètres. En multipliant sa flottille, il espère donner le tournis aux agents des douanes et leur faire perdre sa piste. Tant qu'il me confiera les achats, il a peu de chances...

Pendant mon court séjour à Palma, je reçois la visite d'un truand italo-canadien qui vient vérifier le bon état du *Sea Harmony* pour en rendre compte à ses patrons, installés au Nouveau-Brunswick, avec lesquels Paolo compte travailler. Le yacht lui fait bonne impression. Et le 26 novembre, un autre Canadien, qui se présente comme un « industriel », s'installe à l'hôtel Tropicana de Torremolinos pour passer quelques contrats avec Paolo. Je communique son identité et tous les renseignements que je peux glaner à Mourot qui n'en tient vraisemblablement pas compte et les range avec soin au fond de sa corbeille sans les transmettre à quiconque, sans laisser une seule trace dans le moindre dossier.

Quand je découvrirai cette désinvolture proche de la négligence, je n'en reviendrai pas.

Mais, pour l'heure, c'est l'esprit libre et avec la certitude du devoir accompli que je prends l'avion pour Venise, où m'attendent l'avocat de Paolo et le gérant de sa société financière créée en Croatie.

Nous nous rendons en voiture à Zagreb où je vais mettre en place le projet fou d'ouvrir une banque avec les fonds de la drogue pour mieux contrôler le cheminement de l'argent sale. D'abord surpris par cette idée, Paolo en a vite saisi tout l'intérêt. Il a décidé d'investir dans différentes industries croates et a chargé un avocat local de recenser toutes les entreprises cherchant acquéreur. La création de sa propre banque ne peut que favoriser ses plans.

Nous sommes accueillis dans le pays comme des ministres. Les autorités militaires nous gratifient d'une escorte qui nous ouvre la route lors de nos déplacements. Un problème administratif qui aurait pu retarder certaines démarches est réglé en cinq minutes devant le tribunal de Zagreb, moyennant cinq mille dollars payés cash et sans reçu. Nous sommes entre gens dynamiques et performants...

Je rentre début décembre à Madrid et, lors d'un dîner en tête à tête, Paolo me réserve une surprise de taille.

– Ta fille Bruna et ses deux enfants vont venir vivre avec moi. Nous allons nous installer dans une villa à l'est de Málaga. Je vais faire d'elle une dame.

Complètement sonné, je bredouille stupidement :

– Mais... Bianca ?

Comme si c'était le plus important ! D'ailleurs, Paolo prête à peine attention à ma remarque et me propose de fêter cette bonne nouvelle au champagne. Le breuvage me semble amer. Paolo a déjà entraîné mon ami Sylvain dans son sillage en lui confiant de multiples tâches et maintenant il me confisque ma fille et mes petits-enfants. Cet homme est mon cancer. Il me ronge. Je n'ai rien vu venir. Je me maudis car je suis le mieux placé pour savoir que les jours de liberté de Paolo sont comptés. Ma fille embarque pour une aventure sans issue et c'est moi qui lui en ai indiqué le chemin. Trop sûr de moi, j'ai mal évalué les risques que je faisais courir à mon entourage. Trop fragiles, Sylvain et Bruna se sont laissé griser par le charme et l'argent facile de Paolo. Ils n'ont vu que l'éclat du personnage, refusant d'en explorer les zones d'ombre. En quelques mois, insidieusement, Paolo a capté le cours de ma vie. Je vivais à sa solde, aujourd'hui il me vole mon âme. À cet instant j'enrage contre moi, contre Mourot, contre Petra, contre mes directeurs successifs... Pourquoi m'ont-ils laissé aller aussi loin ? Pourquoi n'ont-ils pas tiré la sonnette d'alarme ? Pourquoi n'ont-ils pas arrêté Paolo plutôt que de le laisser développer sa multinationale de la drogue ? C'était facile de mettre un terme à son commerce à Cagliari. Je l'ai demandé, ils n'ont rien fait... Voilà le résultat : Paolo a bouffé ma vie et s'attaque maintenant à celle de ma fille. La gorge sèche, j'essaye d'en savoir plus sur sa liaison avec Bruna, mais il élude les questions et, finalement, à quoi bon connaître le détail : le mal est fait et le reste n'a que peu d'importance.

Bruna emménage dans ses meubles le 7 décembre. Lorsque je passe la saluer le soir de son arrivée, elle est seule avec ses enfants. Les mots me manquent et je ne trouve qu'une phrase bien maladroite à lui dire :

– Tu ne vas pas me faciliter la vie...

En fait, c'est surtout à la sienne que je pense.

Dans ce contexte, pour une fois, je ne suis pas mécontent de quitter l'Espagne pour la Colombie, même si je dois voyager en compagnie de Carlos Soarez. Je pars à Bogotá pour négocier avec les parrains des cartels de Cali et Barranquilla l'enlèvement de quatre à cinq tonnes de cocaïne.

À notre arrivée à l'aéroport de Bogotá, nous sommes attendus par deux gardes du corps qui nous enferment à l'arrière d'une Renault 7 – version colombienne de la Renault 5 – et nous conduisent vers un immeuble de la 100e avenue. Parfaitement en évidence, un pistolet-mitrailleur, chargeur engagé, est négligemment posé devant le levier de vitesse de notre voiture.

Les mafieux nous attendent dans une salle de conférence digne des conseils d'administration les plus solennels. Sagement assis autour d'une vaste table ovale, ils écoutent attentivement nos exposés et la description de nos moyens logistiques, puis manifestent leur satisfaction par des grognements appuyés faisant office de mots. Prétextant une indisposition, je décline l'invitation aux agapes, Paolo m'ayant prévenu qu'elles s'accompagnaient d'une large dégustation de cocaïne. Substance que je n'ai jamais consommée.

De retour en France, j'accélère au maximum les préparatifs du voyage pour la Colombie en expliquant à Paolo que nos commanditaires sont pressés. Je me retiens bien sûr d'ajouter que mon directeur des douanes aussi.

Le 12 décembre, le *Pacifico* quitte les chantiers de Gdansk pour rejoindre Kiel en mer du Nord. Rudy Groning le fait visiter quatre jours plus tard à l'émissaire des trafiquants canadiens. Tout se met en place pour le plus vaste transport de drogue jamais réalisé par Paolo. Nous sommes même certainement en train de pulvériser un sinistre record mondial.

J'en avertis Mourot qui en bâille de plaisir.

La longue traversée que doit effectuer le *Pacifico* vers l'Amérique centrale me laisse le temps de faire un saut à Vaduz, au Liechtenstein – charmant paradis fiscal – pour y rencontrer un avocat que Paolo a sorti de sa boîte à malices et que le blanchiment d'argent ne rebute absolument pas. En recomptant le million de dollars que je lui apporte, il me précise simplement :

– Attention, pour commencer, je ne pourrai pas déposer plus d'un million de dollars par semaine dans les différentes banques. Les billets devront toujours être remis à mon cabinet et correctement enliassés.

Quand je pense que des milliers de policiers sont censés remonter les filières de l'argent sale à travers le monde entier et qu'ils n'y parviennent pas, paraît-il, je trouve que les contraintes imposées par l'avocat ne sont pas insurmontables. Lorsque je fais part de mon étonnement à Mourot en lui communiquant l'adresse de cet homme dit de loi, il passe rapidement à un autre sujet.

Le 16 janvier 1994, dans le port de Paramaribo, nous devons faire croire que le *Pacifico* est un navire de commerce tout à fait respectable, et pour cela nous avons décroché quelques contrats en cassant les prix. Nous chargeons ainsi de la ferraille qui sera recyclée dans une usine du Canada. Nous pratiquerons de la même manière lors de nos brèves escales à Georgetown, au Guyana, puis à Willemstad, au Curaçao, et à Puerto Ordaz, au Venezuela, avant de passer aux choses sérieuses.

Des petits avions venus de Colombie doivent larguer de nuit huit tonnes de cocaïne autour du *Pacifico*, au large des côtes du Venezuela. L'équipage les récupérera avec les Zodiacs embarqués à bord comme canots de sauvetage.

Que mon directeur me pardonne, j'ai manqué son anniversaire. L'opération n'est déclenchée que le 7 février. Installé à Montréal, Paolo est régulièrement informé de la manœuvre par radio. Je suis chargé de superviser la partie technique du parachutage par téléphone depuis l'Espagne. Avisé de conditions météo détestables, je décide d'interrompre l'opération et j'interdis au pilote d'un avion-cargo un dernier largage de trois tonnes. J'estime que l'état de la mer ne permettrait plus de récupérer la marchandise.

Au total, ce ne sont donc finalement que cinq tonnes quatre cents de coke – et non huit comme prévu – qui seront récupérées par l'équipage et cingleront vers le Canada, ce qui constitue tout de même un record. Autre grande première dans le monde du commerce illicite : non seulement les ballots de drogue sont livrés en même temps par plusieurs fournisseurs, mais la marchandise est également destinée à deux clients différents : Carlos Soarez, et les Colombiens Dopo et Garcia. Voilà que les trafiquants se mettent au marketing...

Alors que le *Pacifico* approche de la Nouvelle-Écosse au Canada, les ballots de cocaïne reliés entre eux par un cordage sont jetés à la mer. Ils sont récupérés par un bateau de pêche qui met aussitôt le cap sur le port de Shelburne. À peine arrivé à quai, le bateau est envahi par une cohorte de douaniers, avant même que les moteurs ne soient coupés. La drogue est rapidement découverte et les responsables des douanes clament sur toutes les ondes : « C'est la plus grosse saisie jamais réalisée à ce jour dans le monde. »

Le lendemain, les douaniers seront glorifiés par la presse. La saisie du siècle sera à la « une » de tous les quotidiens.

Dans le même temps, le *Pacifico* est arraisonné en haute mer et dirigé vers Shelburne. Des enquêteurs hélitreuillés fouillent le bord, ne trouvent bien sûr plus de drogue, mais se régalent avec des télex dont ils attribuent l'origine au propriétaire du navire : c'est-à-dire moi.

La situation devient parfaitement ubuesque : alors qu'ils devraient me remercier et m'offrir le champagne pour la formidable saisie record que je viens de leur servir sur un plateau, les Canadiens me condamnent !

Car il est évident que si tous mes bateaux tombent les uns après les autres ce n'est pas un hasard, mais bien parce qu'au départ j'ai indiqué moi-même leur mouvement et leur cargaison précise aux douanes françaises qui ont lancé ensuite leurs noms dans les tuyaux internationaux. L'un de mes navires a même été financé en partie avec des fonds de la Direction des douanes !

Pourtant à l'origine des informations, les douaniers de le DNRED de Nantes ont laissé à d'autres le soin d'intervenir, par incompétence, négligence ou sottise, se privant de jolis succès et me plaçant dans une situation épouvantable. Je vais payer leur mollesse très cher. Et je la paye toujours.

En effet, dès le 7 février, sans même consulter les douanes françaises, les Anglais et les Canadiens font établir un mandat d'arrêt contre moi et contre Paolo.

Mon officier traitant de Nantes ne réagit pas. C'est le représentant à Paris de la DEA, la Drug Enforcement Administration, qui monte à Londres fin mars pour prendre ma défense et demander aux douaniers anglais de suspendre les poursuites contre moi.

En revanche mes employeurs français, eux, ne semblent absolument pas concernés par ce qui arrive et se soucient comme d'une guigne du mandat lancé contre moi. Bien au contraire, je rencontre bientôt le nouveau directeur de la DNRED – mon troisième – en compagnie de Mourot, dans une brasserie de la place de la Bastille, et celui-ci me promet une prime de trois millions de francs si je réussis à faire charger le *Sea Harmony* toujours en réfection à Saint-Martin.

Afin que je puisse continuer à coopérer et à voyager, on me fournit un faux passeport établi au nom de Charles-Henri de Bossieu en m'expliquant qu'on s'est assuré que la photo y figurant est suffisamment sombre pour qu'on ne puisse pas la comparer avec celle fournie par les Anglais pour le mandat d'arrêt. Me voilà tout à fait rassuré...

Par ailleurs, une réunion est organisée par Philippe Mourot et Henri Faure dans un hôtel du XVe arrondissement avec un agent du TRACFIN, service rattaché au ministère des Finances chargé du traitement du renseignement et de l'action contre les circuits financiers clandestins. C'est évidemment de l'ouverture de ma banque à Zagreb que je dois l'entretenir. Je m'aperçois très vite que cet agent est à mille lieues des réalités. Ficelé à ses certitudes, et à sa culture livresque, il ne me croit pas et préfère s'en tenir à ses dossiers.

Brusquement très demandé, je parviens pourtant à caler un rendez-vous avec mon défenseur de la DEA à l'ambassade des États-Unis à Paris. Son homologue du bureau de Rome fait le déplacement pour me rencontrer à cette occasion et les deux hommes me prient d'effectuer pour eux une série de photos du *Sea Harmony*. Le même jour, à la demande du divisionnaire de Nantes, Henri Faure, je révèle aussi le rôle du juge Botari à l'attaché de la police italienne à Paris. Puis je prends l'avion pour Saint-Martin via Pointe-à-Pitre.

À mon retour, je remets les photos du *Sea Harmony* aux Américains qui me donnent chichement dix mille dollars après m'avoir fait signer un reçu de caisse pour une mission officielle parfaitement bidon.

Le 8 juin 1994, une nouvelle réunion au sommet se tient dans une villa du Pornic, sur la côte bretonne, au nord de Nantes. Philippe Mourot ne vient pas, je le vois de moins en moins. Ce sont Charles Petra et Henri Faure qui me reçoivent en compagnie de l'agent américain de la DEA. D'emblée mon défenseur m'informe :

– Ce matin, il y a quelques heures, à Tampa, en Floride, dans nos bureaux installés au Département de la Justice, nos agents de la DEA ont transmis tous les renseignements que vous nous avez fournis sous le nom de code NS-55 à un gendarme, représentant de la Balthurst Drug Section de la Police montée canadienne. Ces renseignements portent essentiellement sur l'organisation mafieuse de Paolo et sur ses trafics de drogue.

Une fois de plus je me tourne vers Charles Petra.

– Mais pourquoi n'arrêtons-nous pas Paolo tout de suite ? Pourquoi laisser les Canadiens prendre ça en main ? Vous voulez que je lui passe les menottes moi-même ?

Henri Faure s'énerve :

– Paolo, on l'arrêtera quand on voudra. C'est nous qui décidons.

J'en ai assez d'être traité comme un larbin. J'ai hâte de quitter les lieux et de me rendre à Marseille où j'ai rendez-vous avec Dominique et Jean. Je dois leur confirmer qu'après tous ces déboires leurs dix tonnes de drogue seront bien livrées par le *Sea Harmony.*

Cette formalité accomplie, je retourne sur la Costa del Sol.

Ma fille Bruna et ses deux enfants s'y épanouissent au soleil au côté de Paolo, rentré de Montréal. Cette situation est de plus en plus folle. Encore un petit effort et Paolo m'appellera « beau-papa » ! Je dois partir, partir vite...

Un matin, Paolo s'installe dans ma voiture, tout à fait détendu, et nous partons pour La Linea. Nous ne franchissons plus jamais la frontière de Gibraltar de peur d'être arrêtés par les douaniers ou les policiers du Rocher qui nous connaissent bien et disposent d'un mandat d'arrêt contre nous.

Je roule depuis quelques minutes lorsque Paolo me dit calmement :

– Bruna m'a appris que tu travaillais pour les douanes. Tu continues ou tu as arrêté ?

La phrase me frappe comme un coup de poignard. Je me liquéfie. Ma fille ! Ma fille a fait ça ! Elle me condamne à mort. Un étrange picotement descend le long de ma colonne vertébrale. Que sait Paolo exactement ? Tétanisé, je m'attends à le voir sortir un revolver comme je l'ai vu faire une fois avec un type qui avait piqué dans la caisse. Je garde les yeux rivés sur la route, un silence oppressant m'écrase. J'avale ma salive avant de risquer une réponse :

– Je pensais que tu étais au courant. C'est du passé. Ils me demandent encore quelques petites choses mais je leur dis que j'ai raccroché.

– Et tu ferais mieux de raccrocher vraiment ! Les Colombiens ont compris aussi. Tous tes bateaux sont plombés, ils m'ont dit qu'ils étaient aussi connus que la Maison-Blanche et que les gens infiltrés, chez eux, on les liquide. Moi je te fous la paix, par respect pour ta fille, mais eux... Fais attention, Marc, ils sont dangereux, très dangereux, et là je ne peux rien pour toi...

En bon mafieux, en parfait parrain, Paolo joue les chefs de famille noble et magnanime. Il me pardonne au nom de ma fille, m'accorde sa grâce pour préserver le clan... Je devrais dire merci.

– XVI –

EN PRISON POUR LA VIE

Je vis dans l'angoisse. Paolo a été arrêté en douceur le 6 septembre 1994 à Madrid. Depuis sa prison, l'Italien m'a fait savoir que je devais fuir, disparaître, me cacher, pour échapper à la fois à la police et aux trafiquants colombiens qui veulent ma peau parce qu'ils savent que je travaille pour les douanes françaises. Mourot, lui, m'assure que je suis en sécurité en Espagne et que je dois y rester, que tout va s'arranger. Clara n'en croit pas un mot ; elle aussi souhaite partir. Je me suis rangé à son avis et j'ai mis la villa en vente avant de rentrer en France. Un couple semble intéressé. Nous attendons avec impatience sa réponse définitive. Nos bagages sont déjà prêts.

Le 23 septembre, alors que nous roulons vers Fuengirola pour y effectuer quelques achats, je rassure encore Clara sur notre avenir lorsqu'une voiture de police me barre brusquement la route et m'oblige à m'arrêter. Quatre policiers sortent du véhicule en voltige, se précipitent sur ma Clio, ouvrent ma portière à la volée, m'arrachent de mon siège et me passent les menottes avant de me jeter à l'arrière de leur Citroën GS. Clara elle aussi est arrêtée, avec un peu plus de ménagements.

En voyant ma femme s'éloigner, après avoir été interrogé, je suis encore confiant. J'ai révélé mon rôle et mon action aux enquêteurs espagnols. Je suis sûr qu'ils vont appeler Mourot, que mon ami Serdos va venir, que tout cela va s'arranger.

Les heures passent et personne ne vient.

Je suis abandonné. NS-55 n'existe plus, n'a jamais existé. Je suis Marc Fiévet, trafiquant, et l'on m'emmène vers la prison de Málaga.

Isolé dans une cellule crasseuse, je ne peux croire que la DNRED me laisse tomber. Je fais le bilan de mon action, je revois mes rencontres avec le ministre... Jamais, j'en suis certain, un aviseur n'a été aussi loin dans le travail d'infiltration. Jamais personne ne s'est autant impliqué que moi dans les opérations. Je n'étais pas qu'un simple informateur, j'étais un agent actif, certes officieux, mais bien plus dévoué et productif que beaucoup d'officiels. Il est impossible qu'on ait oublié tout le travail que j'ai fourni. On va me sortir de là. On doit me sortir de là.

Ce n'est pourtant qu'au début du mois d'octobre que l'attachée du consulat de France vient me voir à la prison de Málaga pour m'assurer « qu'on s'occupe de tout à Madrid ».

Lorsqu'elle repart, je ne sais toutefois pas ce qu'elle entend par ce « tout ». Et je reste incarcéré.

Le 2 décembre, l'attaché des douanes à Madrid me visite à son tour. Il est accompagné de l'avocat du consulat de France qui me jure, lui aussi, que tout va s'arranger.

Rien ne s'arrange et une année passe avant que je sois dirigé vers Madrid pour comparaître devant un tribunal. À l'audience, l'attaché des douanes déclare au nom de la Direction des douanes françaises que je n'ai rien commis d'illégal et que « je serais plus utile dehors que dedans ». Il ajoute que si je suis là, « c'est peut-être parce que je n'ai pas travaillé avec le bon service ». Ce qui sous-entend, me semble-t-il, que mes « employeurs » n'ont pas été capables d'utiliser mes renseignements, ni de me protéger. À la fin de sa déposition, le représentant des douanes à Madrid remet au tribunal une attestation du ministère du Budget signée d'un haut responsable reconnaissant et détaillant mon action depuis 1988. Grâce à moi, dix-huit tonnes de cannabis et cent cinquante kilos de cocaïne ont été saisis en France, ainsi que vingt et un navires et onze véhicules. Quatre-vingt-dix-sept trafiquants ont également été arrêtés.

Mais le tribunal estime que les services que j'ai rendus aux autorités françaises ne peuvent être pris en compte en Espagne et donne droit à la demande d'extradition formulée à mon encontre par la justice anglaise.

Je suis extradé vers la prison de Brixton le 12 février 1996 et je demeure sidéré lorsque l'attaché des douanes françaises à Londres vient me dire au parloir :

– Les douanes ont mal fait leur travail. C'est en Espagne qu'il fallait vous sortir de prison. Maintenant...

Maintenant, si j'en crois les avocats du consulat de France, il faut que je plaide coupable pour que les choses s'arrangent vite. Je comprends vaguement que c'est la meilleure façon de me faire rapatrier et, en France, on réglera le problème. Dans un premier temps je refuse catégoriquement, et de formidables pressions sont alors exercées pour que je cède. Michel Poulot, l'ancien attaché des douanes en Angleterre, que j'estime, est envoyé en émissaire pour me convaincre, et même le consul de Gibraltar, mon ami Tintin, fait le déplacement. Comme rien n'y fait, la DNRED demande à ma famille de tenter elle aussi de me convaincre qu'il y va de mon intérêt de plaider coupable, et Mourot confie à l'une de mes filles que les Anglais l'ont baisé dans cette histoire, et qu'il doit maintenant se débrouiller comme il peut.

En attendant, je suis transféré à la prison High Down de Croydon, le tribunal de cette ville étant spécialisé dans les affaires de drogue. Je serai jugé là.

Excédé, épuisé, je demande à faire une déclaration devant un juge le 12 août 1996. Mais après une minute d'audition, le magistrat reçoit un appel des avocats de la Couronne et suspend l'entretien.

Quelques jours plus tard, ayant appris ma démarche, l'attaché des douanes à Londres vient me voir furieux :

– Qu'est-ce qui vous prend ? Si vous persistez à ne pas plaider coupable, on va s'arranger pour vous en faire prendre pour dix ans...

Je finis par céder. Mais pourquoi tout le monde tient-il tant à ce que je plaide coupable ? J'en arrive à me demander si, en portant le chapeau, je ne protège pas quelqu'un ou quelque chose. D'ailleurs, lors d'un interrogatoire, j'ai eu nettement le sentiment qu'un enquêteur de la police cherchait à impliquer les douanes françaises dans cette affaire. Ce n'est peut-être qu'une impression...

Comme elles l'avaient fait en Espagne, les douanes françaises attestent par écrit de mon action.

Le 23 décembre 1996, lors de mon procès, les juges anglais tiennent compte de mon action pour les douanes dont ils ont eu vent, mais me condamnent tout de même à quatre ans de prison ferme, puisque, là comme ailleurs, on m'a enjoint de plaider coupable. La circonstance atténuante ne suffit pas, à leurs yeux, pour excuser le trafic. Mais bon... Dans le pire des cas, je n'ai plus que deux ans à faire...

C'est compter sans les Canadiens.

À la fin de l'audience, un officier du service des extraditions produit un mandat d'amener établi par les autorités canadiennes qui demandent mon extradition.

Des réunions sont alors organisées entre les différents services de douanes concernés, mais aucun accord n'est trouvé et la justice suit son cours. Les magistrats anglais jugent la demande d'extradition recevable et, le 10 juin 1997, avant même d'avoir purgé la totalité de ma peine, je suis transféré à la prison de Renous, près de Balthurst, au Nouveau-Brunswick. Encore une fois, de toutes parts, on me demande de plaider coupable.

Tout cela ne finira donc jamais...

Le 10 juillet, en pleine nuit, je suis conduit dans une pièce de la prison où je découvre avec stupéfaction l'attaché des douanes françaises à Washington, mais aussi Philippe Mourot et le consul général de France au Canada. Il ne s'agit pas d'une visite amicale. Loin de là. Le ton est même plutôt menaçant. Les trois hommes me précisent qu'ils ne continueront à me soutenir que si je suis docile face aux Canadiens. Ils m'ordonnent de plaider coupable, m'assurant que tout s'arrangera après ma condamnation. Mes visiteurs me certifient qu'un accord est intervenu avec les autorités locales pour que je puisse rentrer en France. Ensuite on se débrouillera entre nous.

Pendant ce temps, à Málaga, dans un parking face à l'aéroport, un agent des douanes françaises remet cent mille francs à ma femme en petites coupures « pour l'aider », lui demandant au passage de me convaincre de plaider coupable.

Puisque tout est arrangé, me dit-on, le 5 août 1997 je plaide coupable devant la cour provinciale de Balthurst, persuadé de rentrer en France sitôt la sentence prononcée. Je ne prends même pas d'avocat pour me défendre. Et je suis condamné à « perpétuité sans chiffre ». C'est-à-dire, selon la loi canadienne, à une perpétuité « de principe ». Si je ne crée pas de problèmes, je pourrai obtenir des permissions de sortie dès août 2001, et je pourrai être libéré le 5 août 2004...

Mais je ne prête pas tellement attention à ces subtilités. Je sais que tout cela n'est que convention. Des arrangements ont été aménagés en coulisse. Je vais enfin rentrer en France.

Nouvelle désillusion. Je ne serai transféré vers la France que le 10 juillet 1998 et, loin d'arriver au bout de mes peines, je ne suis qu'au début de mon chemin de croix.

Comme le veut le droit international, dès mon arrivée sur le territoire français je suis présenté à un juge d'instruction du tribunal de grande instance de Bobigny dont dépend territorialement l'aéroport de Roissy. Après avoir rencontré ce magistrat, je comparais à huis clos devant le tribunal de la 18e chambre correctionnelle chargé de statuer sur l'adaptation de la peine étrangère au droit français. En gros, les juges français doivent déterminer à quelle qualification de délit correspond chez nous ma condamnation du Canada. Après avoir consulté le code pénal des deux pays, ils optent pour « complot d'importation de drogue ». Partant du principe que j'ai écopé pour cela d'une condamnation à perpétuité au Canada, ils m'infligent la peine maximum prévue par le droit français : vingt ans de réclusion...

Le couperet est tombé. Je serai libéré en 2017 !

Le monde s'écroule autour de moi. Je ne comprends plus. Il y a sûrement une erreur, les douanes vont enfin intervenir...

Les douanes n'interviennent pas. Depuis cette date, elles me plaignent, se lamentent et jurent qu'elles ne peuvent rien contre les textes de loi ni les décisions de justice.

J'ai connu la prison de Villepinte, celle de Fresnes, de Lannemezan, où des détenus m'ont menacé de mort en apprenant mon histoire. Aujourd'hui je croupis à la prison de Nantes en espérant une remise de peine.

Neuf ans de cachot déjà.

Pour avoir trafiqué au nom de la loi.

C'est beaucoup.

ÉPILOGUE

La libération de Marc Fiévet n'a pas été simple à obtenir.

Vu l'échec d'un recours en grâce présidentielle introduit en mars 1999 peu de temps après son retour en France et la fixation de sa date de libération en 2017, il était primordial pour nous de documenter son dossier afin que son action d'agent infiltré soit établie sans aucune contestation possible. Cela fut accompli au terme d'une information judiciaire qui dura plus de quatre années et qui, malgré le secret défense opposé par l'administration française, permit de recueillir tous les témoignages et éléments de preuve relatifs aux opérations d'infiltration qu'il avait conduites.

C'est grâce à ces éléments que sa libération sous condition put être ordonnée le 26 mai 2005. Exceptionnelle à plus d'un titre dans les annales judiciaires, cette libération fut un très grand soulagement pour lui-même et ses proches. Elle n'effacera pas cependant la douleur et les dégâts irréversibles engendrés par dix années d'emprisonnement injustes et intolérables.

Depuis cette date, Marc Fiévet se bat sans relâche pour sa réhabilitation et pour que soit reconnue la responsabilité de l'État français, en raison des fautes commises à son encontre. Entouré de sa famille aimante et fidèle malgré l'épreuve, cet homme lutte donc, toujours et encore, avec un courage exceptionnel mais cette fois à visage découvert, au nom de la seule vérité et de sa dignité bafouée.

CHRISTOPHE PECH DE LACLAUSE
Avocat au Barreau de Paris

Annexes

ATTESTATION DE LA DIRECTION NATIONALE DU RENSEIGNEMENT ET DES ENQUÊTES DOUANIÈRES CONCERNANT MARC FIÉVET

DOUANES
& DROITS
INDIRECTS

DIRECTION NATIONALE DU RENSEIGNEMENT
ET DES ENQUETES DOUANIERES

DIRECTION

18/22 ruc de Charonnc
BP 529 - 75528 PARIS CEDEX 11

Affaire suivic par : J. PUONS
Téléphonc : 01.49.23.39.10
Télécopic : 01.49.23.39.19
Dt n° 224

PARIS, LE 03/12/98

Le Directeur Interrégional,

à

Monsieur le Président
de la XIIIème Chambre du
Tribunal de Grande Instance de Bobigny.

<u>Objet</u> : Affaire Marc Fiévet.

Je me permets de vous adresser à toutes fins que vous jugerez utile d'y réserver un document par lequel je confirme que Marc Fiévet a bien été un informateur régulier de l'Administration des douanes.

Je vous prie d'agréer, Monsieur le Président, l'expression de mes sentiments respectueux.

Jean PUONS

DOUANES
& DROITS
INDIRECTS

DIRECTION NATIONALE DU RENSEIGNEMENT
ET DES ENQUETES DOUANIERES

DIRECTION

18/22 rue de Charonne
BP 529 - 75528 PARIS CEDEX 11

PARIS, LE 02/12/98

Je soussigné, Jean PUONS, Directeur interrégional, chef de la Direction Nationale du Renseignement et des Enquêtes Douanières certifie que Marc FIEVET a depuis 1988 coopéré avec l'Administration des Douanes françaises en qualité d'informateur régulier, pour la lutte contre les stupéfiants.

Son apport a largement contribué à améliorer notre connaissance de la contrebande de stupéfiants par voie maritime et son action a permis la réalisation de saisies significatives de stupéfiants aussi bien sur le territoire national qu'à l'étranger.

Au total dans différents pays la contribution de Marc Fiévet a permis d'appréhender 18 tonnes de résine de cannabis, 150 kg de cocaïne et d'arrêter 97 personnes dans le cadre de flagrants délits et de saisir 32 moyens de transports (21 navires - 11 véhicules).

L'activité de Marc Fiévet n'a pas été sans dangers, à deux reprises il a subi ainsi que sa famille, les représailles des trafiquants (séquestration et attaque à main armée).

Le directeur interrégional,

J. PUONS

BAIL COMMERCIAL DU RESTAURANT LE SAINT-GEORGES

Ce document prouve que les douanes sont associées dans cette affaire avec la femme de Marc Fiévet. Les prénoms et noms occultés l'ont été pour les raisons indiquées en p. 7 de ce livre. Il s'agit du prénom de Mme Fiévet, du nom du douanier délégué (Marcel Lenain dans le livre) et du responsable des douanes appelé dans l'ouvrage Philippe Mourot.

En Estepona, a quince de octubre de mil novecientos noventa.

REUNIDOS:

De una parte, en concepto de arrendador, **DON ILDEFONSO IGNACIO CARRASCO SANCHEZ**, mayor de edad, agricultor, vecino de Estepona, con domicilio en calle Caridad, 69, provisto del D.N.I. nº: 25.640.383. ---

Y de otra, en concepto de arrendatarios, **DOÑA** **FIEVET**, de nacionalidad francesa, provista del pasaporte nº: 86RE32464, con domicilio en Estepona, urbanización El Pilar, Las Buhardillas nº B-2 y **DON** , con el mismo domicilio que la anterior, de nacionalidad francesa, representado en este acto por DON , con carta de identidad francesa nº:: AT2468, quien afirma tener poder bastante.--------------------------------

Ambas partes se reconocen mutuamente la capacidad legal necesaria para otorgar el presente contrato de arrendamiento y exponen: ----------------------

Primero.- Que el Sr. Carrasco es propietario de pleno derecho de un local comercial, sito en la planta baja de un edificio, también de su propiedad, en Estepona, partido de La Cala, Carretera Nacional 340, kilómetro 157, en el cual hay instalada una industria de Restaurante susceptible de ser inmediatamenexplotada. -------------------------------------

Segundo.- Que, mediante el presente contrato, el Sr. Carrasco arrienda a la Sra. Fievet y al Sr. , de forma solidaria, el local y la industria en el mismo instalada, descritos en el exponente anterior, con todo cuanto les sea integrante y accesorio, y de conformidad con las siguientes, ----------------

ESTIPULACIONES:

I.- El presente contrato se pacta por un tiempo indefinido, es decir, sin limitación alguna de tiempo.

II.- Consistirá el precio de este arrendamiento en la cantidad de seiscientas mil pesetas anuales, pagadera mediante mensualidades de CINCUENTA MIL PESETAS cada una (50.000.- Pts/mes). Estas mensualidades deberán ser satisfechas por adelantado, entre los días uno y cinco de cada mes. ----------------------

III.- Los Sres. arrendatarios quedan facultados por el Sr. Carrasco para realizar en el local arrendado las obras o reformas que estimen necesarias para acondicionarlo para la actividad de Bar-Restaurante. Dichas obras serán por cuenta de los arrendatarios y a la finalización del arrendamiento pasarán a ser propiedad del arrendador sin tener que abonar cantidad alguna por ello. ------------------------------

IV.- La renta prevista en la estipulación segunda será anualmente revisada, incrementándose o disminuyéndose de conformidad con las variaciones que experimente el Indice de Precios al Consumo y de acuerdo con las publicaciones del Instituto Nacional de Estadística. Tales variaciones tendrán carácter acumulativo. --

V.- Será por cuenta de los arrendatarios toda clase de gastos o tributos que lleve aparejado el uso del local arrendado, así como el ejercicio de la industria que en el mismo se establezca. ---------------

VI- Los arrendatarios deberán abonar el Impuesto sobre el Valor Añadido sobre la renta aplicable en cada momento, en el porcentaje legalmente establecido.

VII.- Previa renuncia expresa a cualquier otro fuero, ambas partes se someten a los Juzgados de la Villa de Estepona. -------------------------------

VIII.- En el acto de la firma del presente contrato los Sres. arrendatarios entregan al Sr. Carrasco la cantidad de 28.000.- correspondiente a la renta de la segunda quincena del mes de octubre más el doce por ciento de I.V.A. Este contrato servirá de recibo de esta entrega. ------------------------------

Leido el presente contrato por ambas partes, lo encuentran conforme y lo firman en el lugar y fecha antes indicados. ------------------------------

Ildefonso Carrasco Sánchez

TABLE DES MATIÈRES

Direction littéraire
Huguette Maure

assistée de
Marie Dreyfuss
et Maggy Noël

Composition PCA
44400 – Rezé

Impression réalisée par
Corlet Imprimeur
14110 Condé-sur-Noireau
pour le compte des Éditions Michel Lafon

IMPRIM'VERT® PEFC 10-31-1510

Imprimé en France
Dépôt légal : août 2013
N° d'imprimeur : 157017
ISBN 13 : 978-2-7499-1862-4
LAF 402 B